敗戦への三つの〈思いこみ〉

外交官が描く実像

山口洋一
Yoichi Yamaguchi

keiso shobo

まえがき

過去の日本の政策とそれに基づくすべての行動を断罪した極東国際軍事裁判（いわゆる東京裁判）、ならびにアメリカの占領政策と戦後教育によって、わが国では戦後長らく自虐史観が横行してきた。

果たしてこの戦争で日本のしたことは悪いことばかりで、良いことは何もなかったのであろうか。私は若い頃から、強くこの疑問を抱いてきたが、その後、たび重なるアジアでの勤務を経験してきた私の外交官人生を通じ、断じてそんなことはないとの確信をもつに至った。

戦争になる前のアジアは、ほとんどすべての国が欧米列強の植民統治下に置かれ、搾取にあえいでいた。植民地とはなっていない国も、列強の帝国主義的野望の餌食となり、多くの権益を扶植されて、苦吟していた。

本文で述べる通り、日本は「アジアの解放」を、表看板では掲げたものの、これを真の国家政策として、実施するには至らなかったと言わざるを得ない。しかし、看板倒れとなってしまったにせよ、日本がアジアの解放を叫び、アメリカに敢然と戦を挑んだことは、アジアの民を勇気づけ、彼らに強い刺激を与え、これが独立をなしとげるかけがえのない契機となったことは疑いない。

果たせるかな終戦後、アジアの国々は次々に独立をとげた。この戦争が戦われなかったならば、このような形で、独立が現実のものとなることはなかったであろう。戦争が独立に向けての動きに強いインパクトを与え、独立を早めたことは間違いない。こうして独立をなしとげたアジアの国々に倣って、やがて中近東やアフリカの諸国も独立していくのである。

戦に敗れた日本に対して、戦後アジアの人々が抱いた感情は様々だった。戦争が住民たちに災禍をもたらしたことや、場合によっては日本兵による残虐行為もあったので、こうした体験から、反日的になり、日本人に対する深い憤りを感じた者が多くいたことは事実である。しかし、負けたとはいえ、白人と勇敢に戦った日本軍に対する称賛の気持ちを抱き、日本のおかげで自分たちは独立できたと感じている人たちも決して少なくない。

戦後長らく自虐史観にさいなまれてきた日本人は、アジアに迷惑をかけたという面ばかりを気にかけて、あたかもアジア全体から恨まれているような〈思いこみ〉に陥り、ペコペコと謝ることばかりに専念してきた嫌いがある。もとより悪かったこと、迷惑をかけたことに対しては、誠意をもって謝罪しなければならないが、戦争のもたらした悪とばかりはいえないプラスの側面、アジアの人たちから感謝されている面もあることは、はっきりと誇りをもって受け止めるべきである。

このたび、外務省の極秘文書『日本外交の過誤』という貴重な資料が日の目を見ることとなった。

そこでこれをひとつのよりどころとして、私なりに敗戦に至る近代日本外交史を再考してみることにした。

歴史を顧みる時、とりわけ重要となるのは、その歴史がもつ今日的意味を考え、そこから歴史が現在のわれわれに与えてくれる教訓を引き出すことである。そこで本書の後半では、こうした歴史の教訓を踏まえながら、今日われわれが当面する様々な問題に光を当て、これをいかに受け止め、どう対処すべきかをあらためて問い直すこととした。

日本サイドにあっては、過去において、指導部がとりつかれていた〈列強への仲間入り志向〉と国民が陥っていた〈神の国日本の臣民たる優越意識〉や〈アジア人蔑視の感情〉は、敗戦のショックとそれに続くアメリカの占領政策や戦後教育により、跡形もなく消え去ったばかりか、逆に自虐史観の〈思いこみ〉がこれにとって代わってしまった。

ところが、当時ルーズベルト大統領の執念となっていた「何がなんでも日本を叩きのめすのだ」という〈思いこみ〉の方は、その根底にあった白人優越意識が、その後一向に衰えていないばかりか、冷戦後の今日、むしろ西洋的価値観至上主義の再浮上となって、欧米諸国の独善的な行動に結びつき、一段と顕在化している。特にアメリカは、独り勝ち意識でポスト冷戦時代を謳歌し、なんのためらいもなく一国行動主義（ユニラテラリズム）のやりたい放題に乗り出している。何がなんでもサダム・フセインのイラクを叩くというブッシュ大統領の意気込みは、何がなんでも日本を殲滅せんとしたルーズベルト大統領の執念を髣髴《ほうふつ》とさせる。

この現実は歴史の歩みを逆戻りさせかねない由々しき事態であり、人類社会の調和ある発展という明るい未来を願う者としては慄然とならざるを得ない。しかもこうした現状は、欧米人にとってはなんら痛痒を感じないばかりか、むしろ好都合でさえあるので、この憂うべき事態に世の関心が向けられることもなく、マスメディアがこれを大々的に取り上げて報道することもない。したがって、心ある一部の識者がこうした状況に警鐘を鳴らして声を上げても、一向に聞き届けられず、その結果多くの人々には、この現実が知られてすらいない。

本書では、わが国を取り巻くこうした国際環境の現況を的確にとらえ、その中にあって、今日における日本の外交姿勢や国民の意識のあり方について、歴史の教訓に学びつつ考究することに特に力を注いだ。本書の主眼は、過去を顧みることにより、むしろ現在に光を当てるところに置かれていると言っても過言ではない。

私のこのささやかな試みが、将来に向けての日本のあるべき姿や、さらには人類の未来を考えていく上で、なにがしかの参考として役立つこととなれば望外の幸せである。

なお、本書での論考を進めるに当たって、有力なよりどころとして用いた外務省の極秘資料『日本外交の過誤』は、近代日本外交史を再考する上で、示唆に富んだ資料であるので、巻末に付録として掲載した。

敗戦への三つの〈思いこみ〉

目次

第I部

三つの〈思いこみ〉

——決定的要因はルーズベルト大統領の執念——

神風特攻隊

敗戦に至る日本の歴史については、長らくすべて日本が悪かったとする「自虐史観」が横行してきた。極東国際軍事裁判（いわゆる東京裁判）、アメリカの占領政策、日教組主導の戦後教育、これらすべてが徹底した「自虐史観」を打ち出し、「進歩的文化人」と称される人たちが時代の風潮に悪乗りして、これを囃し立てた。

「自虐史観」は「東京裁判史観」と言ってもよい。同じことだ。東京裁判が下した判決内容をすべて真実として額面通り受け止め、日本が行った戦争は国際法を踏みにじる「侵略戦争」であって、過去における日本の行動はすべて犯罪であり、悪であったとする歴史観である。敗戦のトラウマに呆然とした国民は、たちまちこの歴史観一色に染まった時世の風潮に毒され、「一億総懺悔」の時代が長く続いた。

やがて日本経済が高度成長軌道に乗るにつれて、日本人は徐々に自信を取り戻し、「自虐史観」を疑問視する声が少しずつ出てくるが、それでも「自虐史観」の底流はなかなか収まらない。一九八二年の夏には、教科書検定に当たって、教科書中に記されていた「侵略」の言葉が「侵入」に書き換えさせられたと新聞が報じたため、実はこれは誤報だったのだが、いわゆる「教科書問題」を生み、議論を呼んだ。そしてこのことも影響して、一九八四年四月から使用される学校教科書の一部の記述には、「自虐史観」に基づいて書かれたとしか思えないような、日本の過去について誤った歴史観を生徒たちに植えつける内容のものが見られることとなった。次世代の日本を担う若者たちが、「自虐史観」に毒されて、歪んだ歴史観をもつことは、日本の将来にとって由々しい事態であり、憂慮に堪えない。

戦後半世紀を経た時点で、「極東国際軍事裁判による歴史観を見直すべき時機が到来しているのを痛感せざるを得ない」として『黎明の世紀』を執筆した深田祐介氏は、

「この裁判においては、『民主主義対ファシズム』という対立図式を硬直的、教条主義的に適用し、戦時における日本の行動をすべてファシズムによる悪と断罪した。この裁判には、『戦争は国益の衝突である』というクラウゼビッツ以来の戦争についての基本的認識さえ欠如していた。」(深田祐介著『黎明の世紀』文藝春秋)

と喝破し、この裁判に基づく歴史観に戦後日本が支配されてきたのは、まことに不幸であったと慨嘆している。

このような声が徐々に広がるにつれて、日本国民はようやく「自虐史観」の呪縛から解き放たれ、近代史を再検討しようとする機運が少しずつ高まってきた。こうした流れの中で、率直に歴史を見直そうとする健全な動きがだんだんと増えてきているのは、まことに喜ばしい。事態を憂慮する心ある識者たちは、正しい歴史観を構築する作業に取り組み、「自虐史観」の払拭に懸命の努力を払っている。

しかし時には、このような見直しの努力が「自虐史観」の揺れ戻しで、逆の極端に走っていると見受けられるケースも散見されるようになってきた。「大東亜戦争に至る日本の歩みは、帝国主義の時代の中で、日本が生きのびていくには致し方ない成り行きであり、欧米列強と同じことをして何が悪いのだ」といった論法により、戦前の日本外交を正当化し、侵略などと咎められる筋合いはないと断定してしまう立場である。このような行き過ぎは、「開き直り史観」とでも名付けることができるかもしれない。

ここで持ち出した「開き直り史観」という呼称は、もちろん私の発明である。世間ではこれにもっと別の呼び方を用いているようであるが、「自虐史観」のアンチテーゼならば、「開き直り史観」とするのが、一番わかりやすい。

何はともあれ、私はあくまでも歴史は公正・不偏の視点から客観的にとらえなければならないと考えている。「自虐史観」は論外だが、「開き直り史観」は逆方向の極端であり、真理はどこかその中間にあるに違いない。歴史上の事実は、その善悪や意義を論ずることはできても、ありもしない事実をあったかのように「捏造《ねつぞう》」することは絶対にやってはならないし、他方これと同様に、存在した事実がいかに気に食わぬ、目障りなものであったからといって、これを「なかったことにする」ことも許されてはならない。〈思いこみ〉に陥って、事実とかけはなれた、歪められた事柄をあたかも史実であるかのように吹聴したり、いわんや史実を発明するのはもってのほかだが、逆に現に存在する史実を都合が悪いからといって、覆い隠したり、故意に見過ごしたりするのもよくない。

敗戦に至る歴史において、私が特に注意を払わなければならないと考えるのは、①軍部主導の日本政府の政策方針決定に際して、常にその根底にあった発想、②マインドコントロールに陥った日本国民の心情、③有色人種蔑視に根ざした欧米人の思考形態という三つの要素である。①は日本の指導部、②は日本国民、③はアメリカ・サイド、この三者におけるこれら三つの要素が近代日本外交史を織りなす基本因子として強い作用を及ぼしたものと考えられる。そしてこの三つの基本因子には、いずれもなんらかの意味で〈思いこみ〉が密接にかかわっているとみられる。

①　まず日本の指導部の発想である。日露戦争を境として、それ以降、下降線を辿り続けた日本外交の特質は、何を措いても、〈列強への仲間入り志向〉のみが突出していた点にあった。いったん手に入れた列強の座を手放すまいとして、「一流国」としての国威発揚に意を用い、なりふり構わず帝国主義列強に倣《なら》って彼らと同様の行動に走った。そして、これがすべての発想の原点となって、日本はしゃにむに破局への道を突き進んだ。軍部主導の日本外交は、アジア政策その他きれいごとを並べた表看板は掲げていたものの、そこに謳われたお題目は、結果的には、列強と同列に立つという大方針の函数でしかなく、目的達成のための手段でしかないということになってしまった。日本外交の基本理念は、負

け戦となったがゆえに、〈列強への仲間入り志向〉という〈思いこみ〉以外には、すべて看板倒れになったと言わざるを得ない。

② こうしたなか、国民一般は熱烈な愛国心に燃え、打って一丸となって「神の国」日本の「自存自衛の戦い」に邁進し、「アジアの解放」の大義を信じて疑わなかった。他面、優越意識が高じたことは、傲慢な日本人を生むこととなり、アジア各国とのかかわりにおいて、好ましくない事態を招いたことも否定し得ない。このような心情にとらわれていた国民は、いわば一種のマインドコントロールに陥っていたのであり、これまたある意味で〈思いこみ〉の状態にあったと言うことができる。

③ 他方、従来から有色人種蔑視の念を強くもつ欧米人にとっては、アジアで頭角を現した日本の存在は目障りになってきた。ことにアジア進出でヨーロッパ勢に出遅れたアメリカにとっては、勢力を増してきた日本は邪魔で仕様がない。なんとかしてこの国を叩こうと、その機をうかがっていたアメリカが、口実をつくるための網を張りめぐらしていたところへ、日本は自らの行動によってまんまとその術中にはまり、戦争に引きずり込まれてしまった。事態がこのように進展した背景に、欧米人に強く根付いた白人優越意識と有色人種蔑視の〈思いこみ〉が大きく作用していたことは疑いない。

本書はこの三つの〈思いこみ〉に着目し、それが時代の推移にどう作用したかを解き明かすことにより、公正・不偏の立場から近代日本外交史を再考しようとするものである。そうすることにより、「自虐史観」から脱出するのはもとよりのこと、「開き直り史観」に偏ることもない歴史の真実に迫ろうとする試みである。

「自虐史観」論者は、右に述べた三者の〈思いこみ〉との関連で言えば、主として①の日本の指導部サイドの因子と②の国民感情のネガティブな側面に依拠して歴史をとらえようとする。日本の指導者たちのやったことはすべて誤りであり、政府に踊らされた国民は、優越意識を吹き込まれて傲慢となり、日本がアジアの盟主になることを夢見て、一致団結して戦争遂行に協力したとの議論を展開する。

他方、「開き直り史観」論者は、米、英、蘭の締め付けに遭った日本にとって、自存自衛のためには戦争しかなかったのだとし、③のアメリカ・サイドの因子に照準を合わせて、悪いのはアメリカだと開き直る。

ここで私が両者どちらにも偏らない、公正・不偏の立場から歴史の真実をとらえようとするのは、なにも「自虐史観」と「開き直り史観」とを足して二で割ろうというのではない。世に無数に出ている著作で述べられている双方の主張を足して二で割り、一冊の本にまとめてみたところで、そんなものは誰も読みはしないであろう。

そうではなく、双方の主張を弁えた上で、「自虐史観」では見過ごされている、連合国サイド、特にアメリカ・サイドにあった戦争に向けての要因に光を当てると同時に、「開き直り史観」では等閑《なおざり》にされがちな日本の指導部の過ちや国民感情の驕《おご》りもあらためて問いただすことにより、歴史の真実を見つめ直そうとするのである。

　このような視点に立って、私なりにとらえた近代日本外交史の実相は、これから本書第Ⅰ部の各章で述べる通りであるが、こうして捉えた実相においては、どう考えても「自虐史観」論者が言うように、日本のファシスト指導部がアジア征覇を目指して、対米戦争に向けて共同謀議を重ね、着々と戦争の準備を整えてきたなどという実態は浮かび上がってこない。後に詳しく述べるが、日本の指導者たちは誰一人戦争を望まず、ぎりぎりまで対米交渉に戦争回避の望みをつないでいた。しかし、日本を叩く好機到来と考えた米国政府が徹底的に日本を締め付け、無理難題をごり押ししてきたので、ついにやむなく自存自衛の戦争に追い込まれたというのが実相なのである。この意味では、三者の基本因子の中では、アメリカ・サイドの因子のウェイトが高かったと言わざるを得ない。

　こうして見ると、日本が自存自衛のための戦争に無理やり引きずり込まれたのは、なんといってもルーズベルト大統領が日本を徹底的に叩きのめす千載一遇のチャンス到来との〈思いこみ〉に凝り固まって行動したことが決定的な要因であったと考えざるを得ない。

　私の先輩外交官であり、外交評論家である岡崎久彦氏は自著の中で「戦後の史観は日本さえ戦争の意志がなければ戦争は起こらなかったように考えているが、それは戦後左翼特有の日本中心の天動説的反軍史観である」（岡崎久彦著『重光・東郷とその時代』ＰＨＰ研究所）と断定しているが、この点、私も全く同感である。

私の公正・不偏の視点からする真相模索のアプローチは、結局は「開き直り史観」の立場にかなり近いところに到達することとなる。私のこのような基本的スタンスをまず明らかにした上で、以下、第一章で前記①の因子、つまり日本の指導部、第二章で②の因子、つまり日本国民、第三章で③の因子、つまりアメリカ・サイドを順次取り上げ、その実相について論考を進めていきたい。

第一章　大日本帝国破滅の道程
――〈列強への仲間入り志向〉が破局を招いた――

日本を戦争に駆り立て、敗戦の破局に至らしめた三つの基本因子のうち、まず取り上げるのは日本の指導部である。軍部の影響力が徐々に強まり、ついには実質上軍部に牛耳られた日本政府が、いかなる政策を展開し、どのようにして破滅への道を歩んだのかを顧み、なぜそうなったのかを考える。

そこでこの章においては、①まず明治維新以降、近代化に乗り出した日本の外交は、日露戦争のあたりを境として変質をきたすこととなるが、どのような変質が起こったのか、その背景は何だったのかについて考察する、②次にこれを踏まえて、満州事変から敗戦に至る日本外交の軌跡を辿る、③その上で、このような道を歩んだ日本外交の舵取りを担った指導部の発想に着目し、そこには常に〈列強への仲間入り志向〉が強く働いていたことを解き明かす、という手順で、以下の論考を進めることとしたい。

1　日露戦争を境とする日本外交の変質

維新後、日本は明治の元勲たちに指導されて、日の出の勢いで近代国家建設を推し進め、やがて迎えた日露戦争での勝利は、世界の称賛を浴びた。西洋列強との関係をはじめとする対外関係も、この頃まではおおむね順調に推移した。

ところがその後、日本外交は変質をきたし、これに応じて国際環境もとみに厳しさを増して行き、やがて日本は破滅への道に踏み込んでしまうこととなる。

明治の元勲たちの時代

わが国の歴史を顧みると、朝廷の権威のもとに日本をとりまとめ、指導してきたのは武士階級であった。徳川三百年以外は、ほとんど常に戦が絶えなかった。尚武の気風に富み、武士が勢力をもってきた国であり、現に武士から多くの傑出した指導者を輩出した。頼朝、信長、秀吉、家康、みな侍である。

武士というと、軍事専門家を思い浮かべてしまいがちだが、日本の封建社会における武士は、単なる武人ではなく、政治、経済、社会、教育、文化、科学技術等、さまざまな面での責任を担う指導者、つまり政治家だった。国の営みすべてを統括し、指導するステーツマンだったのである。決して軍事面だけではなく、総合的に国政を司るジェネラリストなのである。そしてこの武士たちのよって立つ道徳規範が武士道だった。

武士道というと、戦後教育の世代は、忠君愛国と結びつけて、日本を軍国主義に駆り立てた精神的支柱と受け止めがちであるが、本来それは「仁・義・礼・智・信」という儒教の教えを土台として発展させた日本独特の道徳体系であり、高潔な品性を保つモラルという意味で、日本に限らず、普遍的価値を有する道徳律なのである。江戸時代の儒学者、山鹿素行は『山鹿語類』の中で、武士の社会的役割として、道徳的指導による統治を挙げている。この道徳体系は武士階級のみならず、広く日本人全体の生活態度にも大きな影響を及ぼし、信義、礼節、規律、勤勉、自己犠牲を顧みぬ奉仕の精神、忠節、孝行等々日本人の美徳とされてきた特質は、武士道に由来するところが大きい。明治の知識人を代表する新渡戸稲造博士は、日本人のことを世界に知ってもらいたいとの思いのもとに、名著『武士道』を英語で執筆した。その中で博士は武士道に、禁欲や公の精神など、西洋のプロテスタンティズムとも共通する倫理的規範を認めている。また、日露戦争後の日本人の驕慢に警告を発した朝河貫一博士は、自著の中で、日本の武士道が単に武勇のみではないことを説き、武勇以外の要素として、①義に勇むこと、②堅固の意志、③自重、公平、抑制、礼譲、同情等の諸徳、④静寂、思慮、反省を挙げている。（朝河貫一著『日本の禍機』講談社）

このように、武士道には、日本に限らずあまねく人間社会に妥当する普遍的道徳律が多く含まれているのである。

そして明治維新。そこで新生国家の建設を指導した明治の元勲たちは、まさに武士の最後の系譜に属する人たちだった。彼らは幼少より、儒教的教養を身につけて武士道を究め、指導者はどうあらねばならないかを完全に弁えたジェネラリストだった。国家建設の方向性全般について明確なビジョンを持ち、それに向かって国家の指導に当たった。軍事は、国家経営の全体戦略の一部であり、軍事に全体戦略が振り回されることはなかった。

国家戦略を担う指導者の欠如

こうして新生国家日本の国づくりは日露戦争の頃までは、良き指導者を得て、順風満帆で進展し、ロシアに対する勝利は世界を驚嘆させた。

ところが日露戦争以降の時代になると、こうした明治の元勲たちが次第に歴史の表舞台から姿を消していく。日露戦争終戦時（一九〇五年）、長州藩出身の初代内閣総理大臣、伊藤博文は六四歳。同じく長州藩出身で重要閣僚を歴任し、財界の大立者でもあった井上馨は六九歳。西郷隆盛の従弟で近代陸軍の創設者、大山巌は六二歳。三回内閣総理大臣となった長州藩出身の桂太郎は五七歳。屈指の戦術家である徳山藩出身の児玉源太郎は五三歳。陸軍の最高実力者で二回にわたって内閣総理大臣を務めた長州藩出身の山県有朋は六七歳。国家経営を指導してきた彼らは、徐々に第一線から退いていく。

前記の『武士道』の中で、新渡戸稲造博士は、武士道精神が失われつつあり、日本の良さがなくなってきたと慨嘆しているが、この名著が執筆されたのは、日清、日露の中間点、一八九九年である。この時点で博士が日本の誇る道徳体系の崩壊を嘆いていることは、進みつつある世代交代を早くも察知しているのである。

元勲たちに代わって登場してきたのは、陸軍大学校、陸軍士官学校、海軍大学校、海軍兵学校などで教育を受けた軍事エリートたちだった。明治になってからの、こうした軍の高等教育機関は、欧米列強の軍事レベルに追いつかねばならないという焦りから、目先のことに役立つ軍事教育に専念するようになった。政戦合わせた国家戦略を構築するというステーツマンとしての教育はなおざりにされ、国家経営のジェネラリストではなく、軍事に特化したスペシャリストを育成したのである。そしてこのような軍事スペシャリストが徐々に国家の枢要ポストを占めるようになる。

こうして頭角を現した軍人指導者層に、果敢に対峙して台頭してきたもうひとつの勢力は、政党であった。日露戦争から一九二〇年代にかけては、軍人指導者層と政党勢力が拮抗する時代であった。一九一八年には、それまでの藩閥政治から脱皮して、原敬を首班とする初の政党内閣が誕生した。原内閣のもとでは、もともと政党嫌いだった元老、山県有朋と原敬とが呼吸を合わせ、意気にはやる参謀本部の言い分をなんとか抑えることに成功した。

原敬は大局的視点に立った判断力と巧みな政治力を兼ね備える卓越した政治家で、国民の信望を集めたが、惜しくも一九二一年一一月四日、暗殺者の凶刃に倒れた。そしてその三カ月後の一九二二年二月一日には山県有朋が他界する。こうして明治の元勲は姿を消し、政党政治家にもジェネラリストのリーダーといえる器の後継者は現れなかった。

やがて政党政治は政争に明け暮れる党派的な動きが顕著になり、加えて一連の汚職事件が露見するに及び、徐々に民心から離れ、また政策面でも、金融恐慌や中国情勢に適切に対処し得なかったことから、国民の失望を買った。そして一九三二年の五・一五事件で、政党内閣時代はついにその幕を閉じることとなった。こうして政党政治が自滅の道を辿った後に、清新なイメージにより国民の期待を引きつける勢力として残ったのは軍であった。政党内閣の体たらくに辟易とさせられ、落胆した国民感情は、威勢のいい方になびく風潮を強めていった。当時のこのような状況につき、岡崎久彦氏は自著の中で次のように記している。

「国民はたしかに軍人に期待した。国民のイメージのなかでは、党争と利権にまみれた政治家に代って凛々《りり》しい軍人が国を指導する姿があったことは否定できない。しかし、国民は、出先の軍の独走や青年将校の下克上まで期待したわけではなかった。」（岡崎久彦著　前掲書）

この結果、日本のリーダーシップは高等軍事教育機関出身の軍事に偏して、政略にはうとい専門家たちの手に握られる傾向を強め、日本はジェネラリストのリーダーを失うこととなった。

もっとも、この点は岡崎久彦氏が指摘するように、明治、大正までは人物がいたが、昭和となるとそれだけの人物がいなくなったというような単純な話ではなく、日本の社会の変貌があったことも関係している。つまり、卓越した一人の人間が長期間じっくりと腰を据えて、国の対外関係の舵取りに当たるという体制は変化してきたのである。岡崎氏はこう述べている。

「外国を知っている人は例外的な特権階級で外交はそういう人に任せるしかない、という時代は去ってしまった。……あらゆる分野の人がいわゆる洋行の経験をもち、軍人でもエリートは海外駐在武官として外国に長く駐在する機会が出てきた。また官僚による政治家の補佐も組織的になり、通訳の技術も進んで、外交には必ずしも外国通を必要としなくなった。

また、教育制度、官僚制度の完備にしたがって続々と優秀な人材が育成され、一人の人間が外務次官、大臣のポストを長く独占することはなくなり、順送り人事となってきた。……幣原は、大正四年に外務次官、八年に駐米大使、一三年に外務大臣となって、昭和六年に職を去るまで一五年間、日本外交の中枢にいたが、もうそういう人は出て来なくなった。」(岡崎久彦著　前掲書)

日本軍の体質硬直化

世界をアッと驚嘆させた日露戦争の勝利では、日本軍の規律正しい、人道的な行動が特に注目を集めた。

イギリスの法学博士ジョン・マクドナルドは、日露戦争中に発行された雑誌『一九世紀』に寄せた論考の中で、次のように述べている。

「今回の戦争では、事の推移を見る限り、非キリスト教国が文明の名にふさわしい戦争のやり方について、キリスト教国に対して手本を示してきたと言ってさしつかえない。人間性とか人道といった名にかけて西洋が誇っていた圧倒的な威信は、もはやすっかり過去のものとなった。」（齋藤健著『転落の歴史に何を見るか』ちくま新書）

西洋文明圏に属する自分たち以外の人種は、未開・野蛮の状態にとどまっている者どもだとして、これを低く見下してきた西洋人にしてみれば、「非キリスト教国の軍隊がよくぞまあ！」と驚いたのも無理はない。というのも実は、このような模範的行動をした日本軍には、まだまだ日本古来の道徳律である武士道精神が残っていたのである。しかし前記の新渡戸稲造博士が嘆いた如く、この時代すでに武士道の良き伝統は失われはじめていた。

国家の経営全般を指導するステーツマンたる武士階級、そしてその倫理的よりどころだった武士道が消滅するに従って、日本の軍隊は硬直化していく。軍事専門家集団と化した軍隊は、組織としての自己改革力を失い、悪い面が徐々に表面化して、ついには動かし難いほど根を張ってしまうのである。その悪い面とはなんだったのか、見てみよう。

閉鎖的体質と秘密主義　悪い面の第一は、組織の内部においても、外部との関係においても、党派的に凝り固まる傾向を示し、閉鎖的な体質を強めていったことである。過剰な仲間意識、セクショナリズムである。本来、軍隊には冷徹な合理性がなくてはならないが、実際には生死を共にする仲間うちの連帯感、団結心が強く働き、組織内の人間関係を優先させようとする意識が働く。縦割り割拠主義が横行して、横の連絡、意思疎通が悪くなる。部外には自分たちのもつ情報を渡そうとしない秘密主義が幅を利かす。

こうした仲間意識が高じて、本来なければならない合理性を凌駕し、数々の弊害を招いた。とりわけ陸軍と海軍の対抗意識、秘密主義、連携の欠如は、戦略上の大きな齟齬を招いた。国防の大前提である仮想敵国の認識ですら、両者はかみ合わず、日露戦争後、まだ間もない一九〇七年、すでにこの年に決められた「帝国国防方針」においては、陸海軍間の調整がつかずに、両論併記となった。その結果、これ以降、陸軍はロシアを、海軍はアメリカを仮想敵国として準備を進めた。こうして陸軍には対米戦に備えた十分な用意なく、海軍には大陸戦を想定した準備が整わないまま、第二次大戦に突入したのである。

あげくの果てに、軍人たちは統帥権の独立という錦の御旗を振りかざして、国の舵取りを完全に手中に収めてしまうが、ここに至る発想の原点は、やはりこの仲間意識過剰にあったとみなければならない。

異分子の排除及び異なる見解の抹殺

過剰な仲間意識の帰結として、異分子の排除と異なる見解の抹殺が行われるようになる。これが第二の悪い面である。組織の自衛本能から、組織に馴染まない異分子は排除されるし、既定の路線と異なる見解は、たとえ合理性の観点からは妥当な、独創的意見であっても、取り上げられることなく、むしろその主張者は白眼視されるようになる。

満州事変の立役者だった石原莞爾も、実はまさにその一人であった。大東亜戦争が始まった一九四一年一二月八日の翌日、彼が行った講演のメモが残されている。そこで彼は「アジア諸国を独立させるのが我々の使命である」と述べている（福田和也著『地ひらく』文藝春秋）。満州国についても、終始自分の信念に基づいた満州国独立論を唱え、「満州人による満州人のための満州人の国をつくれ、それが満州帝国であるべきである」として、「満州をアジアのアメリカにせよ」というのが彼の持論であった。開戦直後からこのような活発な言論活動を展開した彼は、戦時中、当局から厳しく睨まれ、結局陸軍中将で退役となり、戦争の後半は立命館大学教授となって執筆活動をする。しかし彼の本は全部発刊停止、没収となり、あげくの果てに、立命館大学教授も辞めざるを得なくなるのである。

故郷の酒田に戻って終戦、やがて東京裁判が始まる頃には、重症の糖尿病を病む身となって、動きがとれない。そこで東京裁判の検事団が十人位酒田に足を運び、酒田市の商工会議所に臨時法廷を設置し、そこにリヤカーで運び込まれた石原から話を聞こうとする。「戦争犯罪人は誰だと思う」と訊くと、「トルーマンこそ戦争犯罪人だと思う。どうして原爆を落としたのか。……大東亜戦争についても、アメリカからハルノートを突きつけられて、戦争が始まった。戦争責任はアメリカにある」（引用はいずれも福田和也著　前掲書）と終始所信を闡明し、検事団に語気強く迫ったのである。

こうして得られた石原莞爾の嘱託訊問調書は全文、東京裁判の法廷で読み上げられたが、これを傍聴席で聞いた冨士信夫は自著の中でその印象を「反対訊問をするダニガン検察官と石原証人とでは役者が違い、剣道の新米が有段者に稽古を付けて貰っているような格好で、打ち込もうとして軽くいなされ、逆に面や胴を取られたような反対訊問の場面がしばしばあった」と記し、「天才的戦略家石原莞爾未だ衰えず」との感を深くしたと述べている（冨士信夫著『私の見た東京裁判』講談社）。そして間もなく、一九四六年に石原は世を去ってしまった。

このように正論を吐いて異分子とされた事例は、石原のほかにも枚挙に暇がない。海軍では、井上成美中将が開戦前の一九四一年一月の時点で、「航空兵力の充実、海上護衛兵力の大増強、南方島嶼の守備強化」という的確な主張を行っていた。陸軍では沖縄決戦時に際して、八原博通高級参謀が戦略持久戦の考え、つまり「自暴自棄の玉砕攻撃を戒め、本土決戦に備えてひたすら時間かせぎをし、敵の消耗を強いる作戦」（齋藤健著　前掲書）を提起しており、この考えは後にこれを知った米軍将校を戦慄させるほどのものであった。しかし、こうした独創的なアイディアは日の目を見ず、生かされることはなかった。

こうして、異分子を遠ざけて、既定路線の改革案や建設的な新発想の芽が摘まれると、組織の硬直化が進み、状況の変化にもかかわらず、ただただ過去にうまくいったやり方を踏襲するという旧習墨守一本槍になってしまう。経験の積み重ねに学び、常に改良に心掛けるという態度は失われる。これが、第三の悪い面と言える。陸軍は白兵銃剣主義、海軍は大艦巨砲主義に拘泥して悲惨な結果を招いた。

旧習墨守

陸軍の白兵銃剣主義は、日露戦争での有名な二〇三高地死闘の教訓として、あらかじめ十分なる射撃により、敵に近接した上で、最後のところでは、攻撃精神を基礎とした白兵戦が重要になる旨が、歩兵操典に記されたことに端を発している。ところがその後、近代戦における兵器の進歩や戦闘形態の変化にもかかわらず、白兵銃剣主義がひたすら墨守され、攻撃精神のみが強調されて、これが兵器不足も兵力不足も補い、勝利に導くとする精神主義一辺倒に堕してしまうのである。

海軍の大艦巨砲主義は、航空機や潜水艦が発達する以前の時代には合理性をもち、日露戦争でロシアと雌雄を決した日本海海戦の経験からは、全く妥当な考え方であった。しかし海軍はその後の時代の変化を読み取らずに大艦巨砲主義に拘泥し、太平洋戦争ではミッドウェーの大敗北をはじめ、惨憺たる結果を招いてしまった。

日本海軍とて、航空機や潜水艦に着目しなかったわけではない。日本は一九二二年のワシントン軍縮会議により、英米に比して六割の軍艦保有しか認められなくなった情勢の中で、いかに艦隊決戦で勝利するかを追求した結果、航空機に活路を見出そうとし、航空戦力増強に力を入れてきたことは疑いない。

山本五十六連合艦隊司令長官が真珠湾攻撃のために編成した空母中心の機動部隊編成は、従来の常識を破る革新的な艦隊編成であった。マレー沖海戦でイギリス東洋艦隊が誇るプリンス・オブ・ウェールズとレパルスの二戦艦を撃沈したのも南部仏印基地から発進した海軍航空隊であった。真珠湾攻撃とマレー沖海戦の成功は、大艦巨砲の時代から航空機がものを言う時代への変化を示す革命的な出来事であった。理論的にはこの変化の可能性は指摘されていたが、実証されたのはこの二つの海戦が初めてであり、これを実行したのが山本五十六だったのである。この思想は直ちにアメリカに取り入れられ、アメリカはその膨大な建艦能力をあげて、空母建造に取り組み、日本海軍を圧倒することとなった。

しかし、山本五十六が航空機に着目したのは確かに慧眼であったが、その発想は、依然としてあくまでも大艦巨砲主義の艦隊決戦が中心だったので、航空機を単に攻撃兵力として運用することに執着した。航空機を偵察のために活用し、制海、制空兵力として十分運用することは、等閑《なおざり》にされた。その結果、ミッドウェーでは米機動部隊の位置がわからず、奇襲を受けることとなった。さらにまた、敵攻撃機から空母を守るための兵力としての運用も不十分であった。

潜水艦についても、日本は米太平洋艦隊潜水艦部隊と遜色ない潜水艦を保有していた。しかし日本海軍の作戦目標は常に敵艦隊そのものであり、敵の補給部隊を攻撃することは全く考えていなかった。これまた、大艦巨砲主義路線に立てば、当然の発想である。アメリカやドイツの潜水艦はできるだけ商船や補給船を目標としたのに対し、日本の潜水艦艦長にとって、敵艦隊以外はいわば雑魚《ざこ》でしかなかったのである。結局日本の潜水艦は十分活躍することなく、最後は敵の制海圏の中を隠密裏にガダルカナル島などへの物資輸送に使用していた始末であった。

しかも陸海軍とも、こうした失敗例をレビューし、経験に学んで軌道修正するという努力を全く払わなかった。失敗の経験を分析して原因を究明し、その成果を次なる作戦の糧とするための研究会など、多くの場合、開かれなかったばかりか、失敗の事実自体、前記の秘密主義とも結びついて、一部の限られた関係者以外には知らされなかった。ミッドウェー海戦の大敗北は、国民に一切伏せられていたばかりか、陸軍首脳すらこの事実を知らされておらず、東条英機首相が、戦争が終わるまで、これを知らなかったのは有名な話である。

恩情人事　仲間内の連帯意識から摩擦を避けたいという思惑が働き、穏便な人事、ことに不祥事に対する甘い処分が行われるようになる。これが悪い面その四である。

一九三〇年代に入ると、軍律違反事件が次々に起こった。一つの違反事件に対する甘い処分がさらなる違反事件を呼んだ。三一年には少壮将校たちによるクーデター未遂事件が二回起こり（三月事件と一〇月事件）、同年九月には満州事変、三二年には五・一五事件、三六年には二・二六事件、三八年には張鼓峰事件、三九年にはノモンハン事件（両事件ともソ満国境で起こった国境線をめぐる日ソ武力衝突事件）と不祥事が相次いだ。しかし、これらの事件にまつわる人事処分はきわめて甘いものであった。

唯一、二・二六事件では厳罰が科せられたが、これはまさに昭和天皇が断固鎮圧の意志を示されたがゆえの例外的ケースであった。この事件でも、当初陸軍省は穏便に事を済ませる方針をとり、陸軍大臣が①蹶起《けっき》の趣旨は天聴《てんちょう》に達せられあり、②諸子の行動は国体顕現の至情に基づくものと認む、との宥和的な告示を出して、反乱軍説得に努めた。しかし、反乱軍はこれに応じなかったため、ついに詔勅の発出によって事態を収拾するしかないということになり、勅命を仰ぐこととなった。この時、昭和天皇は鎮圧がはかばかしくない様子に心を痛められ、「朕自ら近衛師団を率い、これが鎮定に当たらん」と述べられたといわれる。こうして勅命が出され、ようやく反乱は収まったのである。さすがにこの事件では軍法会議が開かれ、首謀者の青年将校たちには死刑が宣告された。

しかしこれ以外の事件は、すべて穏便なことなかれ主義により、甘い処分で済まされた。三月事件に至っては、背後に参謀本部と陸軍省の関与が指摘されていたにもかかわらず、国家主義者として頭角を現していた大川周明ただ一人にすべての責任をなすりつけ、軍人の処分は全くなされなかった。ノモンハン事件も、陛下の軍隊を大命によらずに、出先が勝手に動かすという重大な軍紀違反であったが、軍法会議を開くことすらなく、首謀者の辻正信少佐と服部卓四郎中佐が一時的に左遷され、後に出世街道にカムバックするという、うわべだけをとり繕った、不徹底な処分に終わった。

西南戦争の翌一八七八年、論功行賞に不満をもった近衛砲兵第一大隊が反乱に立ち上がり、いわゆる竹橋事件を起こした。これに対し、山県有朋をはじめとする明治政府の重鎮たちは、断固厳罰の方針で臨み、死刑五五名を含む三八六名を処罰した。

これに比べると、昭和期のこの人事の緩みはなんたることか。甘い処分は軍律違反者を増長させ、規律の緩みに一層拍車をかける。こうして、いわゆる下克上の風潮がはびこり、上が下の暴走を抑えきれない状態が定着してしまった。

しかもこうした恩情人事で部下に対する処分が甘くなると、当然の成り行きとして、指導者自身に対する責任追及など行われなくなるし、本人の責任感自覚も薄らいでいく。ミッドウェー大敗北の敗因究明も、責任追及も全くなされなかったことや、そもそも実行不可能なインパール作戦を、牟田口廉也中将の頑強な主張に押されて、実施に移してしまったことなどは、すべてこうした恩情人事風土の一環としてとらえられる。

岡崎久彦氏は自著の中で牟田口についての次のような逸話を紹介している。

「惨憺たる敗戦のなかで、牟田口は参謀に向かって、『これだけ多くの部下を殺した以上、司令官として腹を切ってお詫びしなければならないと思うが、君の腹蔵ない意見を聞きたい』といった。それに対し参謀は、牟田口のほうに顔も向けないで、冷然と『昔から、死ぬ、死ぬといった人に死んだためしはありません。責任を感じておられるなら黙って腹を切ってください。誰も止めません。今度の作戦の失敗はそれ以上に値します』と答えた。参謀が切腹を思いとどまるようういっ

てくれるのを期待していた牟田口は悄然《しょうぜん》として立ち去っていったという。」（岡崎久彦著　前掲書）

終戦に当たっては、多数の部下を死なせた責任を自らに課し、割腹自殺をして果てた軍人がなお多数にのぼったのに比して、このエピソードは牟田口の責任感の程度を如実に物語っている。

軍部追随に傾く外務省――『日本外交の過誤』

このように、軍部が日本の命運を握る地歩を固めていくなかで、外務省は何をしていたのか。

明治の元勲たちの時代には、軍事は国家戦略全体の一部と位置づけられ、全体戦略が軍事に左右されることはなかった。統帥権の独立という明治憲法の規定はこの時代から厳然と存在していたのであるが、元勲たちは軍人の政治介入を排して、政略優先を貫いたのである。外交当局が軍に振り回されることはなく、外務省は国家経営全体の視点に立って、責任を全うした。

しかし、やがて元勲たちが国政の表舞台から退き、軍人がわが世の春を謳歌する時代となるにつれて、外務省は軍部追随の色彩を徐々に強めていく。この間の事情を最もよく物語っているのは、外務省資料『日本外交の過誤』である。

二〇〇三年四月、外務省は極秘文書『日本外交の過誤』の秘密指定を解除し、これを公表した。これは一九五一年に作成された外務省の文書であるが、吉田茂総理の命により、課長クラスの若手省員が精力的に作業を行い、満州事変から敗戦までの日本外交の過誤を洗い出し、後世の参考にせんとして作成したものである。この資料の本体は、膨大な作業の結論としてまとめられた、五〇ページ程度の『調書』であるが、これに加えて、『調書』についての堀田正昭、有田八郎、重光葵、佐藤尚武、林久治郎、吉沢謙吉ら、先輩外交官や大臣の所見（インタビューでの談話録）および省員の批評があり、これも付属文書（以下においてはこれを『所見』と記すことにする）として公開された。さらに、『調書』作成の基礎となった二五九ページに及ぶ『作業ペーパー』が残されており、これは『調書』『所見』からは一年以上遅れて、二〇〇四年六月に公表された。こうして『調書』『所見』『作業ペーパー』の三点セットが二〇〇四年には完全に揃うこととなった。これらの資料は、満州事変以降、終戦に至る日本の対外政策を考える上で、よりどころとなる貴重な手がかりを与えている。そこで以下においては、この資料を主たる参考文献として取り上げ、これを参照しながら考察していくこととしたい。

『調書』は多岐にわたる作業の最終プロダクトとして、そのエッセンスをまとめて整理したものなので、比較的簡潔な文書となっているのに対して、『作業ペーパー』はこうした作業の過程で、『調書』作成の土台として集められた膨大な資料であり、よりなまなましい記述がそのままの形で残されている。

その『作業ペーパー』が外務省の一般的な誤りとして、真っ先に挙げているのは、統帥権を盾に軍が行う「二重外交」に対する外務省の基本的態度である。『作業ペーパー』は、

「（外務省が）軍の策略に対し、……根本的立場からこれを糾弾することをあえてせず、終始消極的反抗を試みながらも、大勢非となるや『全然手放しにしてしまっては軍が何をやり出すかもしれぬ。それよりは、むしろ問題に介入して一役を受け持ち、軍のやり方が極端に走るのを防止是正することが対外的に必要である』との態度をとったこと」

を指摘している。つまり、軍と真っ向から対決するのではなく、むしろ軍に同調しつつ、軍の暴走をコントロールしようとする態度だったことが結局なし崩し的に、すべて軍に左右されるに至らしめたと反省しているのである。そして、このような論理はあまりに「頭の良すぎる」者の弁明で、そこには「保身とポスト確保の意欲」がなかったか疑わせるとの手厳しい批判の矢を浴びせている。さらに『作業ペーパー』中、一九三六〜三八年頃の日支国交調整問題の記述では、「外務省員は、このころには本省、出先を通じ、順次軍部の強硬派に追随、協力する傾向を見せていることは、十分反省を必要とする」と述べている。

こうして、外務当局も軍の意向にあえて逆らわない態度に堕してしまい、日本は破局に向けて突き進んだのである。

2 満州事変から敗戦に至る日本外交の軌跡

硬直化した体質の軍人に国家の舵取りを牛耳られて、日本の対外関係はどのように展開したのか。満州事変から敗戦に至る日本外交を振り返って、その軌跡を辿ってみよう。

『日本外交の過誤』はまさにこの時期を取り上げて、示唆に富んだ記述を行っているので、この資料に沿って、検討を進めることとしたい。

『調書』では、導入部分に続いて、「満州事変、国際連盟脱退」、「軍縮会議脱退、日独防共協定締結」、「支那事変」、「日独伊三国条約締結」、「日ソ中立条約締結」、「仏印進駐、蘭印交渉」、「日米交渉」、「終戦外交」の八項目について記述され、さらに独立後の外交指針のようなものが「結論」として付されている。そして、これらの重要項目それぞれにおいて、ほかの選択の余地があったのではないかとの視点から検討がなされている。

満州事変、国際連盟脱退

一九三一年九月一八日、奉天(現在の瀋陽)郊外の柳条湖付近で、満鉄本線の鉄道爆破事件が起き、日本の守備隊が出動して中国軍と衝突、こうして満州事変が勃発した。中国は事件を直ちに国際連盟に提訴した。

『調書』は満州事変の背景としては、一方において国内では、経済不況が社会不安をもたらす中で、政党は腐敗堕落して、国民の政党政治に対する不信を買い、これが軍を含む革新勢力の台頭を許した情勢にあり、他方において国外では、第一次世界大戦当時の二一箇条要求以来高まってきた中国での排日機運とこうした中でとられた張学良の排日方針があったと分析している。

『調書』は、こうした状況下、

「武力進出策に出る以外に生きる道がなかったかといえば、そう断定するだけの根拠はない。……日本が満州を含む中国において英米と競争しつつ平和的に経済進出することは、十分可能であったと見るべきであろう。」

と述べ、いわゆる幣原外交の可能性に説き及んでいる。欧米列強と共存しながら中国政策を展開するという信念をもっていた幣原は、満州事変以降、軍の独走を抑制しようと努めるが、結局敗北した。そして幣原以降の外務大臣には、もはや敢然と軍を敵に回して戦うという気概をもつ者はいなかったのである。

現に、日本政府は事件発生の翌日、九月一九日には、事態の不拡大と地方的解決の方針を決定していた。政府は閣議で決めて、出先に訓令さえ出せば、その通りに事態は進展するものと安易に考え、閣議の席で陸相の言質さえとりつければ、万事こと済めりと決め込んでいた嫌いがある。しかし、現実の事態は政府の方針を裏切り、現地の意向で、あらぬ方向に進展し、閣議は南陸相の事後報告を承認して、既成事実を次々に追認せざるを得なかった。事変発生当時、奉天総領事館の次席だった森島守人は自著の中で次のように記している。

「在外の大公使に対しても、（東京からの連絡は）過ぎ去った事実に対する説明や言い訳を繰り返すのみで、しかも現地の事態に立脚しない政府の声明や申し入れは、後から後からと覆された結果、日本の国際的信用を失墜すること、はなはだしいものがあった。……米国では幣原外相の流れを汲んだ出淵大使が、本省の電報をそのまま取り次いでおったため、嘘つき大使という不名誉な異名さえ出ていたのに反し、内政に明るかった広田駐ソ大使は、外務省の通報を信頼せず、握りつぶしていたため、かえって好結果を挙げていた。」（森島守人著『陰謀・暗殺・軍刀』岩波新書）

幣原外相がワシントン会議後の国際的風潮を理解し、それを踏まえた外交の実現に渾身の努力を傾けていたことは疑いない。しかし、彼は日清戦争における陸奥、日露戦争における小村と大きく異なり、内政に無関心であった。その結果、若槻内閣は事変当初から、事の真相と将来の見通しにつき、正確な認識を欠き、事態の不拡大と附属地内への撤兵とを方針としたものの、これを貫徹すべき政治力をもち得なかった。そして若槻内閣は一二月上旬、総辞職するに至るのである。

事変発生の当初においては、出先軍部の間でも、独立案はまだ具体性を帯びておらず、満州併合論が支配的であった。しかし中央政府の出先追随姿勢に勢いを得た関東軍では、数カ月後の一九三一年暮れになると、独立国家案が既に既定方針となってしまっていた。こうして翌三二年三月には満州国が建国された。満州国は王道楽土、五族協和の美名のもとに独立を宣言したが、実質は完全な日本の衛星国であった。独立の際、本庄司令官と溥儀執政との間に取り交わされた覚書には、関東軍司令官が満州国に対するいわゆる「内面指導権」と人事権を掌握することが記されていた。この結果、国務総理や大臣や省長には満州人が任命されたが、実権は日本人の総務長官や次長の手に握られていた。しかも総務長官以下日本の官吏はすべて関東軍の言いなりの状態に置かれており、満州国指導を担当していた関東軍第三課が、事実上の満州国政府だったと言っても過言ではない。

満州事変を画策した軍部の連中は、別段当時の国際情勢を考慮に入れて、実行のタイミングを見計らったわけではなかったが、たまたま当時、国際的な客観情勢は、日本にとって実に好都合な時期にあった。アメリカは世界的経済恐慌に対するフーヴァー大統領の対策も効果なく、ルーズベルト大統領がニュー・ディール政策を打ち出そうとする矢先であった。イギリスは未曾有の金融危機に直面し、マクドナルド首相が長年の政敵保守党と提携して国民内閣を組織し、金本位制の停止を断行せんとする時期に当たっていた。ソ連国内でも、農民暴動など、不安材料が絶えなかった。関東軍がなんらの国際的な掣肘を受けることなく、計画を進め得たのも、このような国際情勢に恵まれたことが幸いしていたが、出先の陸軍はむしろわが国の実力の表れだとして、国際的制裁の可能性など物ともしない態度であった。

こうしたなか、連盟は一九三一年一一月対華調査団の派遣を決定したが、これはもともと日本政府の発想に基づくものであった。連盟内で、日中関係、ことに満州の特殊事態についての理解が全くなされていない実情に鑑み、現地調査を通じて連盟に対し、より正確な認識を与えようとしたのである。そこで日本政府は、わが国が防衛戦争をしているのだということを分かってもらうために、連盟に調査団派遣を要請し、これによって日本の正当性を証明しようと考えた。奉天の林総領事も連盟調査団招致に全幅の賛意を表していた。もっとも総領事館の次席だった森島守人は次のように記している。

「私等現地にあったものが調査団の招致に賛成したのは、連盟による調査の結果に期待するというよりは、五、六ヶ月の時を稼げば、列国の対日空気を緩和するゆとりもあり得るだろうし、また幸いそのあいだに日本政府が事変対策を建て直す機会をとらえ得るならば、この上ないと期待したがためにほかならなかった。」（森島守人著　前掲書）

関東軍といえども、満州問題が現実に連盟の俎上に載ると、さすがに無関心ではいられず、調査団一行の身辺に万一のことがあってはとの危惧から、警備面にも十分の対策を講じる等、協力的姿勢を示した。こうしてリットン卿を団長とする調査団一行は一九三二年五月二一日奉天着、北満方面も含めて調査を行った。関東軍としては、調査団の報告書が連盟に提出される前に、日本政府の満州国承認を実現し、この既成事実により、日本政府を不退転の立場に立たせることを目論んでいた。外務省には、すでになされてしまった満州国の独立は致し方ないとしても、せめて日本政府の承認は遅らせ、調査団の面目を立てたいとの意向があり、調査団もこれを希望していたが、五・一五事件勃発による犬養内閣退陣を受け、齋藤内閣の外相となった内田康哉は、就任するや率先、満州国承認の意向をリットン卿に言明し、調査団を失望させた。

こうした経過を経て、日本は一九三三年三月二八日、国際連盟を脱退する。

満州事変のこのような進展について、『調書』は次の通り述べている。

「当時の中国の特殊事情からして、ある程度の武力行動は、かりに止むをえなかったとしても、満州国を独立せしめ、さらに、国際連盟を脱退するところまで突っ走ったのは、勢いのおもむくところとはいえ、何等利するところのないことであった。」

さらに『調書』は、連盟脱退が日本を孤立化に追いやり、やがては独伊との枢軸関係に至らしめる端緒となったとの反省のもとに、「四十二票対一票というようなことになっても、連盟にとどまるというだけのよい意味での図太さがあってよかった」と記している。

日本に脱退を決意させた背景としては、国際的に日本を追い立てる力が働いたという外的要因よりも、国内的要因が大きく作用したとみられる。国際的には、むしろなんとか日本を連盟内にとどめようとする動きがみられ、外的圧力が日本を脱退に追いやったということでは決してない。ところが国内では、連盟を脱退して横浜に帰ってきた松岡を大群衆が、あたかも凱旋将軍のように歓呼の声で出迎えたのであり、これは当時の国論の風潮をよく物語っている。もっとも、当時の新聞論評などには、総会での採決で敗れても脱退はすべきでないという意見もまだまだ多くみられ、決して脱退反対論が封殺されていたわけではなかった。しかし外務省は軍の意向を抑え込めなかった。内田康哉外務大臣は、外務省と軍がこれほどうまくいっていることはないと言われたほど、軍側から高い評価を受けており、大臣自身、脱退推進論者だったのである。

軍縮会議脱退、日独防共協定締結

国際連盟脱退後、日本は翌一九三四年、ワシントン海軍軍縮条約を廃棄し、一九三六年にはロンドンの軍縮会議からも脱退した。総合的な国力の点で、英米に大きく立ち遅れていた日本にとっては、軍縮の約束をする方が有利だったことは疑いない。ところが当時、艦隊派（大角海相を含む）と条約派に分裂して争っていた海軍内部において、徐々に艦隊派の方が有利な地歩を占め、岡田首相もやむなく艦隊派に押し切られる形で、条約からの離脱を決定するに至る。

堀田大使（日独伊防共協定締結当時の駐伊大使）は『所見』の中で「軍備ができると戦争をしたくなる」と述べているが、まさにその後の事態は戦争に向かって進展した。アメリカも、これ以降建艦予算を増やしていく。せっかくワシントン条約で制限を設けたのに、日本がこれを廃棄したため、日米間での激しい建艦競争が再び始まり、これが大東亜戦争を起こす要因のひとつになったことは間違いない。

こうして日本と米英との溝はますます深くなり、日本は孤立する一方、ソ連は国力が充実し、国際連盟加入や欧州各国との各種条約の締結を果たし、その地歩を固めていった。そこで日本においては、ソ連との利害関係で共通の立場にあるドイツとの接近が唱えられるようになった。対独接近の発想は陸軍から出てきたものであり、外務省が陸軍外交に追随する形で、やがて外交ルートによる正式な交渉が行われることとなった。

もともと明治期の富国強兵政策のなかで、陸軍は当初フランス式を採用したが、普仏戦争（一八七〇〜七一年）以降、ドイツ帝国の興隆ぶりははるかにフランスを凌ぐものがあり、一八八五年、カイゼルの推薦でメッケル少佐が日本に招聘されてからは、日本陸軍は全くドイツ式となった。その後は、陸軍のエリートはドイツに留学し、あるいは駐独武官となるのが出世コースとなり、陸軍の親独的性格は動かし難いものとなっていたのである。

このような背景もあり、陸軍の意向を受けて、日本からドイツ側への意向打診が行われ、一九三六年、ドイツ側から具体案が提示されるに至った。

『調書』によれば、ドイツへの接近に当たり、外務省としては、

「①ソ連を過度に刺激しないこと②日独提携により、列強ことに英国が不必要に不安を抱くこと

がないように考慮する必要があり、英国との間に、日英両国に共通な諸重要問題に関し相互に隔意のない協議をなす趣旨の協定を結び、両国利害関係調整のため積極的に乗り出すこと」の二点に注意を払った。そこで日本は、このような観点からドイツ側提案に修正を申し入れ、これが容れられて、協定は一九三六年一一月二五日に締結された。

日独間で結ばれたこの協定は防共協定であり、狙いは対ソ牽制であって、英仏等を対象とするものではなかった。しかし当時すでにヒットラーのナチス・ドイツに反感を抱いていた欧州各国の眼には、満州、北支に着々と手を伸ばしつつあった日本がドイツと手を結んだことは、政治的に、現状打破派とみなされる勢力の結合と受け止められた。翌一九三七年にはイタリアも加わって、日独伊三国の防共協定となるに及び、この協定はいわゆる民主主義国に対抗する性格を一層明確に示すこととなり、英米と離れていった日本が独伊と結ぶ第一歩となった。

当時においては、ソ連ないし国際共産勢力なるものの脅威は、さほど感じられておらず、むしろ日独伊の方が脅威とされていたのである。

この協定と並行して、英国との国交調整をも実施するとの方針については、その後一向に実を結ばず、結局、わが国が国際的な孤立から脱却したいとの思いで行った防共協定の締結は、日本の対外関係に何の利益ももたらさなかったと言える。

支那事変

一九三五年頃から、二・二六事件（一九三六年）を挟んで、盧溝橋事件（一九三七年）に至る時期においては、満州事変に成功した関東軍の強硬派が中心となって、華北での軍による自治工作が着々と進められ、こうした情勢下にあっては、日中の国交調整は所詮行われ難い状況にあった。二・二六事件後に成立した広田内閣は、軍の動きを抑えようとせず、現地の華北分離工作をそのままにしておきながら、中国との国交調整をしようとしたが、それがどだい無理な話であることは明らかだった。

『調書』は広田内閣がこうした軍の動きを「抑制してかかったならば、当時の国民政府内の情勢から見ても、満州問題は黙過の形において、国交を調整することも相当可能性があったと思われる」として、広田外交を批判している。結局国交調整の可能性はまじめに追求されないまま、支那事変に突入することとなった。

一九三七年七月七日、北京の西方、永定河に架かる古い石橋、盧溝橋の付近で、夜間演習を終えた日本軍が中国軍と衝突する事件が発生し、これが支那事変といわれる日中戦争の発端となった。日中どちら側が先に発砲したのかといった盧溝橋事件勃発の真相は、今日でも不明である。日本側は間違いなく中国軍が撃ったのだと主張する。東京裁判では、弁護側証人の橋本群（当時陸軍中将として北支駐屯軍参謀長）の口述書には、「事件当夜、日本軍は空砲で演習中で、実弾は所持していなかったため、中国側から射撃を受けたが応射できず、危険な状態に陥った」旨述べられている。

加えて、事件当夜、銃撃が始まってから、日本側部隊所属の兵士一名が行方不明とされ、この一名は弾《たま》に当たって戦死したのではないかということになり、騒ぎを大きくした。実はこの兵隊さんは立小便のために脇の方に行っていたにすぎず、やがて戻ってくるのだが、「一名行方不明」と報告をして、混乱状態にあるものだから、戻ってきた当の兵隊さんも一緒になって不明とされた一名を探しつづけるというお粗末な一幕もあり、混乱に輪をかけた。

これに対し中国側、つまり現在の共産中国は、日本軍が撃ったのだと言っており、また当時の蔣介石軍は、背後に共産党が一枚嚙んでいて、国府軍と日本軍とを戦わせようとして挑発すべく、彼らが発砲し、これに両者がまんまと乗せられてしまったのだという主張を行っている。東京裁判における河辺正三証人（当時陸軍大将として北支駐屯軍旅団長）の口述書も、「七月七日事件勃発以降、日支両軍対峙間、毎夜不法射撃が頻発し、その都度日支両軍の状況を調査すると、両軍とも射撃をした形跡なく、日支両軍いずれにも属さない第三者が両軍対峙した中間地帯から射撃をしていたことがほぼ判明し、確かに何者かの策謀があったように判断された」と記し、第三者による策謀の可能性を強くほのめかしている。いずれにせよ、真相は五里霧中というほかない。

この衝突事件発生後、現地日本サイドにおいては、事件を拡大させないよう、事態収拾のために懸命の努力がなされた。この点、満州事変の柳条湖の場合と全く異なる。そして七月一〇日には、現地協定が成立に漕ぎつけていた。しかし、ようやく現地協定が成立した一〇日当日の夕刻から、早くも中国側は協定を破り、攻撃を開始している。

この間の事情は東京裁判における証言でも明らかにされている。盧溝橋事件発生当時、埼玉県大和田にあった海軍受信所（各国の無線電信傍受を任務としていた）の初代所長和智恒蔵海軍大佐（当時少佐）が行った次の証言は、事件発生直後の中国軍の動きを知る上で、きわめて重要な手がかりを与えている。

「一九三七年七月一〇日（土）午後三時過ぎ、北平の米国海軍武官から米本国海軍作戦部に宛てた、『信ズベキ筋カラノ情報ニ依レバ第二九軍（宋哲元）ノ部下ハ現地協定ニ満足セズ、今夕一七時ヲ期シ日本側ニ対シ攻撃ヲ開始スベシ』という主旨の暗号電報を傍受した。

この電報は重要と考え、直ちに軍令部に電話したが、土曜日午後のため在室者なく、よって海軍省副官を呼び出して、この電報の内容を報告した。

後日聞いたところによれば、海軍からこの電報の内容を陸軍側に伝えたが、陸軍では当日すでに現地協定が成立した後であったため、これを信用しなかった。しかし事実は米電報のように、一〇日夕刻から支那側の攻撃によって同日成立の協定は破られ、事件は収拾困難になったのである。」（東京裁判関係の引用はいずれも冨士信夫著　前掲書）

事件勃発後（当時は第一次近衛内閣）、最大の問題となったのは内地師団派遣の是非であり、これが事件拡大の鍵を握るものとして注目された。事件発生直後、現地サイドでは、右に述べたいきさつでも明らかな通り、現地解決のため懸命の努力が払われていた。事件の拡大を避けるには、内地からの派兵には絶対反対すべきであり、現に外務省の事務当局は広田外相にそう進言したが、外相は閣議であっさりこれを承認してしまった。『調書』は外相の対応ぶりを次の通り厳しく批判している。

「(外相は)兵力は不要になったら、いつでも引き揚げるということだったからと弁明したといわれる。事実とすれば、事変拡大阻止の誠意を疑われる程の表面的な責任回避であったという外ない。」

盧溝橋事件直後から参事官として北京に勤務し、支那事変の処理に当たった森島守人は、次の通り記している。

「(事件は現地部隊が)事を起こす口実をつくるために仕組んだ芝居ではなかった。世間でとかくの観測はあるが、私は盧溝橋事件の発端は柳条湖と全然事情を異にしていることを確信して疑わない。」

この意味で盧溝橋事件は、性質上現地限りで解決し得る純然たる局地的問題だったにかかわらず、日本政府が中央において軍の一部の者の策謀に乗せられて、過早に二個師団増派の不賢明かつ不必要な措置をとった結果、事態を拡大、中日両国の全面的抗争から、太平洋戦争にまで追い込めたものであった。

満州事変は出先の関東軍が、中央の不拡大方針を裏切って、遮二無二、既成事実を作り上げて、中央を引きずったものであったが、華北事変はこれと正反対に、中央政府が現地の不拡大と局地解決の努力を否認して、政略的出兵に出て、かえって事態を拡大したもので、奇妙な対照を形成している。」(森島守人著　前掲書)

こうして政府は、七月一一日、事件を「華北事変」と称する旨を発表して、自ら事件を拡大の方向に推し進め、この日以降、近衛首相自ら陣頭に立って、政・官・財界、言論界をあげて与論を煽り、内地からの二個師団派遣を決定したのであった。

『調書』はさらに次の指摘を行っている。

「要するに、日本の中国に対する施策は、表向きはともかく、その実質において、名分の立たないものであった。ために中国国民の反感も買えば、諸外国からの非難も受けた。……紙の上では美辞麗句をならべた作文が会議を重ねて練られたが、実行に移され効果を挙げた政策という程のものは何もなかった。外務当局は、実質的には、占領地行政を少しでも緩やかなものにするために、又、軍の尻拭いをするために、限られた範囲で努力するというに止まった。従って、努力したわりに、実効はなかった。」

『作業ペーパー』は、事変に至る経過について、一段とうがった分析を行い、「対華政策の基調として道義を重んずべきであったこと、そして偽りのない平等互恵の日華親善と経済提携を行うべきであったこと」を前提としなければならなかったと強調する。そして、「中国に対し道義を重んずるとは、①中国を日本の犠牲にしないこと、②中国の領土主権を尊重し、内政に干渉しないこと、③中国の経済的繁栄を承認し、これを日本にとって有害ないし脅威とみなさないこと」だとしている。しかし、言葉の上では「列強との友好関係に留意しつつ、日満支三国の緊密な提携を具現してわが経済的発展を策することを大陸政策の基調とすること」(一九三六年八月一一日『国策の基準』)、「列国との友好関係に留意しつつ、堅実な海外進出策を実現する」(一九三六年六月三〇日『陸海軍省決定』)といった方針が打ち出されても、「ややもすると英米と衝突を避け、中国の犠牲において、日本の発展を図らんとするに傾いたことを認めなければならなかった」と『作業ペーパー』の反省は続く。

さらに『作業ペーパー』は事変前、華北工作に乗り出した日本の言い分が、実は身勝手な口実にすぎなかったことを衝《つ》いて、次のように記している。

「当時日本側は、中国側の排日を口実にしていたが、日本の華北工作は排日を刺激していた。さらに日華の共同防共を口実にしていたが、華北に兵力を増大し、中国を威圧する手段ともしている疑いがある。華北工作は、ソ連の脅威を除去し、同時に英米に備えるために、強力な国防力を建設することを狙った日満支の緊密な提携を目的としているが、(これはどだい無理な発想で)、ここに国策の早急な飛躍が感じられる。」

やがて事変勃発、そしてその後の拡大阻止がなされなかった事情についても、『作業ペーパー』の分析は手厳しく、「近衛総理は軍の利用した人物であった。広田外相は事件拡大を阻止する強い意図があったかを疑われるほど、努力が足らなかった」と評している。事件直後、内地師団派遣には、断固反対すべきであったのに、肝腎の政府が動かなかった点については、その中国に対する認識が実態と大きくかけ離れていたことを指摘して、次の通り述べている。

「盧溝橋事件に関する限り、北支軍司令官及び参謀長は現地解決の意図があったようであり、政府が真剣に努力すれば、軍部でも拡大反対の有力意見が参謀本部・海軍側にあり、もう少し有力に働き得たと思われる。しかし根本的には華北の関東軍と気脈を通ずる軍人は実力行動を決意しており、……時すでに遅く、当時は早晩日華の全面的衝突が予想される事態であった。全く中国の戦意とその抗戦能力の誤算から事変は出発した。八月一〇日グルー大使のあっ旋申し入れに対しても、当時の日本の対外空気からみて、受入れられる情勢ではなかった。」

こうして起きてしまった事変の事後処理および和平工作についても『作業ペーパー』は反省をこめて次のように記している。

「事変処理方針は、我が方が表面上戦果をあげつつあったときは、露骨に侵略的になっていった。前提に道義的精神を謳うのを常としたが、少数意見の士があってそうした精神に沿う処理を考えていても、結局大きな支配的な勢力となり得なかった。軍官民の大勢は戦勝気分で、中国を搾取する条件を作ることをもって国策遂行と考え、軍部と(これに同調する)各省官吏は、利権屋となった商社、居留民、浪人らを擁護することをもって国益伸張と考えるに至った。少数の外務省員はこれを抑制する実力をもたなかった。」

やがて事態は進展し、「太平洋戦争が不利になってから、最後に一九四三年(昭和一八年)いわゆる対華新政策が強行されようとしたが、軍、官、民の利権思想を精算できなかった。……この頃は重慶和平工作は、……日本降伏の形でなければ成功しなかったであろう」と『作業ペーパー』は評し、当時としては、到底それができるような情勢ではなかったと結論づけている。そして〈思いこみ〉に凝り固まった軍部については、「当時の軍部強硬派は、壁に頭をぶつけなければ覚らない存在になっていた」と『作業ペーパー』の評価は厳しい。

『重光・東郷とその時代』を著した岡崎久彦氏は、支那事変の直接原因も、その後拡大していった原因もほとんど中国側にあったことは歴然としているのに、盧溝橋事件を日本の新たな侵略の開始とする中国のプロパガンダに日本側はあえて反論せず、日本側自体が敗戦まで、日本側がやったことと漠然と思っていたようであるとして、次のようにきわめて示唆に富んだ分析を行っている。

「(中国人の日本に対する憤懣は鬱積していたが)中国側は、日本軍の実力の前には武力で抵抗するすべもなく、長いあいだ日本品不買運動など排日侮日運動にとどめていた。

しかし、西安事件以降、もともと対日対決を望んでいた共産主義勢力との国共統一戦線が結成され、中国側の軍事力の充実と相まって、いまや対日抗戦の時機が到来したとの雰囲気が全中国に漲《みなぎ》り、もはや国民政府中央による抑制は困難な状況となっていた。昭和十一年、十二年(一九三六~三七年)となると、挑発行動はほとんど中国側のイニシアティブによるものとなっていた。盧溝橋事件もその一つと考えられ、その後の早期解決を阻害した諸事件もそうだった。

他方、日本の軍の出先は、軍の威信が傷つけられれば、中央の命令を待たず、ただちに反撃する従来の姿勢のままであり、また情勢が大きく変わったことに気づかず、挑発されればそれを口実にまた進出しようという従来の惰性的な考えもまだ残っていたので、いったん挑発があれば歯止めの利かない状況であった。また、日本の世論のなかには、この機会に暴支膺懲《ぼうしようちょう》という雰囲気も強かった。」(岡崎久彦著　前掲書)

日独伊三国条約締結

ドイツはポーランド進撃直前の一九三九年八月二三日、ソ連との不侵略条約を締結した。ソ連を対象に日独伊防共協定の強化を進めようとしていた平沼内閣は「複雑怪奇」との声明を残して総辞職した。防共協定から三国条約に歩を進めるべきか否かの問題をめぐっては、当時すでに関係大臣の会議を重ねること六十数回に及んでいたが、この三国条約の議も一応打ち切られた。

この点についての『調書』の記述は次の通りである。

「この独ソ不侵略条約の締結は、重大なる背信行為であった。これに引き続いて欧州戦争が惹起されるに至ったが、……今にして思えば、この独ソ不侵略条約の締結と欧州戦争の勃発は、日本が独伊と袂を分かって、独自の道に帰るべき絶好の機会であった。それには国際信義の上からいっても十分理由のあることであるが、日本の利益からいえば、少し位無理でもそうすべきであった。」

確かに、ドイツが日本と防共協定を結んでおきながら、ソ連との不侵略条約に走るというのは、日本との信義を踏みにじる明らかな背信行為であった。防共協定と一緒に締結された秘密付属協定には次の規定があった。

「第一條　締約国ノ一方ガ「ソ」連邦ヨリ挑発ニ因ラザル攻撃ヲ受ケ又ハ挑発ニ因ラザル攻撃ノ脅威ヲ受クル場合ハ、他ノ締約国ハ「ソ」連邦の地位に付負担ヲ軽カラシムルガ如キ効果ヲ生ズル一切ノ措置ヲ講ゼザルコトヲ約ス（以下略）
第二條　締約国ハ本協定ノ存続中相互ノ同意ナクシテ「ソ」連邦トノ間ニ本協定ノ精神ト両立セザル一切ノ政治条約ヲ締結スルコトナカルベシ」

ドイツがソ連と結ぶ不侵略条約は、ソ連が日本との関係でどんな行動に出ようとも、ソ連に後顧の憂いを除いてやる約束であるから、まさにこの秘密協定に真っ向から背馳する。これは日本に対する明らかな背信行為であり、日本にとっては、ドイツとは縁を切って方向転換をする好機であった。

日本政府は独ソ不侵略条約締結二日後の八月二五日、外務大臣からベルリンの大島大使に対し、次のような趣旨の訓令電報を発出し、直ちにこれを執行するよう命じた。

① 独ソ不侵略条約の締結により、三国間に進められてきた交渉は終了したものと日本政府は解釈する旨ドイツ政府に通告せよ
② 独ソ不侵略条約は、日独防共協定秘密付属協定違反と日本政府は考えるのでドイツ政府に厳重抗議せよ

しかし、大島大使はこの訓令に従わず、ドイツのポーランド侵攻が一段落した九月一八日になっ

て、実はこのような訓令を受けていたと、その内容を非公式にドイツ側に伝えるにとどまった。イタリアの白鳥大使にも、同様の訓令が出されていたが、彼も大島大使同様、訓令を執行しなかった。こうした経過を辿り、一九四〇年になって、結局三国同盟は締結されてしまった。どうしてそうなったのか。それは一にかかってドイツ軍の赫々たる戦果に幻惑されたからであった。

総辞職をした平沼内閣を受けて成立した阿部内閣は、欧州戦争に不介入という方針を打ち出し、野村吉三郎を外務大臣（のちに日米開戦時における駐米大使）に据えて、米英との関係改善の道を探ろうとした。ことに中国問題をめぐって悪化していたアメリカとの関係では、揚子江の権益問題等々で日本側が譲歩し、なんとかアメリカと妥協できないか、その可能性を探った。当時、アメリカ・サイドにはグルー駐日大使やセイヤー次官補など日本との妥協を模索した人物もおり、実際に交渉が始まっていたのであるから、日本がさらなる譲歩を決断して、積極的に努力すれば、アメリカとの暫定協定をまとめ得る可能性はあった。欧州におけるドイツの電撃作戦が始まるのが一九四〇年春であるから、それまでの半年間の時期こそ、アメリカと縒《よ》りを戻し、日本の進路を転換させる最後のチャンスだったのである。

この時期における国内情勢を見ると、軍の中には防共協定を強化して、同盟にすべしと主張し、それに向けた動きをする者が多かった。駐独大島大使も駐伊白鳥大使も同様な考えだった。しかしこうした枢軸派の勢力は、独ソ不侵略条約の締結によって、一時的にせよ著しく低下していた。この半年間、枢軸派は鳴りを潜めていたのである。ところが肝腎の外務省で、対米関係を担う陣容に、人を得ていなかった。亜米利加局第一課は藤村信雄課長、その下に平沢和重事務官といった顔ぶれだったが、彼らは偏狭なナショナリズムに凝り固まった、反米的な意識の持ち主だった。彼らはアメリカ討つべしと言わんばかりの対米強硬派であり、この年の七月二六日に米側から日米通商条約の廃棄通告があったのに対して、報復措置を行えと、駐米日本大使の召還などを主張していたのである。野村大臣のもとで、日米関係調整の要となる役割りを担う藤村課長がこのような有り様であり、彼は意見書を堂々と出して、野村大臣の退陣要求までしている。もちろんアメリカとの交渉は、なまやさしいものではなかった。現に野村大臣が切り札と考えていた揚子江下流開放の譲歩に対しても、グルー大使は、それでは不十分として、中国全土におけるアメリカの権益の尊重を求めている。しかし、この半年間が日本の方向転換に残された最後の機会だっただけに、外務省内のこのような状況は残念であった。

翌一九四〇年の春になるとドイツ軍がヨーロッパ戦線で大きく動き出し、瞠目すべき戦果が連日伝えられるようになり、日本人もこの華々しい戦果に幻惑された。こうしたなか、それまで底流として続いていた日独提携論が勢いづくこととなり、九月二七日、ついに三国条約は調印された。

しかし、三国同盟に危機感を抱く反対論は最後の最後まで根強かった。条約案は、調印の前日、九月二六日夜、天皇陛下ご臨席のもとに開かれた枢密院本会議で、ようやく可決されたのであるが、これに先立ち、同日午前に枢密院審査委員会が開かれ、最後の論戦が交わされた。審査委員会において、政府側に鋭い質問を浴びせ、憂慮を表明した南《みなみ》弘《ひろし》顧問官は、まさに核心を突く次のような発言を行った。

① 本条約ノ発案者ハ日独何レカ。巷間独逸ノ対英作戦意ノ如クナラズ、若シ本作戦長期ニ亙ラバ米国ノ大統領選終了後、同国参戦ノ可能性極メテ大ナルニ因リ、之ヲ牽制センガ為帝国ヲ利用シタルモノナラント云フ、外務大臣ノ所見如何。

② 英米両国ハソノ関係緊密ナルニ由リ、又大東亜ノ範囲ニハ米国ノ利益密接ナルモノアルニ由リ、日米関係悪化ハ必然ナリ、然ルニ独米ノ関係ハ改善ノ可能性アリ、帝国ノミ苦汁ヲ嘗ムルノ虞《おそれ》ナキカ。

③ 日米開戦ノ場合「ソ」国ノ向背ハ帝国ニトリ重大関係アリ、日独交渉ニ際シ、何故ニ「ソ」国トモ協定ヲ遂グベク努メザリシカ、尚「ソ」国ノ援蔣政策ヲ放棄セシムル為、日独交渉ニ際シ話合ハナカリシカ。……

これに対し、松岡外相は次の通り答弁した。

「本条約ハ独ガ提議セルモノナリ、日本ハ今ニ於テ独伊両国ト結ビ、「ソ」連ト国交ヲ調整シ、有利ナル国際環境ヲ導キ、以テ日米開戦ヲ極力避クベク、若シ不幸ニシテ日米戈干《かんか》ヲ相見《あいまみ》ユルニ至ルモ、結局米国トハ相親和スルヲ適策ト思料ス、日本ガ独ト結バザルトキハ、将来英独両国ガ講和シ欧州ニ於ケル新事態ヲ築キ、南洋其ノ他ヲ自己ノ為ニセントスル虞ナキニ非ズ、今ニ於テ帝国ノ決意ヲ示シ置クノ要アリ、尚日独交渉ニ当リ独大使ハ、「ソ」国ノ援蔣政策ヲ放棄セシメ、進ンデ重慶政府ト日本トノ斡旋ヲ為サンコトヲ申越シタルモ、余ハ故意ニ帝国自ラ処理スベキ旨申述ベタリ。」

この条約のドイツにとっての利益、日本にとっての利益はどうだったのであろうか。

ドイツ側が期待した利益は米国の欧州での参戦を牽制することにあったが、アメリカはどの道参戦する腹をくくっていたのであるから、これを阻止する効果などなかったと言わざるを得ない。もともとアメリカは日米交渉に、欧州での参戦に際して、後顧の憂いを除く（つまり欧州とアジアでの二正面戦争は避けたい）という意味合いをもたせていた。このことを考えると、三国同盟はむしろ逆効果だったと言える。三国同盟ができたことで、もはや日本とは話をつけて、欧州戦争に専念するという筋書きがあり得なくなったと判断したアメリカは、日本も徹底的に打ちのめすと同時に欧州でも参戦することを決意するに至る。こうして米側は、日米交渉を本腰を入れてまとめようとする熱意を、すっかりなくしてしまうのである。

他方、日本にとっての利益はどうだったのであろうか。『作業ペーパー』は次のように記している。

「松岡外相は野村（駐米）大使宛て訓令で、本同盟を米の対日開戦防止のためと述べているが、日本にして対華政策あるいは日華事変処理について相当の自省をなし、南方進出にして平和的、漸進的である限り、米国の国柄として、日本に開戦して来ることがあり得たであろうか。少なくとも当時は考えられなかった。……近衛総理や松岡外相がこんなことに多少とも可能性を認めたとしたら、全く不可解のことであったといわねばならない。……

三国同盟論者は三国が同盟すればその圧力でソ連及び英仏よりの対華援助を根絶出来ると考え、対華援助を阻止しようとして北部及び南部仏印に進駐したことは、日米交渉を不調ならしめ、戦争に導く因をなしたのみで、日華事変の解決には何等の効果もなかった。又英米を向こうに廻して、独の仲介で重慶との和平を招来せんとした考えは、蔣政権に対する英米勢力と独逸勢力とが如何なる比重にあったかを知る者にとっては、全くの見当違いであった。」

実際、戦争中日独伊の間でなんらかの協力が行われたという具体的事実はほとんどなく、そもそも三国間には、こうような協力を行い得る素地は、初めからなかったのである。現に、『調書』はこの条約を「百害あって一利なき業であった」と断定している。

開戦時の最高責任者だった東條英機首相は三国同盟をどう考えていたのであろうか。東京裁判におけるロ述書の中で、彼は次のように述べている。

「同盟締結の目的は、これによって日本の国際的地位を向上せしめ、以って支那事変の解決に資し、併せて欧州戦の東亜に波及する事を防止せんとするにあった。

三国同盟の議が進められた時からその締結に至るまで、これによって世界を分割するとか、世界を制覇するとかいう事は夢にも考えられていなかった。ただ『持てる国』の制覇に対抗して、この世界情勢に処して我国が生きて行くための防衛手段として、この同盟を考えた。」（冨士信夫著　前掲書）

日ソ中立条約締結

一九四一年四月一三日、日ソ中立条約が締結された。北樺太の石油石炭利権解消というお土産までつけて、この条約締結に踏み切った松岡外相の思惑は、日独伊ソが連携して、英米陣営に対抗するという構図のもとに、日米交渉を有利にとり進めるという大構想であった。しかし、これは現実性のない虚構にすぎなかった。

『作業ペーパー』は松岡外相を厳しく批判して、次のように述べている。

「松岡外相はすでにドイツの対ソ攻撃企図をほぼ承知しておりながら、ソ連の申し出に応じたのである。同外相は日ソ中立条約を利用して米国との交渉を有利に展開させる考えであったと伝えられるが、これは驚くべき謬見であった。なぜなら戦前の日本といえども独力で米英またはソ連と拮抗するだけの実力はなく、日本が米英と提携して始めてロシアとの外交も有利に展開できたことは、歴史の示すところである。これに反して、米英と離間した日本がロシアの威圧に屈伏するほかなきことは余りにも明白であった。しかるに松岡外相は、逆にロシアと妥協することによって、米英に威圧を加えようとしたのである。この方策は、徒に米英に反感を起こさせたばかりで、結局スターリンの意図した日米関係の悪化に貢献したに過ぎない。……外相の栄誉心と謬見がかかる条約をもたらしたとすれば、これ以上の禍はあるまい。」

果たせるかな、この直後の六月二二日には独伊の対ソ宣戦布告となった。

それまで日本との条約締結を渋っていたソ連がこの時期、一転締結に応じたのも、実は当時すでに予想されていたドイツの対ソ開戦に備えて、東方での後顧の憂いを絶っておくという利益のほかに、日米を対決させることにメリットを感じたからであった。日本としては、まんまとソ連の術中にはまったと言うほかない。

日本サイドでは、日独伊ソの連携という砂上の楼閣がもろくも崩れ去ったばかりか、この条約で、かえって軍部を勢いづかせて南進論に拍車をかけ、日米交渉をも軍部の態度硬化によって、一層困難に陥れることとなった。中立条約は日本にとってはメリットがなかったばかりか、むしろマイナスに作用したのである。

それではなぜ日本はこのような条約を締結したのであろうか。松岡外相が現実とは遊離した自己の大構想に固執したということもさることながら、当時のドイツの勝利に幻惑されたからであった。在独大使館がドイツに不利な情報はいっさい報告しなかったという情報操作も禍して、開戦当初のドイツの赫々たる戦果は誇大に伝えられた。指導者はもとより、当時の人々はこれに惑わされて、「大東亜共栄圏」の夢実現の好機到来との〈思いこみ〉に陥ってしまったのである。こうして人々の目は南方に向けられ、南への思いを果たすには、北方の憂いを除くべく、日ソ中立条約の必要性が強く感じられたのであった。

仏印進駐、蘭印交渉

こうして軍の関心は急速に南に向かった。北方のソ連と事を構えることはできなくなり、その必要もなくなった以上、日本軍の南方進出は成り行きのしからしめる当然の勢いとなっていった。欧州戦線におけるドイツの勝利は、アジアにおけるフランスやオランダの植民地経営を大きく揺るがすこととなった。日本は今こそ西欧植民地帝国に取って代わる好機到来と受け止めた。「大東亜共栄圏」の夢は表看板としていかなるきれい事が並べられていたとしても、その底流にはドイツの勝利に乗じて、日本がアジアでの覇権を確立せんとする思惑が働いていたのである。

日本政府には、欧米列強に伍して行くとの発想が先走り、アジアの民を西洋の植民地支配から解放するという視点は、その蔭に隠れて二の次とされてしまっていた。「自存自衛」のために戦わざるを得ないという考え方も、列強と肩を並べる「自存」を想定すれば、必然的に覇権を握って「一流国」の地位を保つことが即「自存」であるという認識に結びついていた。

日本は当初の段階では、できるだけ欧米植民地主義国を刺激しない形で、アジアに進出し、権益を確保することを狙っていた。現に日本は一九四〇年、石油などの資源確保を狙って蘭印との経済交渉を行っていた（一九四〇年九月〜四一年六月）が、その際日本は先方に領土保全の約束をしようとしていた。これはとりもなおさず、オランダの植民地支配を容認することを意味するものであり、アジアの民の解放とは頭から相容れない。ところが、日蘭交渉の最中に、日本政府の要路が公式の席で「蘭印は大東亜共栄圏に含まれ、我が国の指導の下に立つ」（松岡外相の議会での発言）とか「虐げられた東洋民族を救済してやるのは日本の宿命だ」（小磯大将の記者会見）など、オランダ植民地支配を容認することとはあい矛盾した発言をし、また日本側の要求は事実上蘭印を日本のコントロール下に置かんとする意図の表れととられるほど、過大なものだったので、結局蘭印経済交渉は不調に終わってしまった。

そして日本は、日々伝えられる欧州でのドイツの華々しい勝利の熱に浮かされて、敗戦国の植民地を日本が事実上肩代わりすることを狙った挙に出ることとなったのである。こうして日本は南進に踏み出す。

その第一歩はフランス軍のドイツに対する降伏（一九四〇年六月一七日）後、ヴィシー政府との交渉によって行われた北部仏印進駐（同年九月二七日）であった。進駐はあくまで話し合いによるものである以上、平和裡に行われるはずであった。ところが、仏印総督との交渉が手続き問題でごたついたのに業を煮やした日本軍は、話がついていないのに、見切り発車で進駐に踏み切り、守備にあたっていた仏印軍と銃火を交えてしまった。平和進駐のつもりが、侵略と受け取られる形になってしまい、日本軍の行動は世界の非難を浴びることとなった。平和進駐のために現地での交渉に苦心を重ねていた当の日本側責任者自身、日本軍の先走った行動にはあっけにとられ、「統帥乱れて信を中外に失う」と東京に打電した。

翌一九四一年七月二二日には、仏印の共同防衛に関する日仏の話合いが妥結し、七月二九日から日本軍の南部仏印進出が始まった。ここに至って、米英は日本に対して、資金の凍結および重要物資の禁輸強化に踏み切り、蘭印も米英に倣って金融協定および石油協定を停止した（仏印がドイツ軍占領下のヴィシー政府のもとに置かれていたのと異なり、蘭印はロンドンのオランダ亡命政府の指揮下にあったのである）。

『作業ペーパー』は、南部仏印にまで進駐したのが、いかに日本の身勝手な行動であったかを批判して、次のように述べている。

「（南部仏印進駐の）主な動機である対米英経済的依存脱却という点について見るに、そもそも米、英、蘭が日本に対して、経済的圧迫を加え始めたのは、先ず、支那事変において日本が米英の権利利益を蹂躙して顧みず、更に米、英、蘭の仮想敵国又は敵国であった独、伊と同盟を結んだからであり、若し日本が米英側と提携していたならば、たとえ仏印がド・ゴール派の手に陥ったとしても、日本としては何等痛痒を感じなかった筈である。即ち対日経済圧迫は自らの行動によって招いたものであるに拘らず、これを改めずして、却って南部仏印に進駐して、東亜における米、英の心臓部たる新嘉坡《シンガポール》に対してピストルを突きつける態勢をとったことは、本末を顚倒した措置と言わねばならない。果たして米、英、蘭の全面的経済圧迫と軍事的包囲を招き、結局、戦争となり、戦に敗れて元も子も無くす始末となった。」

さらに『作業ペーパー』は、次の如く松岡外相の責任に説き及んでいる。

「松岡外相は南部仏印進駐の招来すべき重大な結果について、その見透しは確かに正しかった。然らば、この進駐を行えば米、英との戦争必至であるとの見透しをもちながら、何故当初の反対を最後まで堅持しなかったのであるか。やはり欧州戦争の初期における独逸の戦果に眩惑され、その勝敗についての見透しを誤っていたからではないかと思われる。松岡外相は、三国同盟については積極的責任があるが、南部仏印進駐については、消極的責任ありと言わねばならない。」

日本が資産凍結や石油禁輸を招くという大きなリスクを冒してまで南進に踏み切った真の理由は一体何だったのであろうか。北部仏印進駐は確かに「援蔣ルート」（中国への物資補給ルート）切断という目的があった。しかし南部への進出はシンガポールや蘭印を武力制圧するための足がかりとしての意味しかあり得ず、それに踏み切るには米英蘭との戦争を覚悟しなければならなかったが、この時点でその腹を固めていたわけでもない。結局国論あげて強硬論一色に染まった時流の赴くままに、このような成り行きになってしまったとしか言いようがない。岡崎久彦氏は、このような事態をもたらしたのは「漠然たる、強硬を是とし、軟弱を否とする傾向であり、その背景にあったのは空想的といってもよい拡張主義、世界分割思想であったのであろう」（岡崎久彦著　前掲書）としている。三国同盟締結によって、大東亜共栄圏地域は日本の勢力範囲となった以上、ここに進出するのは日本の歴史的使命であるかのような思いがもたれたのである。もうこの時代になると、強硬論はすべて善であり、これに異を唱える者はすべて軟弱だとして排斥される風潮が国全体を覆っていた。

政府、軍部とも首脳部の間では、ただ一人松岡外相を除いて、日米交渉の成立に最後まで望みをかけていた。しかし独ソ開戦の衝撃によって、国内各方面で対ソ即時開戦の強硬論がにわかに強まってきたため、政府はこれを抑えるのがやっとという有り様になり、その一種の代償として南部仏印進駐の廟議を一決せざるを得なくなってしまったという事情があったことも見逃せない。

いずれにせよ、こうした発想すべての底流には、「列強に伍して行くには覇権を握って『一流国』の地位を保持しなければならず、それが『自存自衛』なのだ」という〈思いこみ〉が常に働いていたのである。

日米交渉

日本の軍事行動がこのような形で進展するのと並行して進められたのが日米交渉であった。一九四一年一二月八日の開戦に至るまで、仲介者を通しての間接的な形でやりとりが始まってからほぼ一年、大使と国務長官レベルの正式交渉となってからでも八カ月にわたって交渉は継続した。

しかしこの交渉は妥結する見込みが絶無に近いと言えるほどの難交渉であった。それもそのはず、この段階では日本に喧嘩を売るというルーズベルト大統領の腹はもう固まっていたのだから致し方ない。ルーズベルト大統領は、日本を戦争に引きずり込んで、徹底的に叩きのめす好機と考えた。畢竟、米国にとり日本は、異民族、異文化、自分たちとは信条も価値観も違う、従って本質的に仲間意識を持ち得ない〈異国〉であり、このような非白人国家が列強の地位にのし上がってきたのは目障りで仕方がなかったのである。かかる心情は排日移民法や戦時中の日系人の扱いに如実に表われている。

両国は最初から、中国問題および米国の欧州戦争参戦の場合における三国条約との関係という二つの論点において、決定的に対立し、最後まで妥協に至らなかった。米側は、日独伊の三国条約が結ばれた以上、日本を戦争に追い込むことにより、これを奇貨として欧州でも参戦するとの目論見であり、その魂胆をもって交渉に臨んだ。そのため米国は、三国条約についての日本の真意を執拗に質しつつ、中国における門戸開放とアジアにおける領土保全（すなわち日本の中国における権益の排除と軍事的占領の拒否）という、日本がとうてい呑めない原則的立場に固執した。

こうして、これだけの時間をかけた交渉期間中を通して、双方の立場の歩み寄りは全くみられず、交渉はなんらの具体的進展を示さぬまま、戦争に突入してしまったのである。

他方、日本はこうした米側の本心についての認識不足と読みの甘さから、なんとかアメリカとの戦争を回避しようと、必死になって交渉を進めた。日本の指導部は、軍部当局者を含めて、当初から対米戦では「有効な屈敵手段なし」との認識をもち、誰一人として戦争を望んだ者はいなかった。ぎりぎりまで対米交渉に望みをつなげつつ、戦争回避に懸命の努力を払った。

日本側には、日中戦争の深みにはまって、動きが取れない窮状を、日米交渉を通じての外圧で、なんとか打開したいとの思惑もあった。『作業ペーパー』は、この点について批判し、次のように記している。

「協議の眼目の一つは三国同盟、日ソ中立条約を背景として対米交渉を行い、アメリカをして日支間の橋渡しをなさしめようとするにあったが、これは元来本末顛倒といわなければならない。

また交渉の難点の一つたる三国条約についても、独側がしばしば背信を行っている以上、必ずしもこれに国際信義を尽くす要はなく、交渉妥結すれば国際孤立に陥ることも避け得たと思われるから、交渉成立の際は右条約を廃棄するとの態度もとり得たかと思われる。

さらに交渉の他の難点たる通商無差別主義についても、大所高所より中国を含む太平洋全域に適用方同意し、これによって資産凍結の解除等の反対給付獲得を策すべきであった。」

しかし、帝国主義的覇権を競う列強と同列に立ちたいとの〈思いこみ〉に凝り固まっていた当時の日本としては、中国から全面的に撤退し、日本の特別の権益もなくせという米国の要求は、とうてい受け入れ得ない無理難題であった。この難題を呑もうにも、そのための国内調整（つまり軍部や与論を納得させて、アジアから撤収すること）はもはや不可能な状態に置かれていた。なにせ当時の国論は、官民あげてドイツの戦果に目がくらみ、強硬論一色になっており、これが判断を誤らせたのである。この点、『作業ペーパー』は次のように反省している。

「当時の日本はドイツの戦勝に幻惑され、その実力を過信し、遠隔の地にあって日本に有効な援助を与え得ない独伊を頼みとして、国力に絶大の懸隔あるアメリカに対し、和戦両様の構えをもって交渉すれば、我が方の主張を貫徹し得るとしたのであって、その根本において重大な国際情勢判断の誤りがあったといわねばならない。殊に有効な屈敵手段なしと知りながら交渉打ち切り即開戦の態度をとったことは、隠忍自重すべき際に事を誤ったといえよう。」

このように、日米交渉に当たる政府の態度は、ドイツの戦勝に目がくらんだ強硬な国内与論に大きく制約されるところとなったが、『作業ペーパー』には、この点について、次のような自戒の記述がみられる。

「この与論は多年政府によって醸成ないし黙過されてきたところであって、自縄自縛の感がある。常時正確な国際情勢に関する与論啓発の必要が痛感される所以である。」

そして交渉は一向に進展しない。なにせ日本は戦争回避のための日米交渉を行う一方で、三国同盟により戦争に備え、南方進出に踏み切り、着々と戦争に向けての動きを進めていたのだから、交渉がまとまる道理はなかった。特に、南方進出は決定的にアメリカの態度硬化を招いた。『作業ペーパー』は、次のように記している。

「交渉中途において仏印南部進駐を行い、……米側の不信を深めたことは、交渉妥結の可能性を著しく害した。真に交渉の成立を期したならば、仏印南部進駐は行わず、また進駐後は自発的に撤兵するなど断乎たる措置を構ずべきであった。」

交渉がいよいよ行き詰まるなか、日本政府は、瀬戸際になって、なんとか国内調整に外圧を利用しようと、ルーズベルト大統領と近衛首相のハワイ会談を考えて、米側に提案したが、もとより米国は応じなかった。

こうしたなか、政府は九月六日の御前会議で「我方の譲歩し得べき限度」を決定するとともに、一〇月上旬頃になっても交渉妥結の見込みを得られない場合には、開戦を決意するとし、この決定に従って、九月二五日、日本案を米側に提示した。これに対し、米側は一〇月二日の口上書をもって、日本側の主張にはその平和的意図を疑わしめる点ありとして、いわゆる防共駐兵には反対する等、強硬な内容の回答をしてきた。

これを受けて近衛首相は一〇月一二日、事態打開のため、荻窪の近衛私邸「荻外荘《てきがいそう》」に陸・海・外三相を招き、企画院総裁も同席して、日米交渉についての会談を開いた。豊田外相は、中国からの撤兵なくしては交渉成立の見込みなく、これを決意して交渉を継続すべしと説き、近衛首相もこの外相説をとりたいとした。これに対し、及川海相は最終的には首相の裁断に待つとの態度であったが、東條陸相は中国からの全面撤兵は絶対承服できないとしてあくまで対立し、結局結論は得られなかった。こうして近衛内閣は総辞職し、一〇月一八日、東條内閣が成立した。

開戦に踏み切った東條内閣実現の張本人と目された木戸幸一（一九四〇年～四五年、内大臣として天皇側近主要輔弼《ほひつ》者）は、東京裁判における宣誓口述書の中で、東條首相推薦を行ったのは、あくまで対米戦争回避のためであったことを概要次の通り、明快に述べている。

「一九四一年一〇月一六日、東條陸相が原因となって第三次近衛内閣が総辞職し、自分（木戸内府）は重臣会議に諮《はか》った上で、後継内閣首班を天皇に奏請する責任を担っていた。これに先立ち、九月六日の御前会議では、日米交渉において、一〇月上旬頃になっても日本の要求を貫徹させ得る目途がない場合は、直ちに対米戦争を決意するとの決定がなされていたので、自分としては新内閣で新たに出直すためには、この決定を反故《ほご》にしなければならないと考えた。又後継首班は、軍部の反対に遭《あ》って組閣が困難とならないよう、軍部を統制できる人物であることが是非とも必要と判断した。そうなると及川海相では陸軍の反発が予想されるので、軍部を抑えきれるのは東條陸相しかなく、結局東條に軍を統御させ、しかも九月六日の御前会議決定を反故にして、平和的交渉を続けさせるのが、（戦争回避の）唯一可能な道と思い至った。東條陸相は勅命遵守については特に厳格な人物であるので、もし陛下が九月六日の決定を反故にして、新たな基礎に立って検討するようにとご下命になれば、東條としても勅命に従って、自分の政策を変更するに違いないと思われた。

こうして自分はこの論法で重臣会議の了承をとりつけ、東條陸相を次期首相に推薦する旨陛下に奏上し、その際、九月六日の御前会議決定を無視すべきことをご命令されるよう奏請した。陛下も強硬論者自身をして、戦争回避という陛下のお考えの線に沿わしめうることとなったのをお喜びになり、自分（木戸）に『虎穴に入らずんば虎子を得ず』とのお言葉を賜った。

こうして東條内閣は成立し、東條首相は陛下の訓示を遵奉《じゅんぽう》し、九月六日の御前会議決定を取り消し、その再審査にとりかかった。しかし、その後政府は自存自衛上開戦已《や》むを得ずと決定してきたので、天皇としては、旧憲法下での慣例から、これを拒否できなかった。

このように、自分が行った推薦は、戦争回避のため慎重熟慮の末選択した、唯一の道であった

のである。」（冨士信夫著　前掲書）

木戸内府はあくまでも戦争回避のための残された窮余の一策として、東條陸相推薦に踏み切ったのであり、重臣会議に臨んだ重臣たちも、これに賛成しているのである。誰一人として、開戦を望むが故に強硬論者の東條を推そうとした者などいない。いわんや東京裁判で検察側が主張せんとしたように、侵略戦争遂行を目的とした共同謀議の一環としての東條推薦というようなことは、木戸口述書からも明らかな通り、その気配すら感じられないのである。しかも木戸被告は検察官の訊問に答えて、東條を好戦的な人物と批評するのは当たらないとし、当時の最大の問題は九月六日の御前会議決定と陸軍の統制問題であり、陸軍の統制を誤れば結局戦争になる状況にあったと述べている。

このような経緯《いきさつ》で誕生した東條内閣に対しては、開戦決意に触れた九月六日の御前会議決定を白紙に戻し、さらに日米交渉を続けて戦争回避に努めるようにとの陛下の思召《おぼしめし》が示され、東條首相はこの訓示を遵奉《じゅんぽう》して、新たな対応に取りかかった。

こうして再度、事態を全面的に検討した結果、一一月五日の御前会議において、日本側の最終案として甲・乙両案が決まり、これをもって妥結に至らなければ、交渉決裂の外なしとの決定を行った。

東京裁判では、この日本側最終案をめぐり、当の東條英機首相自身、検察側の質問に答えて「乙案がそのまま受諾されれば勿論の事、その半分でも米側が受諾し、太平洋の平和を真に望んでいたならば、真珠湾攻撃は起こらなかっただろう」と証言し、さらに乙案中どの部分を受諾すればよかったのか、と突っ込まれたのに対し、「どの項でもよい、もし米国が真に太平洋の平和を希望し、譲歩的態度を以って交渉に臨んで来れば、互譲的精神によって事態は解決されると考えた」旨証言している。(富士信夫著　前掲書)

駐米野村大使はこの両案をもとに、なんとか交渉をまとめたいと必死の努力を傾けたが、米側は一向にはかばかしい反応を見せず、一一月二六日、ついに日本を最終的に対米戦争に追い込むこととなるハル・ノートが、米側の最終的回答として、ハル国務長官から野村大使に手交された。

この通告は中国および仏印よりの完全撤兵、中国における蔣介石政権以外の否認(つまり汪兆銘政権を否定し、満州国を解消しろということ)及び三国条約の有名無実化等の要求を含む一段と強硬なものであった。この段階で、それまでの交渉経緯を無視し、米側の言い分を一方的に打ち出したこのような要求を突きつけてくるのは、外交常識に反するものであり、米側には日本と話をつける気など全くなく、日本を戦争に追いこむ意図しかないことが明白であった。政府は、このノートは過去十数年にわたるわが国の政策の成果をことごとく水泡に帰せしめる内容であって、とうてい受諾し得ないと判断し、一二月一日の御前会議において対米英蘭開戦を決定した。

ハル・ノートは日本を徹底的に叩こうと心に決めたルーズベルト大統領の挑戦状であり、当時の国論の中にあっては、日本の首相が誰であったにせよ、これを突きつけられた後、なお独立国としての名誉を保ちながら、戦争を決意することなく日米交渉をまとめ上げることは不可能であったであろう。

東京裁判において、日本海軍に対する検察側の訴追を一身に引き受けた嶋田繁太郎被告（元海相）はその宣誓口述書の中で次の通り述べている。

「いかなる国家といえども自存のための行動を為し得る権利を持ち、またいかなる事態の発生によりその権利を行使できるに至るかを自ら決定し得る権利を持つ事は、余はいささかも疑わなかった。政府は統帥部と連携して真剣に考究したが、政府統帥部中だれ一人として米英との戦争を欲した者はなかった。日本が四ヵ年に亙って継続し、しかも有利に終結する見込みのない支那事変で手一杯である事は、軍人は知り過ぎるほど承知していた。……

しかるに、米国の回答は頑強・不屈にして冷酷なものであった。それは我々の示した交渉への真摯な努力をいささかも認めていなかった。

『ハル・ノート』の受諾を主張した者は、政府部内にも統帥部首脳部にも一人もいなかった。その受諾は不可能であり、本通告は我国の存立を脅かす一種の最後通牒であると解された。右通告の条件を受諾する事は、日本の敗北に等しいというのが全体の意見であった。」（冨士信夫著前掲書）

こうして政府は、一二月一日の御前会議において対米英蘭開戦を決定したが、あくまでも国際法にのっとった行動の必要性を認め、攻撃開始に先立って所要の通告を行う覚書を米側に手交する予定であった。しかし不幸にして、在米大使館における事務処理上の遅延から、実際の提出はハワイ攻撃に遅れることとなってしまった。図らずも生じたこの通告の遅れが「リメンバー・パールハーバー」のかけ声のもとに、戦争に向けてアメリカの国内与論をまとめるのに利用され、ルーズベルト大統領を利する結果となったのは、まことに残念と言うほかない。

このように、あくまで戦争回避を求めた日本政府は、ぎりぎりになるまで開戦決定を行わなかったので、日本軍の作戦準備は一向に整っていなかった。東京裁判で検察側が立証しようとしたように、日本の指導者たちが前々から共同謀議を重ねて、対米戦準備を進めてきたなどという状況とはおよそかけ離れた実情にあったのである。

東京裁判において、一般問題にかかわる陸軍関係の弁護側立証の中で、提出・受理された元参謀本部第一部長田中新一中将の口述書には、次のような趣旨の注目すべき記述がみられる。

「(口述書は)日本陸軍としては情勢の推移に応じて受動的に立上がる作戦計画は樹てたが、全般として軍需資材と船舶不足のため作戦計画は遅々として進まなかった事、九月六日の御前会議で、外交交渉に支障を来たさない範囲で作戦準備を進めるよう決定されたが、一〇月中旬東條内閣の成立によって九月六日の決定は白紙還元され、作戦準備は一向に進捗《しんちょく》しなかった事、一一月五日の御前会議で本格的な作戦準備を進める事が決定され、爾後陸海軍の作戦協定その他の準備が着々行われたが、未だ開戦は決定されておらず、万一日米交渉妥結の時は、一切の作戦を中止する事に陸海軍の意見が完全に一致しており、『南方作戦計画要綱』にもその旨明記されていた事等を述べ、最後の結論の項では、日本陸軍としての大東亜戦争のための作戦準備は、情勢の変化によって九月六日以降に開始されたが極めて貧弱であり、かつ開戦決定は一二月一日まで行われておらず、陸軍としては早期から対米英蘭戦争計画のようなものは持っていなかったことを述べている。」（冨士信夫著　前掲書）

ここに述べられている通り、陸軍自体、対米戦争準備を事前に怠りなく進めてきたというにはほど遠い実情にあったのである。

このように、ハル・ノートはわが国の存立を脅かす一種の最後通告と受け止められ、政府部内にも統帥部首脳部にもこの受諾を主張した者は一人もいなかった。しかしこのハル・ノートが果たして絶対に受け入れられないものであったのかに関しては、『作業ペーパー』は有田八郎（日独防共協定締結時およびノモンハン事件当時の外務大臣）著『人の目の塵を見る』の該当個所を引用して、彼の見解を紹介している。やや長文であるが、重要な論点を含んでいるので、あえてここに再掲しておこう。

「一一月二六日付ハル・ノートの如何なる部分が、我が国として到底同意し得なかったかという
と、東郷外相は一二月一日の御前会議で、
①ソ連を加えた多辺的不可侵条約を締結せんとする点
②仏印の主権に対する脅威につき関係国間に協議条約を締結せんとする点
③中国及び仏印からの日本軍隊及び警察力の撤収を求めている点
④汪政府を軍事的、政治的、経済的に支持せざることとなす点
⑤三国同盟条約から日本の事実上の脱退を求めている点
を指摘して、若しこれを受諾せんか、帝国の国際的地位は満州事変以前よりも更に低下し、その存立も亦危殆に陥らざるを得ずと断じ、その理由として
①蔣介石治下の中国は愈々《いよいよ》米英依存の傾向を増大し、帝国は国民政府に対する信義を失し、日華の友誼亦将来永く毀損せられ、延いては大陸より全面的に退却を余儀なくせられ、その結果満州国の地位も必然動揺するに至るべく、かくの如くしてわが日華事変完遂の方途は根底より覆滅せらる。
②英米はこれら地域の指導者として君臨するに至り、帝国の権威地に堕《お》ちて、安定勢力たる地位を覆滅し、東亜新秩序建設に関するわが大業は中途にして瓦解するに至るべきこと
③三国同盟条約は一片の死文となりて、帝国は信を海外に失墜すべきこと

④ 新たにソ連をも加えたる集団機構的組織をもって帝国を抑制せんとするは、わが北辺の憂患を増大せしむることとなるべきこと

⑤ 通商無差別その他の諸原則の如きは、そのいう所必ずしも排斥すべきに非ずといえども、これを先ず太平洋地域にのみ適用せんとする企図は、結局英米の利己的政策遂行の方途に過ぎずして、我が方においては重要物資の獲得に大なる支障を来たすに至るべきこと

を述べている。然しながら、

① 多辺的不可侵条約の締結は何故悪いか。ソ連を加えた集団機構的組織は、どうしてわが北辺の憂患を増大せしむることになるか。一九四〇年日本はソ連に対し、不可侵条約を提案しているが、これに米、英、蘭、華等を加えたからとて、不可侵の保障が大となればとて、減少するが如きことのあるべき訳がない。この提案が受諾出来ないということは、畢竟侵略的思想を脱し得ないからで、若し真に平和政策により、平和的進出を図ろうとするものならば、ソ連を加えた多辺的不可侵条約なればとて、これを拒絶する理由は少しもない。

② 仏印の領土に関し、日、米、英、蘭、華、泰の六ヵ国間に協議条約を締結し、又仏印における経済上の平等原則を確認することが、何故に到底同意し得ざるものであるかがむしろ理解できない。

③ 中国及び仏印、殊に中国からの日本軍隊及び警察力撤退は、陸海軍、殊に陸軍としては、いわゆる『帝国陸軍』の伝統及び面目から、殆んど堪えられない程度のものであったのみなら

ず、撤兵に同意することは、四年半に亘る日華事変の犠牲を無にするものだと思い込んでいたのである。現に東條陸相が一〇月一二日の荻外荘《てきがいそう》における会議の際、『撤兵問題だけは陸軍の生命であって、絶対に譲れぬ』と強く主張していたが、これは日本陸軍だけの特有の考え方であるという以外に、果たしてどれだけ正当性があったであろうか。いわんや日本軍隊の撤退か否かが、勝ち味の無い戦争に入るかどうかを決するものであったとするならば、陸軍の立場とか陸軍の偏狭なる考え方に捉われているべき時ではない。

④ 汪政府を支持せざることは、日本として信義上からも非常に苦痛の問題であることは勿論である。然し少なくとも汪蔣合作ということは米国に対しても既にコミットしているところであるのみならず、従来日本では汪政府に相談することなく、重慶との平和を工作していた。第二次近衛内閣における松岡外相の工作の如き、それである。又、汪氏自身においても、自分の運動は日華全面和平のためであるから、自分の存在が全面和平の妨害をなす場合には、何時なりとも引退するに吝《やぶさか》でないといっていた。かくの如き事情を考えれば、全面和平のため、米国側主張の如く、汪政府を軍事的、政治的、経済的に支持せざることを約束しても、必ずしもこれを不信行為なりとはいえない。

⑤ 最後に三国同盟よりの事実上の脱退であるが、元来三国同盟なるものは、同盟の威力によって、米国の参戦を防止せんとしたもので、日本としては米国との戦争など、毫も意図したところではないのであるから、三国同盟のため、勢いの赴くところ、日米戦争に突入する危険

発生したりとすれば、これを回避するは当然で、そのため米国側の提案しているように、『三国同盟条約は太平洋地域全般の平和確立及び保持に矛盾するが如く解釈せられざるべし』という約束をしたからとて、独伊に対し、何の遠慮もいらぬ筈だ。況んや独逸は三国同盟締結の約束を裏切り、日本の反対を押し切り、ソ連に対して開戦したのである。近衛公もこの時、三国同盟を破棄する手段をとらなかったことを遺憾としている。

かくの如く考えて見る時は、日本の運命を賭する米国との戦争という現実に直面しても、なお且つ固執しなければならなかったものは一つもないというべきである。

況んやハル・ノートには、最恵国待遇及び通商障壁低減の主義に基づく日米通商条約の締結、資金凍結令の廃止、円弗為替の安定、原料物資の無差別獲得原則の支持等、平和日本の経済発展に有利に利用し得べきものが含まれていたのであるから、なお更慎重に考え直して見るべきであった。」

しかし、当局者の頭にはこうした発想はなく、日本はハル・ノートを拒否してしまった。日米開戦となれば、日本の必敗となることは当時の心ある指導者は、軍関係者も含めて、熟知していながら、帝国主義的覇権への〈思いこみ〉にかられた軍の動きをもはや制止し得ない状況に立ち至っていたのである。

開戦時の最高責任者だった東條英機首相の考えはどのようなものであったのであろうか。東京裁判における彼の証言のうち、開戦に絡む部分の要点は次のようなものであり、ここに彼の思いを窺い知ることができる。

① 日本はあらかじめ米英蘭に対する戦争を計画し、準備したものではない。

② 対米英蘭戦争はこれらの国々の挑発に原因し、我国としては自存自衛の為に真に已むを得ず開始したものである。

③ 日本政府は、合法的開戦通告を攻撃開始前に米国に交付するため、周到な注意を以って手順を整えた。

さらに東條は戦争と自己の責任の問題について次の通り述べている。

「戦争が国際法上より見て正しい戦争であったか否かの問題と、敗戦の責任如何という問題とは、明らかに分別できる二つの異なった問題である。

第一の問題は外国との問題であり、かつ法律的性質を持つ問題である。私は最後まで、この戦争は自衛戦であり、現在承認されている国際法に違反しない戦争であると主張する。私は未だ曽て、我国がこの戦争をした事を以って国際犯罪であるとして勝者から訴追され、また敗戦国の適法な官吏であった者が個人的に国際法上の犯罪人となり、また条約の違反者として糾弾されるとは、考えた事はない。

第二の敗戦の責任については、当時の総理大臣であった私の責任であり、この意味の責任は受

諾するだけでなく、衷心より進んでこれを負う事を希望する。」（冨士信夫著　前掲書）

こうして日本は破滅への道を踏み出してしまった。日本が敗れ、軍全体が潰滅して、初めて日本が変わり、帝国主義的覇権追求のもたらすトラウマからも抜け出せることを、心ある識者は既に見通していたところに、悲劇があった。山本五十六連合艦隊司令長官が一九四二年一月九日、呉に停泊中の戦艦長門から、懇意の知人に出した手紙には、いずれ東京が火の海になる可能性に触れつつ、今後来るべき苦しい時代のために心づもりをしておくべきだとの趣旨が記されていた。

終戦外交

国力に大きな開きのあるアメリカを相手に戦争しても、勝ち目のないことは誰の目にも明らかだった。当局者たちの間でも、開戦当初から、軍事的に「対米屈敵手段なし」とのはっきりした認識がもたれていた。戦争が長引けば、国力の差が歴然と表れて、勝敗につながってくることは当然の成り行きである。しかし、だからといって、終戦外交について、なんらかの心づもり、いわんや成算がもてるような具体的シナリオをもっていたわけではない。こうして、幕引きの当てもないまま、踏み込んでしまった対米戦は、威勢のよかった緒戦の戦果に国民が惑わされて、その後の敗勢は十分に知らされることもなく、ずるずると破局に向けて進んでいったのである。

威勢のいい内に、幕引きに手をつけていれば、（もちろんその場合、相手がどう出たかは知る由もないが）、事態が異なる展開をしたであろうことは間違いない。一九四二年二月、シンガポール陥落の頃、天皇陛下からは東條首相に対し、終戦の機を逸しないようにとご注意があったが、首相はこれを東郷外相に話すことすらせず、終戦のため何等の努力もしなかった。

戦局は、一九四二年六月のミッドウェー大敗北を境に、下り坂になり、米英側は翌四三年一月、ルーズベルト大統領とチャーチル首相のカサブランカ会談で、早くも無条件降伏の方式を打ち出した。しかしこの時点では、日本側はまだまだこれを受け入れるような状況にはなかった。その後、国内的見地から終戦を提唱するきっかけとなり得る機会としては、イタリアの降伏（一九四三年九月）、サイパン失陥（四四年七月）、比島敗戦（四五年一月）などが考えられる。しかし、『調書』は、「実際問題として、一九四五年の三月頃までは、そういうことは、国内的に至難であったであろう」と述べている。

そして、日本がいよいよ追い詰められた最終段階では、米軍の沖縄上陸（一九四五年五月）、ドイツ降伏（同年五月）、沖縄失陥（同年六月）、ポツダム宣言発表（同年七月二六日）などが、終戦に踏み切る機会となり得たであろう。中でも、『調書』は特にドイツの降伏を取り上げて、次のように記している。

「ドイツの降伏は、終戦のための機会として、もっと有利に利用できたのではなかろうか。このころ、戦争の継続のためには明らかに不利な、従って終戦の方向を推進するのに有利な条件が集中的に出てきていた。四月五日には、ソ連は中立条約の廃棄を通告してきていた。五月に入るや、沖縄の敗色も濃厚となっており、海軍もこの作戦においてはほとんど壊滅にひとしい状態となり、又本土に対する本格的な空襲もいよいよ始まっていた。そこにもってきて、かろうじて残っていた唯一の盟邦も敵の軍門に降ったわけである。当時、外務当局は、ソ連による中立条約廃棄の重大さを自覚もせず、又、かりに自覚していたにしても、これを終戦をもたらす上に国内的に利用しようとはしなかった。……この時、政府当局者、特に外務当局が、八月の終戦の際位の意気込みで、強く終戦を主張したら、目的を達することができたかも知れない。少なくとも、ポツダム宣言が発出された時、これを受諾するだけの精神的な準備はできていたのではないかと思われる。」

最終の重大局面にあっても、日本はソ連に終戦の斡旋を依頼するという、見当違いの外交に期待をつないで、ポツダム宣言受諾の意思表示に踏み切れぬまま、貴重な時間を失った。ポツダム宣言発表の翌々日、七月二八日、鈴木首相は軍部の強要にあって、「この宣言は黙殺するのみである。われわれは戦争完遂に邁進する」との談話を記者発表してしまった。

ソ連は、一九四五年三月以降、大兵力を東に移動させており、これに加えて、中立条約を廃棄し、日本の終戦斡旋依頼に終始煮え切らない態度を示していたのであるから、その下心は明瞭であった。しかし、日本はそれを読みきれなかった。この的外れの外交に迷いこんだいきさつについて、『調書』はこう指摘している。

「ソ連に仲介させようとしたことについては、軍側に、ソ連を間に立てれば幾分でも米英に対する牽制ともなろうという見当違いの考え方があり、外務当局としても、軍を終戦に引っ張って行くためには、この軍側の気持ちに一応乗ってソ連に話を持ちかけ、いよいよこの最後の望みの綱もだめだということを納得させる必要があったのだという説明が行われている。又、実際にそうとしか思われないのであるが、それにしても、内政上の理由から、あえてとられた外交上の措置のために蒙った損失は、高いものについた。」

こうして、ソ連への終戦斡旋依頼の交渉は、ソ連に日本の窮状をさらけ出し、日本を潰す好機との確信を固めさせることにしかならなかった。

果たせるかな、八月八日ソ連は対日宣戦を布告して、満州、樺太、千島の日本人に堪えがたい惨苦を嘗めさせることとなった。他方、八月六日には広島、九日には長崎が原爆による惨禍に見舞われた。これだけの高い代償を払って、ようやく八月一五日、終戦の詔《みことのり》となったのである。

『作業ペーパー』は、このように展開された終戦外交を総括して、外務当局が米英を相手とする和平交渉を一切行わなかったこと、ことに最終段階で軍部の意向に沿って対ソ工作に時間を空費したことを批判している。もとより、原爆投下とソ連の参戦がなかった時期においては、軍部を納得させるような和平条件は得がたく、あえて和平を進めようとすれば、国内で流血を見ることとなったかもしれない。終戦外交はそれほどの難事業だったことは確かである。

「しかし吉田茂氏その他少数ではあったが在野の識者が投獄せられるまで終始一貫和平のために画策、奔走し、また中野正剛氏が東條政権に抗して遂に憤死したことに比し、当時の廟堂に智者はあったかもしれないが、勇者のなかったことを歎ぜざるを得ない。」

と『作業ペーパー』の批判は手厳しい。

3　西洋文明に向けられた日本人の関心と基本的外交理念の欠如

満州事変から敗戦に至る日本外交の軌跡を辿ってきたが、そこで常に発想の原点として突出していたのは、〈列強への仲間入り志向〉であった。日本外交は、その基本理念を世界に向けて堂々とアピールし、開戦に踏み切らざるを得なくなった日本の立場を闡明することを怠り、戦争の大義たる「アジアの解放」という表看板すら証文の出し遅れとなってしまった。

〈列強への仲間入り志向〉が突出

鎖国政策のもとに徳川三百年の泰平を保ってきた日本は、大きな時代の流れの中で突如開国し、国際社会の荒波に伍していかねばならなくなった。そこで、明治期の先達たちは、文明開化により近代化を図ろうと、必死になって西洋の文物を移入し、西洋に倣った国家体制の構築に取り組んだ。多数のお雇い外国人を招いて、無我夢中で西洋の知識や技術を習得し、鹿鳴館をつくって少しでも西洋流社交の真似事をやってみようと躍起になった。一般庶民の日常生活、服装や食事をはじめとするライフ・スタイルも西洋の影響を受けて急速に変わり、ハイカラが流行語となって、西洋かぶれの人士が幅をきかせた。

このような風潮のなか、日本人の関心はもっぱら西洋に向けられた。文明といえば、西洋文明を意味し、アジアやアフリカなど非西洋地域の文化はほとんど顧みられなかった。

対外関係においては、政府当局者にとっても、大多数の国民にとっても、もっぱらの関心事は常に西洋列強との関係であって、非西洋世界は、現にその大部分が西洋列強の植民統治下に置かれていたので、当然のこととして、西洋列強との関係に従属した副次的意味合いしかもち得なかった。

こうして文明開化を進め、近代国家建設に邁進してきた日本にとっては、殖産興業、富国強兵政策の旗印のもとに、近代化をなしとげ、西洋列強の仲間入りを果たして、その座を勝ちとることが最優先の国家目標となり、国民の悲願となってきた。

この国家目標は、日清戦争、日露戦争、第一次世界大戦で戦勝国となり、国際連盟の常任理事国の地位を確保したことにより、一応達成された。しかし、そうなると自然の成り行きとして、西洋列強と利害が競合・衝突し、摩擦が増えることとなる。こうして国際情勢の赴くところ、わが国に対する風当たりが次第に強まってくるが、その中で政策当局者は、せっかく確保したこの列強の地位を維持しようとする思いに終始がんじがらめとなり、これが日本の対外政策を大きく規定した。

日本がアジアの一員として国際連盟の常任理事国の地位を得た時にも、アジアの国々、ことに植民地支配の抑圧に苦しむアジアの人々の思いをどのように受け止め、これをいかに代弁するかということに考慮が払われることは、ほとんどなかった。

戦前の日本外交の足跡を振り返ると、朝鮮、台湾の植民地経営と満州における権益の擁護がもっぱらの関心事となり、やがてそこから中国への進出が始まり、さらには南進に目が向けられ、ついに戦争に突入するという経過を辿っている。そこには西洋列強と肩を並べたい、そのためには列強のやることを日本もやらねば「一流国」としての国際的地位を保てないという〈思いこみ〉が、常に発想の原点につきまとっていた。〈列強への仲間入り志向〉の突出である。

一九三八年一一月、近衛内閣は「東亜新秩序声明」を発表した。近衛首相はこの年の一月、「蔣介石を相手にせず」の声明を出し、中国での交渉相手を失ってしまったので、日本としては、蔣介石と張り合っていた汪兆銘を担ぎ出して、新しい政権を作りあげ、これを中国の中央政権と位置付けて交渉を行い、日中戦争を収拾しようと策したのである。このような振り付けのもとに、日本と汪兆銘政府が協力して、アジアの平和を回復しようとして打ち出したのが「東亜新秩序声明」であった。つまり、それまでのように「中国が怪しからんからやっつける」というのではなく、日中戦争はアジアの安定を確保するための戦いであって、日本と満州と汪兆銘政府の中国が手を携えて、アジアに新しい秩序を築くために戦っているのだという大義名分をつくりあげ、戦争の歴史的意義を闡明したのである。

この背景には、ヒットラーのナチス・ドイツが「ヨーロッパ新秩序をつくる必要がある」と叫んで、勢いをつけてきた現実があり、これに呼応して日本も「東亜新秩序」を掲げたのである。

そこには、後に一九四二年になって、遅まきながら打ち出されることとなる「アジアの解放」の萌芽は見られるものの、この時点では、欧米列強が形成してきた国際秩序を打ち破って、日本の指導のもとに、日本独自の秩序をアジアにつくろうとするものと受け取られ、欧米の猜疑心と警戒感を招くことにしかならなかった。日本が西洋世界と縁を切って、わが道を行く唯我独尊の意図表明と見なされたのである。

列強の桎梏をはね除けて、自国の領土を保全したいという中国人の願望や朝鮮半島における民族意識の高揚、さらには東南アジア諸国で高まってきた民族解放の動きなどに対し、日本帝国は表看板では美辞麗句を並べることはあっても、これは建前上のことにすぎず、本質においては、欧米との関係で遅れをとるまいとの発想から、日本の利権獲得、さらにはそのための覇権確立を目的として行動することとなってしまった。その結果、表看板とは裏腹に、こうしたアジアの民の思いに理解を示し、共感するどころか、むしろこれを抑圧する姿勢をとることすら多くみられた。

表看板はともかくとして本音においては、日本にとってアジアは西欧植民地主義と同列に立つための格好の舞台であり、手段にすぎなくなってしまっていたのである。列強と同じように振る舞うことが常に発想の原点にあって、アジアの民が抱く自立願望への理解や思いやりは二の次とされ、結局日本のアジア政策は表看板とはほど遠いものとなってしまった。

とりわけ軍部はあからさまにこのような姿勢をとり続けた。戦争中における南方施策は、実質的に軍が主導権を握り、外務省（および大東亜省）が関与できる余地はきわめて限られるものとなってしまい、そうなると一層あからさまに日本の独善的〈思いこみ〉が表面化した。『作業ぺーぱー』はこの状況を批判して、次のように記している。

「戦争中、占領地においても、独立国の領域においても、我が占領軍又は駐屯軍は、作戦と軍需物資獲得をもって第一義となし、……当該地域住民又は国民の創意や民生を重視せず、あるいはこれを充分尊重する余裕が無かった。ある場合には圧政や残虐行為すら行った。かくて現実は、日本の説く大東亜解放、大東亜共栄圏の理想と余りにかけ離れた結果となり、東亜各民族に幻滅の悲哀を感ぜしめ、戦局の悪化と相俟って、心底から自発的、積極的に日本と協力する者は次第に少なくなって行ったのである。」

対支新政策の推進と終戦に取り組もうとして、これを果たせなかった外務大臣重光葵は『所見』の中で、次のように述べている。

「一体軍人などというものは、外交を手品みたいに考えている。帽子の中から何でも出せるように、何でもできるものと考える。重慶と話をつけて、支那からアメリカを追い出し、支那と手を握って一緒にアメリカに立ち向かうというようなことを真面目に考えているような按配だった。」

日本が遅まきながら、公式政策として「アジアの解放」をようやく打ち出したのは、一九四二年一二月になってのことであった。「アジアの解放」という理念は、もともと明治以来日本政府の中にあった考え方ではあったが、この概念を理論化し、政府内の意見をまとめて、日本の基本政策としたのは重光葵外相であった。東亜の解放、アジアの復興こそは日本の使命であるとし、日支の平等および相互尊重を謳《うた》い、戦争が終われば日本は中国から完全に撤退して一切の利権を返還するという趣旨の方針が御前会議で決定された。しかし重光葵が苦労してようやくとりまとめたこの方針も、いかにもタイミングを失していた。日本が最初からこの決意をしていれば、日中戦争の泥沼にのめり込むこともなかったし、そもそもアメリカとの戦争も起きずに済んだであろう。しかし日本が追い詰められてきたこの時機になって、こうした政府の方針をまとめることがようやく可能となったのである。もはやこの時点では東條英機首相も杉山元《はじめ》参謀総長も反対しなかった。しかしすべては、時すでに遅かったのである。日本はミッドウェーの大敗を喫し、米軍の反攻により負け戦が続いていた。ドイツもこの年の一一月には、第二次大戦の分岐点となるスターリングラードで敗《やぶ》れている。こうなってから日本がこのような政策を発表しても、誰も相手にしない。結局看板倒れになってしまった。表看板を具体的行動に体現させることは、もはや不可能な状態に置かれていたのである。

「大東亜共栄圏」構想にもとづいて、一九四三年一一月、東條英機は大東亜会議を東京で開催した。この会議では「日本は単に自国民のためのみならず、大東亜全民族のために戦っている」(フィリピン共和国代表ホセ・ラウレルの発言)といった発言が相次ぎ、主催国日本の当局者や参加者の中にも心底そのような思いを抱いていた者が少なからずいたことは事実である。しかし「大東亜全民族のため」という大義が日本の政策に反映されて、具体的行動に結びつくことはついぞなく、アジアの民の期待を裏切ることとなってしまった。結局大東亜会議は、「自存自衛」のために始めた大東亜戦争を「アジア全民族のため」に戦っているかのごとくとりつくろうウィンドウ・ドレッシングには、何がしかの効果をあげたというだけのものにしかならなかった。そしてこの会議は、戦後の東京裁判では「傀儡政権の代表を集めた茶番劇」と片付けられてしまった。「大東亜共栄圏」構想も、結局負け戦となって看板倒れになったがゆえに、帝国主義日本の対外政策が、目的達成のために打ち出した手立てのひとつにすぎなかったとしかみられなかったのである。

一九四五年三月、硫黄島を守備する日本軍が最後の総突撃を敢行するに当たり、海軍司令部の洞穴に立てこもっていた市丸利之助少将はルーズベルト大統領に宛てた親書を書き残した。総突撃で日本軍が散ったあと、この親書はアメリカ兵の手で発見され、現在アナポリスの海軍兵学校博物館に保存されている。この親書に曰く、

「貴下は日本に一方的に偏見をもち、日本人を黄禍《こうか》と呼び、真珠湾攻撃を戦争プロパガンダに使っていられるが、この戦争は日本が自滅から祖国を救うためのものであったことを世界は知っているものと思う。……

白人とくにアングロ・サクソンは有色人種の犠牲において世界の富を壟断《ろうだん》しようとしている。大東亜共栄圏の誕生は世界の平和をもたらすであろう。それなのに貴下はすでに繁栄した国であるにもかかわらず、どうして東洋人が東洋を自らの手に取り戻そうとしているのを妨害するのだ。……」（岡崎久彦著　前掲書所載の岡崎氏による要約）

市丸少将同様、戦場に散華《さんげ》した将兵の多くは、白人に支配されてきたアジアの解放を実現するため、自存自衛の戦争に身を投ずるのだとの思いを抱いて死地に赴いたに違いない。国際正義のため、国際平和のためとの信念をもって、国に身を捧げたのである。

惜しむらくは、日本がこのような戦争理念を開戦当初から、世界に向けて、特にアメリカに対して表明しなかったことである。この正義の立場を明らかにし、ハル・ノートも公表した上で、「パール・ハーバーの騙まし討ち」などと言いがかりをつけられないようなやり方で堂々と宣戦していれば、アメリカの世論は到底ルーズベルト大統領の思惑通りにならず、戦争の帰趨も違ったものとなっていたであろう。

西洋列強の圧力のもとに、日本が開国に踏み切り、国際社会に仲間入りした当時の世界は、アジアやアフリカなど、非西洋世界の大部分が欧米諸国の植民統治下に置かれ、呻吟させられていた時代だったのであるから、日本人の目が勢い西洋に向けられ、なにを措いても、列強の仲間に入りたいという思いにかられたのも致し方なかったと言えよう。

しかし、この悲願が一応達成された以降も、日本人はこの〈列強への仲間入り志向〉という〈思いこみ〉の呪縛から抜け出ることができず、アジアの民の期待を裏切った。こうして、敗戦に至る日本の対外関係においては、幾多の起伏を経てはきたものの、大きな流れとしては、総じて欧米、西洋世界との関係に主眼が置かれ、それ以外の地域との関係には従属的、副次的な考慮しか払われず、なおざりにされてしまった。アジアをはじめとする非西洋世界との関係は、基本的には西洋列強との関係推進上の函数としか見なされず、手段でしかないということになってしまったのである。そして日本が遅まきながら表看板として掲げた「アジアの解放」という政策も、負け戦となったがゆえに、結局看板倒れに終わってしまった。

しかしこの戦争の結果、アジアの国々は戦後次々に独立を達成した。その後、これに倣って中近東やアフリカの国々も独立した。日本の政策がどうであったにせよ、日本はこれまでアジアに君臨してきた白人の支配者に敢然と戦いを挑み、これを打ち負かさんと日本兵が命をかけて雄々しく立ち向かう姿は、アジアの人たちに感銘を与え、敢闘精神を植え付けた。日露戦争に次いで、アジア人に民族意識の覚醒をもたらしたのである。さらに日本はこの戦争を通じて、自治組織の編成や現地人軍隊の訓練によって、独立国運営の基盤をつくった。戦争の仕方も教えた。今次戦争のこのような側面は、日本においては、敗戦にともなう自虐史観の中に埋没され、忘れ去られてきたが、むしろ心あるアジアの人たちの方が、これを十分に弁えている。われわれもこの点を見逃してはならない。

基本的外交理念の欠如

こうして〈列強への仲間入り志向〉にかられた日本の対外政策は、世界に堂々と胸を張って掲げ、国際社会に働きかけていくような基本理念を欠いていた。

西洋列強と肩を並べるという〈思いこみ〉は、現に存在している列強の真似をして、その仲間に入るという受身の発想にすぎず、国際社会に独自の立場をアピールして働きかけ、これに影響力を及ぼすという能動性は欠落していた。反共主義という立場はあったが、これも現存するものへの

「アンチ」の姿勢をとるというにすぎず、能動的な理念を打ち出したというにはほど遠い。一時日本は国際連盟で、人種平等といった理念を打ち出したことはあったが、これとて現実の中国政策やアジア政策でこれを実行することはなく、国際的アピールも腰砕けに終わってしまった。

明治の元勲たちが指導した時代の外交は、何を措いても、独立国家たるわが国の存立の確保と、不平等条約の撤廃による国際的地位の向上、平等化を目指していた。これは列強への仲間入りを果たすためには、不可欠の前提であって、こうした目標が掲げられたのは、当時としては当然のことであり、この目標達成に向けての内外施策が精力的に実施された。

ところが、この目標が一応達成され、元勲たちが表舞台から退いて以降の時代になると、外交は、それまでの惰性で〈列強への仲間入り志向〉が相変わらずすべての発想を突き動かした以外には、明確な目標を欠き、それに向けての国策も存在しなくなってしまった。基本的外交理念が欠如していたので、それに立脚した確固たる目標もなかったのである。

そして、支那事変以降、日本への風当たりが強まる中で、ついに日本は欧米列強が奉じてきた基本原則をも踏みにじり、独善的な言い分を前面に押し出すに至る。

支那事変発生後、広田、宇垣両外相は、外国権益侵害の問題につき、門戸開放、機会均等主義の遵守、九国条約の尊重の方針にはなんら変わりはなく、ただ軍事行動の進行中は一時的に制約を及ぼさざるを得ないことはあっても、これは変則的な事態にすぎず、軍事行動終了次第、是正されるとの説明を行ってきた。

ところが有田外相は根本的に立場を変え、一九三八年一一月一八日、アメリカ宛ての回答において「日本は東洋において、真の国際正義に基づく新秩序の建設に全力を挙げている。東亜の天地に新たな情勢が展開しつつある際、事変前の事態に適用ありたる観念乃至原則をもって、現在および今後の事態を律するは当を得ない」との趣旨を明らかにした。こうして日本は「東亜新秩序」なる中身のわからない、身勝手な論理を打ち出し、九国条約を全面的に否定した。日米を含む主要列強九カ国の間で一九二八年に結ばれた「戦争放棄に関する条約」（パリ不戦条約）において、締約国は「相互間ニ起ルコトアルベキ一切ノ紛争又ハ紛議ハ、其ノ性質ノ如何ヲ問ワズ、平和的手段ニ拠ルノ外之ガ処理又ハ解決ヲ求メザルコト」を約し、政策手段としての戦争放棄を宣言した。ところが日本は、新たな情勢の展開で状況が変わったのだから、過去のこんな約束には縛られませんよと言い出したのである。

アメリカはこの日本の独善を許さず、新秩序の創造を否認して、あくまでも交渉と合意とによる問題解決を提案してきたが、日本はこれを無視した。ここに至って、日米関係は個々の権益侵害を問題とする懸案交渉の域を超えて、「主義」および「原則」の相違に根ざした根本的対立の様相を呈することとなった。こうしてアメリカは、「新事態発生に即応して、アメリカの権益を擁護するため」として、一九三九年七月二六日、日米通商条約の破棄を通告するに至るのである。

『作業ペーパー』はこの点につき、森島守人（満州事変勃発当時奉天総領事館次席、終戦時駐ポルトガル大使、戦後衆議院議員）の著書を引用して、次のように記している。

「満州事変以来の日本外交は、国民を指導するに足る目標を欠いていた。『東亜新秩序』『大東亜共栄圏』が叫ばれ、学者がこれを理論づけんとしたことは事実だが、これは現実無視の観念論であり、当初から国民をリードした指導目標でなく、後からこじつけたスローガンに過ぎなかった。……指導目標を欠いた上、総合的国策も欠いていた。国務と統帥とが地位を顚倒して、一切の国務が一に統帥のためにのみ存在した観があった。それゆえ外交も確定的方針がなく、軍部独善の行動の後始末、是正、掣肘、阻止のための事務的処理の範囲を出なかった。」（森島守人著『真珠湾・リスボン・東京』岩波新書）

さらに森島は別の著書で次のように述べている。

「この二〇年間は、日本の興隆から没落に至った歴史的時代であったが、総体的に見ると、日本の針路は平和的な通商的発展に向わず、帝国主義的色彩の濃い政治的、領土的発展に向っていた。また総じて軍部の支配下に、本当の意味の外交は姿をひそめ、日本の外交なるものは、要するに、事務的外交の域を出なかったと評しても過言ではない。時に対米、対ソ国交の調整などの試みはあったが、大体そのときどきの外相の個人的思いつきに出たもので、政府全体としての確定的方針と見得るや否やは疑問であった。したがって外交方針として統一性と継続性を欠いていた。」

（森島守人著『陰謀・暗殺・軍刀』岩波新書）

4　圧殺された正論

軍部による独裁的な権力の行使と統制の強化が日本を覆い尽くした当時においても、なお心ある人たちはいた。彼らは必死に正論を掲げんと試みるが、もはや時代はこうした正論が人々の耳に届く余地を奪い去っていた。

猛威をふるった言論統制

これまで見てきたような日本外交の全体的流れの中で、政府や軍の内部でも、一部にはアジアの民に真摯な思いを馳せた者はあったし、国民の一部の識者にも、次章で述べるようなマインド・コントロールに染まらずに、自己の主張を堅持した者がいたことは疑いない。しかし、彼らの声は日本の軍官民あげての〈思いこみ〉の前にかき消され、さらには激しい弾圧を受けることとなった。〈列強への仲間入り志向〉一辺倒の〈思いこみ〉に惑わされることなく、正論を掲げるこうした一部の者の言動が、国の政策に反映されることは、もはやあり得ない状況に立ち至っていた。勇をもって行動しようとした者は弾圧され、その思いが国民に届くことはなく、「ごまめの歯軋り」に終わらざるを得なかったのである。

こうした時代の流れの中で、せっかくの幣原外交も、あえなく挫折してしまった。石射猪太郎（盧溝橋事件当時の外務省東亜局長）はその著『外交官の一生』の中で、次のように述懐している。

「敗戦後の今日、幣原外交のとった国際協調主義、平和主義、対華善隣主義が礼讃される。……幣原氏は右の信念に徹し、あくまでこれを守り通した。正に信念の外交であり、勇気の外交であった。日本の国際的信用はこれがため躍進し、外務省正統外交の黄金期を現出した。しかし氏の退陣後、信念と勇気を欠いた外務省の正統外交は一路衰微へと顚落した。

この間において、軍人と右翼が霞ヶ関外交を手緩《てぬる》しとして、外交の表面に躍り出した。政党や国民は彼等のいわゆる強硬外交を喝采した。一たん失った自主性は容易に取り戻せない。かくて霞ヶ関外交は亡びた。国民は外務省を皆無省として嘲笑した。国民は無反省に猛き者と共にあった。……政党が外交問題を政争の具となし、言論の自由が暴力で押し潰されるときに正論は育たない。国民大衆は国際情勢に盲目であり、しかも思い上がっており、暴論に迎合した。

この時こそ、信念と勇気の外交が要請されたのだ。悲しいかな、幣原外交以外に近年の外務省には信念と勇気がなかった。

（開戦前の頃）独逸人を乗せたわが商船を英国軍艦が房州沖で臨検したことが日英間の問題になった。英艦としては、国際法上の権利を行使したまでであった。しかし日本の強硬論者は、たとえ領海外でも富士山の見えるところでのこの権利行使は許せないと怒号し、合理的に問題を解決しようとした政府の態度を軟弱外交として責めた。
今日、富士山はおろか、宮城前の広場で進駐軍が閲兵しているのは、こうした強硬論の集積した結果に外ならない。」

日本軍では、仲間意識が高じて、種々の悪い面が表面化したこと、特に、異論には一切耳を貸さず、異分子を排除する体質硬直化が極端に進んでしまったことはすでに述べた。軍人たちは、統帥権の独立と軍部大臣現役武官制を制度的な武器として我を通し、果てはクーデターやテロすらほのめかして異なる見解をもつ者を沈黙させ、もはや誰しも軍の意向には逆らえない状況を現出させた。難にあった軍人の例として、石原莞爾については前に触れたが、言論の弾圧と異分子の排除は、軍人ばかりでなく広くすべての国民に及び、やがては当局の意向に沿わない者は逮捕、投獄されるまでになった。

こうしたなか、外務省はどうだったのか。『作業ペーパー』は外務省による国内施策の欠如を反省し、次のように指摘している。

「もとより、大勢は外務省一個の力をもってばん回できたとは思われない。軍側は一切の策謀・宣伝はもとより、クーデターをさえ辞さなかったのであるから、外交当局としても、これに対応する国内施策が必要だったはずである。しかるに、(外務省は)

① 内政にくらく、他省庁・経済界その他に地盤を形成する努力をしなかった。
② 国民に対する啓発・宣伝をしなかった。
③ 他省庁・民間あるいは軍の内部にさえ軍に対し批判的で、公正な観方や自由主義思想を抱いている者があったのに、これと連携しこれらを外交当局の背後に政治勢力にまで結集させるすべをしらなかったばかりでなく、心理的支持さえ得られなかった。
④ 右を行うには『外交官』の生活態度はあまりにも国民の生活から遊離しすぎ、一種の貴族階級を形づくっていた。」

終戦外交に意欲を燃やしていた外務大臣重光葵は、『所見』の中で、当時を回顧して次のように述べている。

「大臣に就任して自分がやるべきことと考えたのは、対支新政策の推進と終戦ということであった。ところが終戦については、四六時中憲兵の監視を受けているし、又外務省内にもスパイみたいなものを抱えこんでいた様な状況だったから、事を進めるに実に苦心した。自分が本当に腹を打ち明けることが出来たのは内大臣と陛下だけである。」

重光のこの言葉からも、国民すべてが常に監視の目に晒されて、小さくなっていた当時の様子がうかがえる。

アジア諸地域での施策において、実際に任に当たった人たちの中には、現地住民の思いを理解し、心底彼らの身になって、日本との連携を模索せんと、真摯な努力を払った者も決して少なくなかった。

しかし、彼らの声は軍官民あげての〈思いこみ〉の中にかき消され、彼らの志が日本の政策として結実することは、ついになかったのである。しかも、大方の日本人、ことに軍当局者の現地情勢に対する関心は低く、無知であったがために、現地住民に対する適切な働きかけを試みようとする折角の発想があっても、自らこれをつぶしてしまうようなことすら起こった。アジアのイスラム人口についての無知は、特にひどかった。

ホロ島の惨劇

大東亜戦争において、イスラム教徒への無知、無関心が不都合な事態を招いた事例は枚挙に暇ない。一例を挙げるならば、ミンダナオ島の対モロ族工作の失敗である。

戦局が日増しに悪化する一九四四年四月、軍参謀本部は大日本回教協会にフィリピンのミンダナオ島の回教系住民であるモロ族に対する工作要員の推薦と派遣の要請を行った。協会は岡本甚五、古川晴風、大和田正人を選び、三名は七月一四日マニラに到着、直ちに南方総軍総司令官寺内元帥はじめ軍関係の要人と次々に面談した。しかしこれらの面談は、「会見する都度、各人の説明、主張が異なり、軍の対モロ族工作の根本方針が一致せず、共通していることと言えば、このミンダナオ島のモロ族に対する認識と理解がほとんど皆無であることぐらいである」といった有り様だった。例えば「かかる狂暴なる宗教民族は武力討伐によって鎮圧あるのみ。何を今更、懐柔招撫工作なるや」あるいはまた「現下ミンダナオ島周辺は米軍の空爆下にあり、このルソン島すら近く米軍の侵攻上陸開始が予測される折柄のこと、何を今頃モロの調査研究が必要か、軍はいわゆる拙速を好む」(引用はいずれも小村不二男著『日本イスラーム史』)といった発言が相次いだ。これでは、参謀本部から大日本回教協会に申し込んできた趣旨、すなわち一カ月程度の事前調査をした上で、実施すべき具体的工作案を検討せよとの依頼とは全く相容れない状態だ。一行はマニラに来てみて、外地派遣の日本軍が、いかにイスラムの重要性を理解せず、一も二も銃砲火による武力征討しか考えていないということがわかった。これでは到底、現地住民を懐柔し、協力を得るなど、望むべくもなかった。結局三名はミンダナオ行きの飛行機がとれないとの説明を受け、現地に足を運ばずに、日本に帰還することとなり、その努力は徒労に終わった。

こうして日本軍はモロ族についての知識もないまま、彼らへの対策として打つべき手立てをなんら用意することなしに、一九四四年七月ホロ島に陸海軍の精鋭六千名を派遣した。ホロ島はミンダナオ島の南西に位置する小島である。この時期、日本軍は連戦連敗を続け、米軍は破竹の勢いで北上、次の目標がフィリピン奪還であることは誰しも予想するところであった。そこで慌てた大本営は、米軍の侵攻をルソン島よりはるか離れたフィリピン南端のホロ島で阻止しようとしたのである。

こうして大本営作戦部はホロ島がモロ族の根拠地であり、モロ族が剽悍無二のイスラム教徒であることもろくに調べないまま、泥縄式に六千の将兵の派遣を決めた。

これがホロ島の惨劇を招いた。六千名中、生還者は八〇名のみ、五千九二〇名が命を落とした。しかもこれらの犠牲者は米軍の砲火に殉じたのではなく、モロ族の手に掛かって、蛮刀の血祭りにあげられたのである。

モロ族がいかに狂暴な性格の種族であるとしても、なにも最初から日本兵に敵意をもったわけではない。負け戦で戦闘能力を失った日本軍は組織としての指揮系統や規律も乱れ、糧食が絶えると、飢餓状態に陥り、ついに住民の耕作物や水牛、鶏などの家畜を強奪するようになる。そして見つかると容赦なく住民を射殺した。イスラム教徒の神経を逆撫でするような行動も、全く意に介さずに平然とやってのけた。これではモロ族ならずとも、住民の怒りを招かないわけはない。全滅同然の惨劇で、あたら一命を落とした六千将兵の大部分は、モロ族の奇襲を受け、鋭利な蛮刀によって斬首されたのであった。

日本軍がホロ島の実情をもう少し調査し、イスラムに明るい宣撫官なり司政官なりを送り込んで、懐柔工作や帰順運動など、住民への働きかけを行っておれば、状況は異なったものとなっていたであろう。軍上層部におけるイスラムへの無知、無関心が招いた惨禍と言うほかない。

第二章　日本国民の〈思いこみ〉

前章において、日本の指導部の意識には常に〈列強への仲間入り志向〉が突出しており、この発想に突き動かされて、破滅への道をまっしぐらに進んでしまった状況を見てきた。

これと並んで、日本を不可逆的に戦争に追い込んだのは、国民一般の〈思いこみ〉であった。国民あげて不動の〈思いこみ〉に凝り固まってしまった状況においては、もはや戦争に向かう時代の流れを逆戻りさせることは不可能なところまできてしまっていた。

敗戦に至る過程についての一般的な見方としては、軍の独走が日本を破滅に導いたとされているが、むしろ愛国の熱に浮かされた国民与論の高揚の方が日本を動かした本当の力だったのかもしれない。軍、政府内では強硬論が常に勝ちを占めて日本をリードしてきたが、それも畢竟《ひっきょう》ブレーキのきかなくなった国民与論の熱狂とそれに迎合する政治状況を反映したものだったのである。

ことに開戦当時の国論は、官民あげてドイツの赫々《かっかく》たる戦果に目がくらみ、強硬論一色に染まっていた。国民はおしなべて「国威発揚」を叫び、拡張主義的ナショナリズムに燃えていた。こうしたなか、中国から全面的に撤退し、日本の特別の権益もすべてなくせという米国からの無理難題は、与論を納得させてこれを呑むことなど、とうてい不可能な状況に立ち至っていたのである。

そしてこの国民一般に広く行きわたった〈思いこみ〉には、大きく分けて、「アジアの解放」という戦争の大義を信じ、「自存自衛の戦い」のために献身せんとする愛国の思いと「日本は神の国」とする認識に根ざした優越意識との二つがあったように思われる。前者は政府の掲げた戦争の大義を国民が素朴に信じ込み、戦争を正当化し、美化して受けとめる状況をもたらし、国民あげて熱烈な愛国心を燃え上がらせた。これは〈思いこみ〉のポジティブな面ととらえることができる。他方、後者は優越感から傲慢な日本人を生む結果となり、アジアの人々を蔑視する態度を招いた。言わば〈思いこみ〉のネガティブな側面である。

日本軍の作戦がすべて成功して、威勢のよかった緒戦の段階では、愛国の思いという熱に浮かされた国民感情には拡張主義的な色彩が濃厚で、ネガティブな側面が強くなり勝ちだった。国民感情が高ぶって、鼻息が荒くなっていたのである。「せっかく日本が支配した地域を独立させてしまうのは損ではないか」といった受け止め方すら支配的になっていた。

ミッドウェー以降、戦況が下り坂になるなか、政府が戦争目的として、遅まきながら「アジアの解放」を唱えるようになってからは、国民の心情も「アジアの民のためになる正しいことをした方がいい」という方向に変化していった。しかし負け戦が決定的となったこの段階では、政府の方針決定も国民感情の変化も、もはや証文の出し遅れだったのである。

1 マインド・コントロールにかかった日本人
――軍国教育とマスコミの宣伝――

ここで私が用いた国民の〈思いこみ〉という表現には、異論もあり得よう。一般に〈信念〉や〈確信〉が正しいことを心にとどめる意味であるのに対して、〈思いこみ〉の方は見当違いな、誤った信じ込みという意味で使われる。したがって〈思いこみ〉という表現は、正しくないこととというニュアンスをともなうことが多い。当時の日本人は純粋に「お国のため」と信じきって、無数の若者が潔《いさぎよ》く命を捨てたのであり、英霊たちは正義を確信し、納得しきった戦争の大義のために、なんのためらいもなく戦場に華《はな》と散った。それを、事もあろうに〈思いこみ〉とは何事だ！　とお叱りを受けること、必至であろう。まことにごもっともと言うほかない。

しかし当時の日本人が、戦争の大義を異常なまでに信じ込まされていた状況、そして優越感の虜《とりこ》となってアジアの他民族を見下す態度に堕していた状況、これは一種のマインド・コントロールに陥らされていた事態とみられ、やはり〈思いこみ〉と言わざるを得ないように私には思える。したがって本書では、正しい、正しくないという正邪を問題にするのではなく、異常と言えるほどの極端な信じ込み、言わば一種の洗脳状態を称して、〈思いこみ〉という表現を用いているものとご理解いただきたい。

こうした〈思いこみ〉をもたらしたのは、軍の国民に対する働きかけ、特に軍国教育とラジオや各種パンフレット等を通ずる広報活動並びにこうした風潮を煽って軍のお先棒を担いだ新聞各社の宣伝であった。こうして多くの国民はマインド・コントロールにかかっていったのである。

政府の国民に対する啓発、教化は主として軍部を中心に進められた。軍国教育をはじめ種々の手段を駆使した国民の意識への働きかけが軍主導で展開された。開戦後は戦況についての「大本営発表」は敗北を隠して、常に勝利し続けているかのごとき歪んだ情報を流し、国民の戦意を煽った。この点、軍部追随に傾いた外務省は無力であり、何もしなかった。『作業ペーパー』が外務省による国内政策の欠如を指摘し、「国民に対する啓発・宣伝をしなかった」ことを反省している点については、すでに記した。

軍国教育は徹底していた。私自身、小学校（当時は国民学校と称していた）一年生の入学式（終戦の三年前）で、壇に上がった校長先生が「今日一年生になった君たちが兵隊さんになるまで、大東亜戦争は必ず続く！」と絶叫に近い口調で言い放った甲高《かんだか》い声を今でも記憶している。続けて、多分「だから君たちはお国のために尽くすことができるように、しっかり勉強しなさい」と述べたのであろうが、それはあまり覚えていない。アメリカ人やイギリス人のことは、大人たちから「鬼畜米英」としょっちゅう言い聞かされていたので、彼らは人間の心をもたない、恐ろしい鬼・畜生なのだと信じこまされ、世界を救うには、こんな連中は一人残らずやっつけねばならないのだと、子どもの私も思いこんでいた。大人たちがよく「毛唐《けとう》」と言うのを耳にしたが、これは西洋人を見下して呼ぶ時の言い方なのだということは、子ども心にもなんとなく理解できた。白人以外のアジアの人たちには、もっとひどい蔑称を用いていたのである。

こうして小学校から大学に至るまで、滅私奉公の精神、お国のために命を捧げる気構えが徹底的に叩きこまれ、世間一般においても、日本人の優越感を増長させるような言動がさかんに飛び交った。

一般の学校でもこんな具合だったのであるから、いわんや陸士、海兵などの軍人を養成する教育機関では、さらに徹底した軍国教育が施され、お国のために喜んで死ぬ覚悟を固めた青年たちが育てられた。

落ち目にあったアサヒビール復活の立役者として有名な中條高徳氏は、陸軍士官学校に預けた青春の日々を回想し、自著の中で次のように記している。

「当時、陸士や海軍兵学校など職業軍人を養成する学校は入学も難しかったから、そこへ入学できたら『郷土の誉《ほま》れ』『家門の誇り』といっていた。だから、私なども入学のために故郷を出るときは近所の人々が日の丸の小旗を振って送ってくれたものだ。私は意気揚々と入学したものだ。それが先生や両親の勧めであり、希望でもあった。

そして大東亜戦争も末期の頃になると、私たちは『今こそお国のため』という決意で厳しい訓練と学業に必死に取り組んでいた。戦況が不利であることは薄々感じていたが。

陸軍士官学校に学ぶ士官候補生は敗戦どころか、もうすぐ日本のために前線に赴いて戦うのだという意気に燃えていた。……

だから、まさかの敗戦である。……（玉音放送を聞いた）私には、天皇が『一層奮励努力せよ』と激励されているかのように聞こえたのだ。玉音放送を聞いて自決した人も少なくなかった。

私は年端《としは》もない少年の時から職業軍人の道を選んだだけに、自己のすべてをなげうって『公《おおやけ》』のため『国家』のために尽くすという視点に自分を押し込めていた。だから国家の命運が自分の双肩にかかっているような張りつめた気持ちであった。」（中條高徳著『魂を抜かれた日本人』文化創作出版）

軍部主導の国民への働きかけに歩調を合わせ、そのお先棒をかついだのが新聞各社の報道だった。やがて言論統制が強まるに従って、反戦報道など思いも寄らなくなってしまったのは事実であるが、そうなる前の時期から、各社はその論調を徐々に変化させ、率先して軍国宣伝を競いあい、国民の戦意高揚を煽るようになっていった。

軍部がマスコミへの働きかけを意識しはじめたのは、満州事変直前の頃のことである。一九二八年の張作霖爆殺事件では、マスコミに煽られた国民が「陸軍はけしからん」と思ってしまったために、軍部の思惑がはずれてしまった。この苦い経験も考慮し、一九三一年六月に参謀本部が作成した「満蒙問題解決方策大綱」では、まず満州に親日の政権を樹立し、一応独立国にした上で、後に日本が領有するという方針を打ち出したが、これを実施するには「内外の理解」が必要であるということも、そこには記されていた。ここに言う「内」とは、国民各層の理解と賛同を得るために必要なマスコミ対策を念頭に置いており、マスコミが軍に協力して国民にうまく宣伝するようにもっていき、国論を軍のめざす方向に仕向けようという意図が秘められていたのである。このあたりから、参謀本部はマスコミ対策に本腰を入れ始め、新聞各社および日本放送協会への働きかけが活発化していくこととなる。

それでも、一九三一年九月一八日の満州事変勃発前までは、新聞や雑誌で満蒙問題が論じられ、「満蒙は日本の生命線である」といった強硬派代議士の持論などがさかんに報じられてはいたものの、満蒙問題は武力で解決すべきではないという冷静な論調が依然として大勢を占めていた。

ところが九月一八日についに柳条湖事件が起こるや、事件発生後一日半にして、わずか一万余の関東軍がたちまち満州の中心部を制圧し、続く数日間で、満州南部と東部を難なく手中に収めてしまった。そうなると、それまでは満蒙問題で軍に厳しい論調が多く見られた新聞各社の報道ぶりは、一転してがらっと変わり、俄然、関東軍擁護に回ることとなった。軍の発表をそのまま伝えだしたのである。

新聞はこの戦争を煽ることにより国民の関心を引きつけ、部数を伸ばしていこうとして、軍の思惑通りに動きだした。陸軍の尻馬に乗って「売らんかな」のために笛や太鼓で戦争礼讃節を囃し立てはじめた。新聞各社は現地の特派員に超エース級の記者、名文家を送りこみ、取材費用に巨額の予算を投入した。普及しはじめていたラジオ放送も、どんどん臨時ニュースを流して、新聞の号外合戦と競い合った。

この結果、国論はたちまち戦争ムードに覆われ、全国の各神社には必勝祈願の参拝者が押し寄せ、陸軍大臣の机には、無数の憂国の士から寄せられた血書血判の激励文がうず高く積み上げられるあり様となった。

このような国論の動員に非凡な能力を発揮したのは、ほかならぬ軍略の天才、石原莞爾であった。緒戦で大戦果をあげた日本軍にとって、残るは満州の西部と北部であった。張学良政権の要人たちは万里の長城に近い西部の錦州に逃れ、北部は馬賊の頭目、馬占山などが割拠していた。関東軍はこの際、西部・北部をも征圧すべく、行動の自由を得ようとしたが、不拡大方針を維持する参謀本部からのお墨付きは得られない。

しかし、なんとしても西部・北部まで手を伸ばしたい関東軍としては、石原莞爾の発案のもとに、策をめぐらす。なんと石原の献策は、「兵を小出しにして負けた負けたといえば、日本人は負ければ意地になる国民性がある」という点に着目して賭けに出ようというのだ。凡人には思いも寄らない大胆な謀《はかりごと》である。こうして石原は敢えて小部隊を引き連れて出撃し、案のじょう日本軍は馬占山軍に包囲され、敗退することとなる。ところがこの時、あらかじめ石原と意を通じていた朝日新聞の満州支局長がこの状況を大々的に報じ、他の新聞もこれに倣って報道したので、さながら報道合戦の様相を呈する状況が巻き起こった。この結果、国民与論はまんまと石原の思惑の方向に動かされ、日本からは、関東軍頑張れという慰問金や慰問袋が殺到したという。石原は実にマスコミの活用までを考慮する鬼才ぶりを発揮したのである。参謀本部も結局、作戦後は「なるべく早く引き揚げるべし」と釘をさしつつも、馬占山軍に徹底的な打撃を与える命令を出さざるを得なくなってしまった。

こうして事変発生後、わずか四ヶ月で日本軍が全満州を制すると、東京では、歓呼の声のみが響き渡り、もはやこれに反対する声は聞かれなくなった。もう元老西園寺公望《きんもち》も止めようとしなかった。岡崎久彦著の前掲書によれば、一一月一日に来訪した朝鮮総督宇垣一成《かずしげ》に対して、西園寺は「いかに正しいことでも国論があげて非なり悪なりとするに至っては、生きた外交をするうえでは考え直さねばならぬことである」と洩らしたと伝えられる。

このようにして新聞各社は次第に軍国宣伝色を強めていく。この時期、荒木貞夫大将という演説上手のはったり屋が陸軍大臣だったこともこの傾向を煽ることとなった。荒木大臣は、日本は「皇国」つまり天皇の国、日本軍は「皇軍」つまり天皇の軍隊、日本人の精神の基本は「皇道」すなわち天皇を守る道にあると説き、日本は世界に冠たる国であると囃し立て、時流に悪乗りしたアジ演説を繰り返すことにより、国民大衆の間に、軍国主義的空気を盛り上げていった。これ以降、政府が次々に掲げた「滅私奉公」「戦地の兵隊を思え」「贅沢は敵だ」「欲しがりません勝つまでは」「必勝の信念」「鬼畜米英」「一億一心」「撃ちてしやまん」といったスローガンは、新聞各社も大いにこれを宣伝し、国民の間に浸透させていくこととなる。

一九三三年秋には、出版法と新聞紙法が大幅に改正された。「改正」といっても、実はたいへんな「改悪」である。これ以降、当局が新聞雑誌ラジオなどをしっかり統制できるようになり、その後もこれは一段と強められていくこととなる。厳しい言論統制下、出版物は検閲を受け、誰もうっかりしたことを発言すると投獄されかねない状況に置かれるようになったので、すべての言論人は学者もインテリも、戦争礼讃以外は黙して語らなくなった。

やがて日本は非常時体制に入っていく。しかし制度上、ヨーロッパのファシスト体制とは異なる点が多く見られたことも事実である。

一九三八年四月に成立した国家総動員法にしても、非常時における暫定的な措置であることが明記され、ナチスの授権法とははっきりと異なっていた。近衛首相は議会において「この法律はファッショ・イデオロギーによるものでなく、平時でも適用されるとするナチスの授権法と違って戦時にだけ適用される」と明言した。

一九四〇年一〇月、近衛首相を総裁とする大政翼賛会が発足し、戦前の政党政治は終息した。これは、この年になって、既存の政治を打破しようという、いわゆる新体制運動が盛り上がり、各政党が自ら相次いで解党を宣言し、挙国体制に糾合したのであって、別段既存政党を無理やり解散させて、一党独裁体制を樹立したわけではない。しかし、政、官、軍、その他各界の有力者をすべて取りこんだ新体制を創るとなると、具体的な政策をとりまとめることは困難とならざるを得ない。

結局大政翼賛会の発会式では、近衛は「本運動は大政翼賛の臣道実践ということに尽きる」とのみ述べて、綱領も宣言も打ち出すことはできなかった。結局この体制は精神運動に過ぎないものとなり、やがて戦時体制においては、上意下達を役割りとするだけの機関となってしまった。

しかし戦争中でも議会がなくなってしまったわけではない。議会は開かれて、一応政府批判も行われていたし、翼賛体制外の議員も選出されていた。決してドイツにおけるナチスの一党独裁のようなことはなかった。

現に東條英機首相は、一見独裁的権力者のように見えたが、一九四四年七月戦局がいよいよ非勢となるや、戦争指導の能力を問われて辞任に追い込まれ、重臣たちの決定ひとつで小磯国昭首相へと更迭されている。しかし当時の日本社会全体の風潮が反政党政治、国家主義、国権主義、反共の色彩に色濃く染まっていたことは疑いない。

強力な全国組織である在郷軍人会や末端住民の自治組織である隣組は、組織的に軍国宣伝に携わった訳ではなかったが、様々な活動を通じて軍国主義一色の風潮を煽る機能を果たしたことは否定しえない。世間の風潮に逆らったり、疑問を投げかける人物は白い目で見られ、「非国民」として後ろ指さされるような雰囲気が濃厚になっていたのである。

2　熱烈な愛国心とアジア解放への思い
――〈思いこみ〉のポジティブな側面――

日本の指導部は国民の戦意高揚と団結心強化のため、戦争の大義を表看板として掲げ、さかんに宣伝した。指導部の実際の行動は〈列強への仲間入り志向〉突出に禍されて、表看板とかけはなれていたことは前章で見てきたが、国民は戦争の大義を素直に信じ込んだ。厳しい言論統制のもとに、新聞報道も含めて、政府の宣伝文句と異なる声は一切国民の耳に届かない状況にあったので、大多数の国民はやすやすとマインド・コントロール状態に陥らされてしまった。

戦争の大義はまず何をおいても「自存自衛の戦争」、「神国日本の存亡をかけた戦い」という認識であり、国民はそれに向けての戦意を高揚させ、愛国心を燃えたぎらせた。この愛国心が後述の優越意識と裏腹になって、傲慢な態度を生み、アジア人蔑視の感情をもたらす原因のひとつとなった点は確かに問題だったが、愛国心自体はきわめて純粋なものであった。大方の国民は「忠君愛国」になんら疑問を差しはさむこともなく、心底これを信奉した。戦後、日本人の心情が逆の極端に振れてしまった嘆かわしい実情からすれば、愛国心が横溢していた当時の状況は、国民の意識として、はるかに好ましい、むしろ当たり前の健全な状態にあったとさえ言えよう。

そして、祖国を愛し、国を信じきった国民にとって、日本がよもや悪い企みのもとに戦争に乗り出すことなど考えられもしない。したがって、戦争の大義は「侵略戦争をやろう」などということである道理はなく、あくまでも表看板の「アジアの解放」であり、これが「自存自衛」と並ぶもうひとつの大義であった。もっとも、これが唱えられたのは戦争の後半になってからであり、遅きに失した感は否めないが、素朴な国民は「アジアの解放」を目指して、「自存自衛の戦い」をしているのだと信じきっていた。「八紘一宇」、「王道楽土」、「五族協和」、「大亜細亜主義」、「大東亜共栄圏」、「東亜新秩序」といった謳い文句を国民は額面通りに受けとめた。大東亜会議の成功は国民の「アジアの解放」への確信を一層強固にし、国民は心からこれを歓迎した。

このような「アジアの解放」に寄せた真摯な思いと愛国心の高揚とは、言わば国民の〈思いこみ〉のポジティブな面、即ち「いい面」と受けとめることができる。

〈思いこみ〉は大多数の国民にあったが、とりわけ国に命を捧げる覚悟で戦場に赴いた兵士にはこの〈思いこみ〉は強かった。雨あられと敵弾が降り注ぐ中を、突撃命令のもとに勇ましく敵陣に突進した兵士たちや嬉々として死地に向けて離陸する飛行機の操縦桿を握った神風特攻隊員たちは、「お国のため」（それはとりもなおさず、親兄弟や妻子を含む同胞のために他ならない）と固く信じ、そのお国は「アジアの解放」を目指した戦いをしているとの信念をもたなければ、命を投げ出す行動に出られるわけはない。

それればかりか、政府や軍部の当局者にしても、指導部全体としては結局時代の奔流に押し流されて、あのような道を辿ることになってしまったが、個々人をとってみれば、誰一人、好んで戦争をやりたいと思ってはいなかったであろうし、心に秘めた「アジアの解放」への思いも切なるものがあったに違いない。

石原莞爾の満州経略論は終始首尾一貫したものであった。そうであるが故に、結局彼は異分子として排除されてしまったことについては、第一章で述べた。石原の考えは日満漢蒙韓五族の協和、特に漢民族に対する信頼を基礎とする満州建国であった。一九三七年八月の『私見』では「われわれは公正なる競争、豁達《かったつ》なる協和により人類の理想をまず満蒙の大地に実現せしめ、もって日支親善世界統一の第一歩をここに築くを要す」と述べている。彼はこの立場を一貫させ、支那事変の拡大にも終始反対しつづけた。

このように、満州の建国に携わった多くの人々の中には、日本人ばかりでなく中国人も含めて、民族協和の夢をこの国に託し、その達成のために真摯に努力した人たちが、決して少なくなかったのである。

3　優越意識が生んだ傲慢な日本人
――〈思いこみ〉のネガティブな側面――

しかし、この「アジアの解放」への思いも、戦争の大義への確信も、日本人一般にひろまった優越意識と渾然一体となっていたところに問題があった。〈思いこみ〉のネガティブな面、つまり「悪い面」である。その結果、アジアの人たちが望まない種々の事態を招いてしまったことは、まことに残念と言うほかない。

このように日本人の〈思いこみ〉は、互いに相《あ》い矛盾するネガティブな側面とポジティブな側面とが絡《から》み合って同時に存在していたところに複雑さがあり、それがまさにマインド・コントロール状態にあった所以《ゆえん》だと言えよう。「悪い面」と「いい面」とが渾然一体となっていたのである。

「日本は神の国」であり、その国民たる日本人は卓越した優秀民族なのだとの意識が広くもたれた。これはなにもこの時代に新たに形づくられた意識ではなく、神の国の優れた民族という観念は古くからあった。しかしこの時代、古来あったこの観念が持ち出されて、優越意識がとりたてて強調され、一般国民の間に広く浸透した。そこから日本が戦争に負けることはあり得ないという日本必勝への妄信が生まれた。

軍部においては、天皇の権威を絶対的なものとし、この権威の名のもとに、自分たちが国の舵取りを担っていこうとする考え方が強くなり、そのために様々な手が打たれた。一九三五年（昭和一〇年）前後には、「天皇機関説」の論議や「国体明徴」問題をめぐる論争がさかんに行われたが、その背景には彼らのこうした思惑があったのである。そしてこのような動きの行きつくところ、この年の八月三日には、岡田啓介内閣が政府の公式見解として、「国体明徴」の政府声明を発表するに至った。日本は万世一系の天皇が統治し給う神国であるという国体の基本が「明徴」され、これ以降、そこから逸脱する言論はたちまち罰せられるようになった。

この優越感は日本人を傲慢にし、他民族を低く見る感情、特に中国人や朝鮮人蔑視の感情をもたらした。

日本はこうした優越意識にかられて、植民地や占領地その他支配力が及ぶ地域において、現地の仕来《しき》たりや住民感情にお構いなく、日本的なものを押しつけようとした。欧米列強の植民地でも、彼らの優越意識から宗主国文化の押しつけが行われていたことはどこも変わりないが、日本の場合、日本人の優越意識が高じて、往々にして行き過ぎに走ることがあった。日本語を覚えさせる程度まではよいとしても、日本の風習まで持ちこみ、さらには「日の丸」「君が代」を強制するなどは、住民感情にそぐわなかったと言わざるを得ない。最大の行き過ぎは他民族への天皇崇拝の強制であった。文部省が一九三一年三月に作成した「国体の本義」では、「我ら臣民は西洋の人民とは全くその本性を異にして……すべての活動の源を天皇に仰ぎ奉る」ことをもって教育の基本とするものとされ、これがやがて絶対的な天皇崇拝につながっていった。もとよりこれは日本国民に対する教育の基本であったが、やがて他民族にも天皇崇拝を強制しようとする動きが出てくると、あえてこれに異を唱えることは不可能となるような風潮をもたらした。こうして日本が支配力を及ぼした各地で、皇居遥拝や陛下の御真影を掲げ奉ることなどが強制された。

『満州問題の歴史』(原書房)を著した伊東六十次郎は南京陥落の際、現地(満州)の支那人に祝賀行列をさせたことを慨嘆して、それはあたかも「満州在住の日本人子弟に東京陥落の祝賀行列をさせる」ようなものであり、漢民族の民心を満州からすっかり離反させたと書いている。

このような話になると必ず持ち出されるのが、「植民地である朝鮮で、創氏改名と称し、被植民地の人たちに日本名を名乗ることを強制した」のは怪しからんという説である。この創氏改名強制論は〈自虐史観〉論者の得意とする歪曲論法の最たるものと言える。朝鮮総督はあくまで「本人の意思によること」との厳命を下し、創氏改名は強制ではなく、住民の自発的な意志によるものとされていた。これが戦後の時代、日本では自虐史観が横行し、朝鮮では反日気運が高まると、「あれは強制されたのだ」との主張が日本でも、朝鮮でも叫ばれるようになったのである。しかし、日本が戦争中、アジア民族の解放を叫びつつも、朝鮮では皇民化政策を維持したことは疑いない。こうした中、強制はなかったとしても、改名した方が有利となる状況が存在したことは十分考えられ、この措置が問題なしと済まされない側面をもっていたことは否定できない。

現実になってしまった朝河博士の悪夢――『日本の禍機』

日露戦争後ほどなく、戦勝ムード未だ醒めやらぬ時期、すでに欧米の日本を見る目が変わりつつあることをいち早く感じとり、日本の進路に警鐘を鳴らした慧眼の持ち主がいた。一八九五年、二三歳で渡米し、イェール大学歴史学教授として、五〇年以上もアメリカの史学界に雄飛した憂国の士、朝河貫一博士である。

博士は一九〇八年、『日本の禍機』を刊行した。この著書は、日露戦争の勝利によって奢《おご》り、高ぶった日本人が、驕慢な振る舞いをも辞さなくなり、世界から指弾され始めている状況を憂い、やがては道を誤ることになりかねないとの強い危機感を抱いた博士が、日本人に警告を発し、その覚醒を促すべく、執筆した書である。

アメリカに暮らし、日々アメリカ人と接している朝河博士は、日露戦争後、欧米人の日本に対する態度が急速に変わり、日本を疑い、恐れ、憎むようになってきていることを、身をもって察知していた。なぜそうなったのか、彼らにその理由を問うと、

「日本は戦勝の余威を弄して、次第に隣近を併呑し、ついには欧米の利害にも深き影響を及ぼすに至るべきがゆえなり。……日本は戦前も戦後も反覆天下に揚言して、その東洋政策の根本これに外ならずと称したる二大原則に、己れ自ら背きつつあるがゆえに、我はその専横を喜ばざるなり、二大原則とは清帝国の独立及び領土保全、ならびに列国民の機会均等これなり。」（朝河貫一著『日本の禍機』講談社　本項での引用は以下同じ）

との答えが返ってくる。その結果、

「（日本の）戦前の公言は一時世を欺く偽善の言に過ぎずして、今はかえって満州及び韓国において私意を逞《たくま》しくせんとするものなり、という見解においては万人一致し、かく観察せざる外人極めて稀なるがごとし。戦前世界が露国に対して有したる悪感は、今や変じて日本に対する悪感となり、当時日本に対したる同情は、今や転じて支那に対する同情となりたり。……実に支那こそは満州における日本の横暴侵略を世に訴えたるものにして、世はしばらく支那の言を容れて、こ

れに同情し、日本を擯斥《ひんせき》（のけものにする）したるものなり。」

という状況に立ち至っていると博士は記している。

博士によれば、日露戦争前、日本は中国の主権と門戸開放という正義の主張を堂々としてきたが故に、列国の同情を買ったが、戦後の今日、日本が背信と不正義をもって、東洋に勢力を張ろうとするならば、列国間の公平な競争が妨害されることとなり、やがて東洋の正義を擁護しようとする米国が「日本と刃《やいば》を交うるの大不幸」を冒す事態になりかねないとの声すら聞かれるに至っている。曰く、

「清朝の領土保全および機会均等は日本開戦の一大理由にして、ポーツマスの談判および条約またこれを主眼とせり。……（日本は）国運をかけてこの二大原則を主張し、幸いにして勝利の力によりてこの主張を貫徹し得たりしなり。しかるにたちまち清国自ら日本をもって主権侵略の敵となし、世界また日本をもって機会均等を破る張本人となすに至れり。彼等往々おもえらく、日本は戦後の優勢をもって戦前の露国の志を遂行せんとするものにして、露国よりも一層偽善にして、一層強大なる平和攪乱者というべしと。かくも奇異なる現象、急速なる変化は古来の史上はたしてその例ありや。」

こうして朝河博士は日本人に猛省を促した。中国の主権尊重と機会均等の二大原則は、日本が「奮然と立ちてこれを擁護し、未曾有の壮烈なる行為によりて」確立した原則で、今やこれが世界の潮流となっている。そうした中で「世界史の潮流に逆《さから》わんとするは、譬《たと》えば天体の運行を止めんとするがごとし、況《いわ》んやこの潮流を自ら速めたる我が日本においてをや」と日本人への戒めの言葉を発している。しかし、現実には「露国の危害を免れたる暁には、日本の人士中、清国を圧し、韓国を滅し、列国の競争を減じて、急速に自国の利権を推進することをもって愛国的行為と思う人」が多くなってきているようだと博士は慨嘆する。博士が危惧した日露戦争後の「世情の激変」は現に起きつつあり、しかもその「理由の幾分かは他にありて、我が責任以外なれども、その大半は実に我にある」ようだとしている。そして今や日本の危難は、「東洋の平和と進歩とを担保して、人類の文明に貢献し、正当の優勢を持して永く世の畏敬を受くべき日本国が、かえって東洋の平和を攪乱し、世界の憎悪の府となり、国政頓《とみ》に逆運に陥るべきこととこれなり」と断じ、次のように警告している。

「日本自ら国運を危くし東洋の一大禍乱を来さんことは、必ずしも架空の予測にあらずして、日本国民の態度いかんによりてはそのかえって避け難きを断言するに躊躇せざるなり。現に余は日本国民が概して支那に対する態度を見て、その中に恐るべき禍害の分子あるを察し、危懼《きく》措く能わざるものあり。」

こうして発せられた博士の警鐘は、残念ながらその後の日本の進路を正す力をもち得なかった。そしてついに博士が最も恐れた悪夢である日米が「刃《やいば》を交うるの大不幸」が現実のものになってしまったのである。

そこには単に日本の指導者が〈列強への仲間入り志向〉を突出させて、国の舵取りを誤ったばかりではなく、広く国民全般が、日露戦争勝利の威勢をかって優越感を強め、傲慢な振る舞いを辞さないようになってきたことが動かし難い背景となっていたのである。

東京裁判において、重要な論点の一つとなっていた捕虜虐待問題に関して提出された、元東京俘《ふ》虜《りょ》収容所長鈴木薫二証人の口述書には、一九四二年、陸軍省で行われた新任俘虜収容所長・同職員に対する東條陸相の訓示内容が記されていたが、そこには、

「特ニ俘虜ノ処遇ヲ通シテ現地民衆ニ対シテ大和民族ノ優秀性ヲ体得セシムルト共ニ、皇恩鴻大ニシテ日本民族タルコト真ニ無上ノ光栄タルヲ感得セシムル如ク努ムルヲ要ス……」

との記述がみられるのである。この記述につき、鈴木証人は

「俘虜を侮辱せよとか、日本人は大いに威張れとかいうのではなく、日本人の美点を示せ、という意と解した。」（口述書の引用はいずれも冨士信夫著　前掲書より）

とさかんに東條陸相弁護に努めているが、この訓示が当時の日本人一般の間で支配的だった優越意識、傲慢さ、そして思い上がりの風潮を反映していることは隠せない。

中国人・朝鮮人蔑視の風潮

一体日本人はどうしてこの時期、古来から持たれていた優越意識を急に募《つの》らせ、中国人や朝鮮人を見下す態度をとるようになったのであろうか。

日本人、ことに知識人たちは、明治維新後の近代化が始まる前までは、日本が中国文明の影響、刺激を受けて文明を形づくってきたことを肝に銘じていたので、中国文明を畏敬の念をもって仰ぎ見てきた。また朝鮮半島の人たちについても、大陸の文明を日本に伝える橋渡しをした民族として評価し、現に古来多くの朝鮮人渡来者が進んだ文物や技術をもたらしてくれたことを弁えていた。しかし、ひとたび日本が彼らを軍事的に制覇すると、一転して彼らを差別、侮蔑の対象とするようになったのである。

古来日本では、知識人の資格として最も基本的とされたのは漢詩漢文の素養だった。紫式部は、真名《まな》である漢語に対して仮名《かな》でしかない「やまとことば」を用いて「源氏物語」を書いたが、それを可能にしたのは、彼女が漢詩、漢文学に通暁していたからだった。明治以降の近代化の過程においても、漢語の造語能力が日本語を通ずる西洋文明の受容を可能にした。このように、夏目漱石の頃までは、漢詩漢文の素養が教養人のバックボーンとなっていたのである。

幕末以来、しきりと主張されていた日清《にっしん》提携論は、まさに日本人の中国に対するこのような受けとめ方に根ざした主張だった。

ところが明治維新後、日本が欧米文化の導入による近代化に積極的に取り組んだのに対し、清国《しんこく》が伝統を墨守し、改革をかたくなに拒否し続ける態度をとるに及び、次第に清国との提携に期待を寄せる風潮は後退した。

こうした中、日本は一八七六年の日朝修好条約（江華島条約）によって朝鮮半島への進出の足がかりを築いたが、これを契機に、朝鮮国内には日本の支援に期待をかける開明派と清国を後ろ盾と恃《たの》む守旧派との二つの政治勢力が生まれて対立することとなった。このような状況が背景となって、日本と清国との関係は、朝鮮に対する影響力をめぐり次第に険しいものとなった。しかし、この対立は、その後結ばれた天津《てんしん》条約（一八八五年）によって緩和され、両国関係が小康状態に入ったこともあり、日本人の中国観が極度に悪化するということは、この時期には未だなかった。当時発行された新聞、雑誌の社説や論説には、中国の近代化の歩みは遅いが、底力《そこぢから》のある、実力に富んだ国であるとして、みだりに侮ることを戒める慎重論が依然として少なくなかった。

他方、清国と相携えてアジアを興すには、この国を旧来の体質から脱皮させることが不可欠だが、それは遅々として進む様子なく、彼らの文明開化を待っている時間的余裕はもはやないとして、西洋の文明国との協調に目を向けるべきだとする福沢諭吉の「脱亜論」が発表されたのもこの時期（一八八五年）だった。

その後、日本は東学党の乱を奇貨として朝鮮に派兵し、これに物を言わせて、一八九四年、清国政府に対して、朝鮮においては政治上、通商上、日本が清国と同格の地位に立つこと、及び日清共同で朝鮮の内政改革に取り組むことを要求した。朝鮮を保護国化していた清国としては、この要求を呑むことは到底できず、拒絶するところとなったため、日清関係は紛糾し、日清戦争に突入した。日清戦争開戦の当初、日本の国民は極度の不安に陥っていたが、戦闘は連戦連勝で、やがて日本軍の勝利に終わった。この結末は、当初抱かれた不安感の反動もあり、日本人の中国観を大きく変えることとなった。中国人に対する種々の蔑称が常用されるようになり、中国の伝統文化に対するそれまでの認識が一挙に変わって、侮蔑感に反転し、国民の間に広く定着したのである。その後こうした状況は、第二次大戦敗戦まで、基本的に是正されなかった。

前項で引用した朝河貫一博士はこのような中国人蔑視の風潮を嘆《なげ》いて、次のように記している。

「日本人もし支那は同文同種にして、一日の長ある日本の『指導』を受くるにあらざれば、世の文明を学び難しなどいう妄想に安眠し居らば、必ずや脚下より鳥の飛び起《た》つに驚く時あらん。むしろすみやかに覚醒して、欧米と共に誠意をもって支那の進歩を助長するに如《し》かざるなり。」（朝

河貫一著　前掲書）

このように中国蔑視の風潮は、日清戦争で連戦連敗を喫した清国軍の弱体ぶりに起因するところが大きかった。清国軍は指揮命令系統に混乱が見られ、兵員の習練が不十分であるばかりか、装備も欧米からの場当たり的な輸入品で統一を欠き、弾薬の補給にも困難を抱えていた。海軍については、保有艦艇の艘数、総トン数、搭載火力いずれにおいても日本海軍の戦力を上回っていたが、艦船が新旧雑多で速力もまちまちな上に、兵員の錬度も劣っていたために、艦隊行動となると、到底日本海軍にたち打ちできるものではなかった。清国軍はこのように、軍隊としての資質において、富国強兵政策のもとで力をつけてきた日本軍の敵ではなかった。

しかし、清国軍はもっと基本的な弱点を抱えており、実はこれが敗戦の根本的原因であった。それは彼らが中央政府直属の軍隊ではなく、直隷総督（北京・天津を含む直隷省の長官）兼北洋大臣である李鴻章が集めた傭兵の集団であり、彼の私兵的な色彩が強く、およそ近代的な意味あいにおける国民軍とはほど遠い実態だったことである。李鴻章にしてみれば、この軍隊は国内における自己の権力基盤であるので、これが潰滅することは、とりもなおさず国内での権勢を失うことになりかねない。そこで李鴻章はもっぱら避戦論を唱え、欧米の干渉によって日本の開戦を阻止せんと策し、作戦計画をはじめとする戦争準備には消極的姿勢に終始したのである。

これに加え、そもそも満州族の王朝である清朝自体が漢民族と対立する封建権力であり、しかもその勢威は落ち目になっていたので、漢民族が大多数を占める国民に対して、祖国防衛のために決起と団結を促し得る状況ではまったくなかった。中国の国民一般の受けとめ方としては、日清戦争は李鴻章と日本との争いとしか見られていなかったのである。これでは清国将兵の士気が奮わなかったのも致し方ない。

その後三六年を経て勃発した満州事変（一九三一年）において、日本軍の攻撃を受けた東北軍もほぼ同様の状況にあった。東北軍は張学良が父の張作霖から受け継いだ軍閥軍であり、国内における自己の権力基盤だったのである。そこで、事変の発端となった柳条湖事件が起きた時、張学良は配下の軍勢が日本軍との戦闘によって消耗することは、自分の政治的地位の弱体化を招くので、無抵抗、退却を旨とすべしとの命令を発し、他方において、国際連盟による対日圧力にもっぱら事態の収拾を期待した。このため、関東軍は兵力において圧倒的な劣勢にあったにも拘わらず、戦闘らしい戦闘もないまま、容易に支配地域を拡大することができたのである。

当時の日本の大衆はこうした事情を理解せぬまま、結果としてもたらされた戦果にのみ目を奪われ、ただひたすら中国軍は弱いとの〈思いこみ〉に陥り、これが中国蔑視の風潮を招く主な原因となったのである。もしこの時、日本人一般が対中国人侮蔑感に陥ることなく、なぜ中国軍は負けるのかという、中国側の実情にもっと目を向けていれば、もう少しまともな認識をもつことができたであろう。

当時の中国は、ナショナリズムの覚醒のもとに、統一国家の実体を備えていく趨勢にあり、しかも日本の中国進出への反発で強まる反日ナショナリズムによって、その趨勢は一段と加速されつつあった。中国国民大衆の頭の中で、民族国家としての実体を整えつつある中国が徐々に明確に意識されだしていたのである。こうした中国側の実情への理解が得られていれば、やがて中国軍が民族主義に目覚めた将兵によって編成されるや、打って変わった戦闘能力を発揮するようになることも、ある程度は予測し得たであろう。

しかし残念ながら、このような認識が日本人には全く欠落しており、いったん抱かれた中国人への侮蔑感のみが定着してしまっていた。これがその後の対中国関係を誤らせ、中国相手の戦争の泥沼にはまりこむ大きな要因となったのである。

こうして日本軍は、一九三一年九月一八日の柳条湖事件で満州事変が始まると、同年末までには、ほぼ東三省全域を制圧する勢いを示した。しかし、翌三二年一月二八日、上海北部で発生した武力衝突に始まる第一次上海事変での戦闘は、それまでと全く様相を異にするものであった。ここで戦った中国軍は、国民党広東派系の第一九路軍三万余で、中国革命軍の中でも実戦経験豊かな精鋭部隊だった。しかも抗日・反日運動が盛り上がっていた南京・上海地区に配置されて以来、将兵たちには抗日意識がみなぎり、戦闘意欲はきわめて旺盛であった。このため、数において劣勢な日本海軍陸戦隊は、たちまち苦戦に陥り、陸軍部隊の応援派兵を仰いで、なんとか停戦を宣言する機会を摑むことが出来たのである。第一次上海事変での日本軍の損耗は、戦死傷者三千余名を数え、この時期までに満州で蒙った戦死傷者の二倍半以上となった。

このように、第一次上海事変で日本軍が対峙したのは抗日民族主義の意識に目覚めた中国革命軍であり、日清戦争や満州事変で相手にした私兵集団同然の軍隊とはまったく異質であることは明らかであった。一九世紀末以降、帝国主義的権益確保に狂奔する列強の重圧が強まる中、中国で勃興した排外民族主義は、義和団事件の原動力となり、辛亥革命を成功させて清朝の崩壊をもたらし、国民党の北伐を支え、国民党に追われた後の中国共産党の延命を可能にした。しかし、日本の一般大衆はもとより、政府当局者、軍部指導者もこの事実を十分に認識することなく、中国蔑視の風潮が続く中で、中国の政治的・軍事的抵抗力を軽視する性癖を脱し得なかったのである。

盧溝橋事件の勃発前年の一九三六年末、中国では「西安事件」が起きていた。蔣介石の国民政府軍に加わって、日本軍に対抗すべく部隊の指揮をとっていた張学良が、毛沢東や周恩来の抗日民族統一戦線結成の考えに賛同し、逆に蔣介石を西安で軟禁してしまったのである。この事件が契機となって、蔣介石は共産党への攻撃をやめ、共産党と一緒になって日本に対抗するよう、手を組むという約束をすることとなった。これは中国のナショナリズムが一つになって、対日抗戦に全力集中することを可能にする歴史的転換点となる重大事件であった。この動きはもちろん日本にも伝えられたが、日本では誰一人その意味合いを十分に理解する者はいなかった。日本人はこの情報に接しても、軍閥の頭領張学良が「下剋上」の権力闘争をして引き起こした事件といった程度に受けとめ、対岸の火事視して呑気に構えていたのである。軍部も外交当局者も中国を馬鹿にして、甘く見る

「中国蔑視」の基本姿勢を変えていなかったのである。

こうして日本は、盧溝橋事件（一九三七年）後の中国への対応を誤り、日中全面戦争に至る拡大化に向けて、突き進んで行く。

一九三七年暮れには南京が陥落し、戦線はさらに伸びて、日本軍は点と線のみを確保する状態で苦戦を強いられ、戦争は泥沼化の様相を呈してくる。こうした中、なんとか事態の打開を図ろうと、和平工作が種々のルートを通じて密かに進められるが、中でも在中国ドイツ大使トラウトマンの工作は、蔣介石と日本軍との間に立って、妥協可能な好条件を打ち出すことにかなりの成算を期しうるものであった。参謀本部もこの工作には乗り気になっていた。ところがこれを頑として撥ねのけたのは総理大臣近衛文麿だった。近衛は「われわれは勝ったのだから賠償を支払え」と言い出して、軍顔負けの強硬な態度をとった。「中途半端な妥協をすると昨年来の犠牲を無意義に終わらしめることとなる。政府側としては、軍部がかくの如き拙策をとって講和を急ぐ真意は理解できない」として、和平工作を突っぱねてしまったのである。

そして翌一九三八年一月一六日、近衛首相は「国民政府を相手にせず」という有名な声明を出すに至る。国民政府を政府として認めない、和平などしないとの声明であり、これで、日本軍がはまり込んでいた泥沼化の深みから抜け出す方途は、完全に断たれてしまった。せっかく参謀本部が乗り気になっていた和平工作の芽を、政府がつぶしてしまったのである。

近衛首相としては、蔣介石政権は相手にせず、蔣介石と反目している汪兆銘を担ぎ出して新たな傀儡政府をつくり、それと国交調整をしようという構想を頭に描いていたのであるが、もとよりそれは中国の現実から遊離した身勝手な妄想に過ぎなかった。

こうして日中戦争の深みにのめり込んで行った日本は、必然的に次の段階に足を踏み入れざるを得なくなる。それは中国を背後から援助しているアメリカ、イギリス相手の戦争への道に繋がっていくのである。そして、こうした一連の経過を顧みると、そこには日本人の優越意識と裏腹になった中国人蔑視の〈思いこみ〉が、常に根強く働いていたことを改めて思い知らされるのである。

一九三〇年代後半、外務次官を務めた堀内干城は、戦後著した自著の中で、過去における日本人のこうした意識への反省をこめて、次のように記している。

「中国との将来関係について（考えねばならぬことの）第一は、現在の中国の政治、経済、社会状態の悪いのは日本の責任だということ、日本国民は常にこの道義的責任について反省すべきであると同時に、今後貿易とか合弁事業とか技術合作、文化交流に当たるにしても、常にこの考えを一切の行動の上に表わしていくことが、両国の合理的な真の関係を樹立するに最も喫緊事である。これに反して中国の困っているのを、中国人の能力や道徳が低いためとしたり、国家観念がないからだとしたりして、冷然たる態度を執るが如きことあれば、両国の将来は過去の独仏のような不幸な運命を招くことは論を俟たぬ。日本国民がこの二つの路線の何れを辿るか、これは日本民族の岐点ともいえると思う。」（堀内干城著『中国の嵐の中で』）

第三章　有色人種蔑視に根ざした欧米人の思考形態

日本を戦争に追いたて、破滅への道に踏み込ませた三つの基本因子のうち、日本の指導部と日本国民一般の側にあった〈思いこみ〉について考察してきたが、いよいよこの章では、相手側、特にアメリカ・サイドにあった因子に目を転じることとなる。そこには、白人優越意識、つまり有色人種蔑視の感情が常に大きな作用を及ぼしてきた相手側の姿が見えてくる。

そこでこの章では、有色人種蔑視に根ざした欧米人の思考形態に照準を合わせ、まずこのような優越意識がどのように形成されてきたのか、その由来を考え、この意識に凝り固まって、何がなんでも日本を戦争に引きずり込もうと打って出たルーズベルト大統領の〈思いこみ〉について考察してみたい。さらにこの白人優越意識に立脚し、連合国側の正当性を誇示するための舞台として設定された東京裁判の実態が、実はどのようなものであったのか、あらためて考え直してみることとする。

1　白人優越意識の由来

ヨーロッパの人たちは、中世の頃までは、非白人外部世界との対比において、とりたてて自分たちの優越性を意識することはなかった。そもそも白人優越感を意識するような状況が存在しなかったし、その必要もなかったのである。

しかし、やがて近世に入り、ヨーロッパが力をつけ、強大な軍事力を誇るようになるに従い、彼らの優越意識が徐々に強まり、非白人世界に対する蔑視の態度が顕在化してくることとなる。

文明世界の辺境にあったヨーロッパ

今日においては、中東や北アフリカのイスラム圏はヨーロッパとは本質的に異質の世界であるとの認識が、世間の常識になっている。ヨーロッパ世界と非ヨーロッパ世界の間に差別の一線を画し、ヨーロッパ文明を上位に置き、それ以外の地域を低く見下すこのような受け止め方は、力をつけてきた近代ヨーロッパ人の発明であり、この認識が世間一般に定着してしまったにすぎない。

しかし、この地域の長い歴史の流れを仔細に観察すると、実は古来、中東・北アフリカ・ヨーロッパは、一つの文明圏として、相互に影響し合い、刺激を与え合いながら発展してきたことが明らかとなる。

エジプト、メソポタミアなどに始まる世界最古の文明は、アッシリア帝国によって統合され、古代オリエント文明が形成された。その後その東に古代ペルシャ（アケメネス朝ペルシャ帝国）、西に古代ギリシャが興り、この両者は軍事・政治的な拮抗を含めて、相互に影響を与え合いながら、深い係わりをもって栄えることとなる。いわゆるペルシャ戦争を「東洋と西洋の最初の決戦」などとするとらえ方は、近代西欧人による恣意的な歴史空間の分断にすぎない。ギリシャは、古代オリエント文明の多くを引き継いだペルシャ帝国に学び、それをさらに発展させ、理論化したのである。

次いでアレクサンダー大王の大征服によってもたらされたヘレニズム文明を経て、その延長線上に、西には古代ローマ文明が花開き、東にはパルチア王国、次いでササーン朝ペルシャ帝国の文明が生まれる。

やがて次の文明の担い手は、アラビア半島から興る。イスラムの誕生である。アラブの大征服はササーン朝ペルシャを呑み込み、古代ローマ文明の主要部分、つまり地中海東岸・南岸・西岸を領域の中に入れて普遍的な文明をつくりだした。

この間、古代ローマの地中海における残存勢力がビザンチン帝国をつくり、ヨーロッパ内陸部はフランク族の一派が支配（カロリンガ朝フランク王国）したが、これは蛮族が勢いを得て、支配領域を広げてきたといった程度の状況で、まだまだ文明の名に値するしろものではなかった。その社会の貧弱な様相からすれば、ヨーロッパは、イスラム教徒主導の一神教諸派複合文明圏の周辺部に位置する辺境にしかすぎなかった。

その後、中世の暗黒時代に至るまでの間、ヨーロッパ文明は沈滞を続け、外部世界との対比においては、はるかに遅れたままの状態にとどまっていた。

十字軍時代、最先端の先進文明の担い手だったのはイスラム世界であり、その文明はヨーロッパに対して圧倒的優位を誇っていた。

十字軍開始の時点では、聖戦を挑むためにヨーロッパからはるばるやってきたキリスト教徒たちは、イスラム世界のことを何も知らなかった。彼らは当初ムスリムについて、「モハメットを神として礼拝する偶像崇拝者で、自分たちがかれらよりはるかにすぐれている」(フィリップ・K・ヒッティ著　岩永博訳『アラブの歴史』講談社) といった程度の認識しかもたずに、中東に乗り込んできた。ところがいざ来てみると、彼らはイスラム世界の予想もしなかったほどの先進性に目を見開かされ、必死になって先進文明移入の努力を払うようになるのである。

ヨーロッパのフランク族は二世紀以上にわたる十字軍の遠征で、シリア、エジプトなどイスラム文明の中心部への進出を図るが、結局は失敗に終わってしまった。遠征は七次にわたって繰り返されたが、いったんは占領したものの奪い返されてしまったエルサレムを再び奪還することはできず、最終的には負け戦となってしまった。それ以降はこの遠征で得た先進イスラム文明の成果を肥やしにして、西欧内部で、その文明形成のエネルギーを成熟させていくこととなる。

十字軍の遠征で自分たちの遅れに気づいたヨーロッパ人は、早速イスラム文明の移入に力を入れ始めた。一一世紀末頃から、アラビア語の文献がラテン語に訳されて、イスラム文明を片っ端から吸収する努力を傾けるようになる。医学、天文学、化学、地理学、数学、建築などの分野で、ヨーロッパ人はアラビア語の文献から知識を吸収し、自分のものにしようとした。イラン系のイブン・スィーナーは、中世ヨーロッパのスコラ哲学にそもそもの土台を与えたばかりか、一七世紀頃まで、彼の書いた「医学典範」のラテン語訳が西欧の大学で医学教科書として広く使われていた。ギリシャ文明の遺産はアラブを介して、初めてヨーロッパに伝えられた。

こうしてヨーロッパは十字軍時代とそれに続く時期、イスラム文明とムスリムを通じて伝えられる古代文明の遺産を貪欲なまでに吸収した。そしてルネッサンスの開花となり、やがて産業革命を経て、近・現代ヨーロッパ文明が実を結ぶことになるのである。

優越意識の芽生え

このように、イスラム世界の文明を精力的に移入していた頃のヨーロッパ人には、まだ白人優越意識はなかった。そもそも発端となった十字軍の遠征が負け戦となったのだし、自分たちの遅れに気づいて彼ら自身が文明開化中だったわけであるから、優越意識を抱くなど思いも寄らなかったのである。

もともと強烈な選民意識に根ざしたユダヤ教の流れを汲むキリスト教徒の間には、自分たちは「神の子」イエスにつき従うことにより、神の家族に仲間入りしているとの思いはもたれていたが、それがとりたててヨーロッパ人の優越意識となることはなかった。

やがて西欧世界は中世の停滞を脱し、農業における三圃制《さんぽせい》（three-field system 農地を大麦などの夏期耕地、小麦やライ麦などの冬期耕地、牧草地に当てる休耕地に三分し、一年ごとに順次この三つの割り振りをシフトさせる制度で、中世イギリスに始まり、一二世紀頃にはフランク王国のロワール河一帯にも広がり、農業生産を高めた）や商人の台頭などで徐々に力をつけ、軍事力を蓄え、独自の文明形成が進展してくる。

そしてルネッサンスを経て、自分たちの文明こそ優れた文明だとの自信をもつようになるに従い、ヨーロッパ人の優越意識が段々と芽生えてくることとなる。憧れと畏敬の念で見られていた中東イスラム世界の人々は、徐々に差別、敵視、排除の対象へと転じていくのである。

やがて彼らが、植民帝国主義の波に乗って外部世界への進出を開始し、ひとたび中東や北アフリカを軍事的に制圧すると、一転してこれら地域の人たちを見下し、その文明を侮蔑の目で見るようになる。

西洋文明こそ錦の御旗

ヨーロッパ人たちが外部世界への進出に当たり、自分たちの勢力伸張を正当化する基本理念として掲げてきたのは、常に西洋の価値観であった。もちろん、海外進出の直接的な動機は富の獲得であり、そのための覇権の確立だったわけだが、自分たちの行動のよりどころとなる表看板として掲げる基本理念には、きれい事を並べる必要がある。つまり行為を正当化する大義名分は、誰しも納得する、格好いいものでなければならない。そこで前面に持ち出したのが彼らの価値観だったのである。

まず一五〜一六世紀には、対外進出のよりどころはキリスト教の布教であった。森羅万象に神が宿るとするアニミズムはもとより、多神教はすべからく一神教により征服さるべき未開野蛮な信仰として、邪教の烙印を押され、キリスト教のみが「正義」であり、「善」であると考えられた。こうして異教徒の征伐と改宗に乗り出すポルトガルとスペインの王には、ローマ法王庁から「教皇大勅書」が授けられ、征服地の領有、貿易や漁業の独占権、原住民の奴隷化が認められたばかりか、手厚い支援すら与えられた。

コロンブスのアメリカ大陸発見が口火を切ったポルトガル、スペインの中南米進出では、インディオは虫けらのごとく扱われ、徹底した先住民の抹殺が行われた。征服時に大量殺戮が行われたのに加え、生き残ったインディオたちは奴隷にされて家畜同然の扱いを受け、使い捨ての消耗品として酷使されたので、ばたばたと死に絶えていった。一四九二年のコロンブスによるアメリカ大陸発見後、ピサロがインカ帝国を征服した一五七〇年頃までに、中南米、カリブ海一帯のインディオの人口は、約一〇分の一に激減してしまったのである。

インディオを獣《けだもの》なみに扱う彼らの残忍な振る舞いは、これを目撃したドミニコ教団司祭の次のような記録にも残されており、はからずも彼らのインディオに対する見方をまざまざと窺わせている。

「数人のキリスト教徒が乳飲み児を抱いた一人のインディオの女と出会った。彼らは連れていた犬が腹を空かせていたので、母親の手から子どもを奪い、生きたまま犬に投げ与え、犬は母親の目の前で、それをがつがつ食いはじめた。出産して間もない女たちが捕虜の中にいたとき、もし赤ん坊が泣き出すと、スペイン人たちは子どもの足をつかんで岩に投げつけたり、密林の中に投げこんだりして、赤ん坊が確実に死ぬようにした。……現場監督の誰もが、その配下にあるインディオの女と寝るのを習慣にしていた。気に入れば、既婚であろうと未婚であろうと、監督はインディオの女と小屋に泊まる。一方、その女の夫は山から黄金を掘る仕事に送り出された。夕方送り出された男が戻ってくると、持ち帰った黄金の量が少ないといって、打ち据えられたり鞭を当てられ、それればかりか手足をくくられてベッドのそばに犬のように投げ倒され、そのすぐ上で監督が彼の妻と横になっていることがよくあった。」（平間洋一著『日露戦争が変えた世界史』芙蓉書房出版に所載のバージャー著『コロンブスが来てから』）

一六世紀のポルトガルの年代記作家、ジョアン・デ・バロスは「元来、海は航海する者すべてに共有されるが、それはローマ教会の信仰を受け入れ、ローマ法で統治されるキリスト教徒にのみ適用される権利で、東洋では守る必要がない」として、ポルトガル艦隊が軍事力により、東洋の海の支配者となっていることの正統性を述べている。

一七世紀以降、オランダ、次いでイギリス、フランスによる海外制覇の時代になると、宗教改革の進展もあり、ローマ法王庁のお墨付き万能の時代ではなくなった。そこで浮上したのが、西洋文明の絶対的な優越性を確信する立場から、西洋的価値観に至上の優位的位置づけを与えんとする考え方だ。信仰上のキリスト教至上主義から、文化全般にわたっての、西洋的価値観至上主義となったのである。しかもこの時代、遅れをとって植民地獲得競争に参入した国々は、スペイン、ポルトガルに対抗するために、「国際法の父」と呼ばれるオランダのグロティウスが考え出した「先占」(occupation)の原則を大いに活用した。それは、「たとえその地域を事実上支配する住民がいても、国際法の主体たり得る国家によって支配されていない限り、無主の地であり、最初に実効支配した国家の領有が認められる」とする原則で、ヨーロッパ諸国が植民地を拡大する際の論拠とされた。なんのことはない、「西洋文明の国に非ずんば、国家に非ず」というわけで、たとえ現地の王様が統治していようが、西洋文明の国でない限り、そんなものはお構いなく植民地にしてしまえというのである。

それでもなお一七、一八世紀頃までは、ヨーロッパの人たち、ことに知識人たちは、自分たちの文明が、ユーラシア大陸規模の文明の交流の中で、ことにイスラム文明の影響・刺激を受けて形成、進歩してきたことをなんらかの形で弁えていたので、彼らの意識の中にはまだ異文化、特にイスラム文明に対する畏敬の念が幾分かは残っていた。

ところが、ヨーロッパ勢が七つの海を征覇して、強固な植民地支配体制を固めるに従い、彼らの白人優越意識は募る一方となり、強烈な有色人種蔑視の感情が凝り固まっていった。

やがて西洋文明の優越性を説く彼らの考え方は、ダーウィンの進化論の影響も受けて、「文化進化論」へと体系化される。この理念が「社会ダーウィニズム」と称される所以である。世界の諸民族は「野蛮」から「半開」そして「文明」へと進化の道を歩む。その過程では激しい生存競争が展開されて、「文明開化」に失敗した民族には「滅種」すなわち民族としての存続そのものの危機が待ち受けている。こうして人類の文化は一直線上を徐々に進化して向上するものであり、一番高度な進化の頂点に達しているのが西洋文明であるとする考えである。西洋以外の文化は、単に進化の低い段階にとどまっている、野蛮な未開文化とされ、それぞれの独自性、つまりカルチュラル・アイデンティティーが認められることはなかった。認められないどころか、そもそもこの時代、唯一西洋文化のみに価値が置かれたので、カルチュラル・アイデンティティーという観念など存在する余地すらなかったのである。

そして進化の遅れた文化状態にある無知蒙昧の野蛮人たちに、有難い西洋文明の恩恵をもたらすことこそ、植民帝国主義者が担う「文明開化の使命」(mission civilisatrice) だとされた。西洋文明以外には、一切独自の価値を認めないこの考えは、キリスト教のみを「正義」、「善」であるとした一五～一六世紀の理念と西洋人の独善である点において全く変わりない。とりもなおさず西洋人の〈思いこみ〉に他ならない。

こうして植民帝国主義列強が覇権争奪戦を展開した近代においては、白人の優越意識は揺るぎないものとなり、上海租界の公園に立てられていたとされる「犬と支那人は立ち入るべからず」の立て札が物語るように、欧米人の有色人種蔑視の感情は、白人以外を人間扱いしないところまで、高まっていたのである。

西洋列強の植民地支配の中でも模範的な成功例とされる英国のインド統治においても、白人の現地人蔑視は徹底したものであった。ちょっとでも意に染まないインド人がいると、容赦なく射殺してしまうことは日常茶飯事だった。そんな時、一応形だけの裁判は行われるが、英国人は「狐（または熊、猪、猿）と間違えて撃った」と言えば、なにがしかの罰金刑で済まされるのが常であった。こうすることにより、植民統治者は自分たちに反抗するとどうなるかをインド人に知らしめたのであろう。汽車ではインド人がイギリス人と同じ車室《コンパートメント》に同席することは許されなかった。同じ等級の切符を持っていても、イギリス人は一人で六人掛《が》けのコンパートメントを独占し、インド人は一室に一〇人でも一五人でもぎゅうぎゅう詰めに押し込まれた。空いているコンパートメントがないと、イギリス人は先客のインド人たちをまるで犬を追い払うように立ち退かせ、そこを独占した。

戦後、捕虜としてビルマ英軍収容所に強制労働の日々を送った歴史家、会田雄次の名著「アーロン収容所」には、次のようなショッキングな話が出てくる。

「その日は英軍の女兵舎の掃除であった。……私たちが英軍兵舎に入るときは、たとえ便所であろうとノックの必要はない。……ノックされるととんでもない格好をしているときなど身支度をしてから答えねばならない。捕虜やビルマ人にはそんなことをする必要はないからだ。イギリス人は大小の用便中でも私たちが掃除しに入っても平気であった。……
その日、私は部屋に入り掃除をしようとしておどろいた。一人の女が全裸で鏡の前に立って髪をすいていたからである。ドアの音にうしろをふりむいたが、日本兵であることを知るとそのまま何事もなかったようにまた髪をくしけずりはじめた。部屋には二、三の女がいて、寝台に横たわりながら『ライフ』か何かを読んでいる。なんの変化もおこらない。私はそのまま部屋を掃除し、床をふいた。裸の女は髪をすき終ると下着をつけ、そのまま寝台に横になってタバコを吸いはじめた。
入ってきたのがもし白人だったら、女たちはかなきり声をあげ大変な騒ぎになったことと思われる。しかし日本人だったので、彼女らはまったくその存在を無視していたのである。」（会田雄次著『アーロン収容所』中公新書）
白人にとっては、有色人種は動物並み、虫けら同然なのである。日本人捕虜など、犬か猫と同じにしか意識されていないので、女性が裸のところを見られようが、なんとも思わないのである。

2　日本を戦争に引きずりこんだルーズベルト大統領の〈思いこみ〉

こうした中で有色人種の国、日本が着々と近代化を推進して、日清、日露の戦勝国として頭角を現し、列強の仲間に割り込んできた。これは、それまで植民帝国主義列強を独占してきた白人世界からすれば、目障りでならない。欧米のマスメディアの論調も、欧米人一般の世論も、日本への風当たりを強めていく。黄禍論が盛んにもてはやされ、米国では排日移民法ができ、やがて第二次大戦が始まると、日系人収容となるのである。

前章で触れた朝河貫一博士は、日露戦争後における米国人の日本に対する感情の変化につき、次のように論じている。

「日露戦争当時から米国人の一部に黄禍論はあったが、それは主として経済的黄禍論であった。ところが戦後わずか三年の今日、日本黄禍論は米国人一般に広く普及し、しかも政治的色彩を帯びてきている。一部の米人は、勝ちて驕《おご》らざる国あることなしという理より、日本の驕慢《きょうまん》を予想していたが、果たせるかな満州および韓国における戦後の日本の行動について伝えられるところがこの予想と一致したが故に、一般人士もこれを信ずるようになってしまったのである。」(朝河貫一著　前掲書より筆者が論旨を要約)

こうしてアメリカ人が東洋を見る目は日露戦争を境に激変した。朝河博士はさらに記している。

「圧政者たる露国はしばらく去り、これに代わる小なる日本は一躍東洋の雄国となりて、……韓と清とを圧しつつありという。これにおいてか米人の憎悪はすでに露国を去りて、稍々《しょうしょう》（しだいに）日本に向かわんとし、またその同情は明らかに日本より転じて清韓に向かえり。」（朝河貫一著　前掲書）

そしてやがて起こる大東亜戦争勃発の大きな原因となったのが、白人世界、ことにアメリカ人の白人優越意識、つまり裏を返せば有色人種蔑視の感情という〈思いこみ〉にあったことは疑いない。ヨーロッパで始まった第二次世界大戦では、当初枢軸側が目覚ましい戦果を挙げつつあり、アメリカの参戦が戦局の帰趨を左右する鍵となっていた。こうした状況下、ルーズベルト大統領は、日独伊の三国条約締結という事態を受けて、まず日本を戦争に追い込み、これを奇貨として欧州でも参戦するという腹を固めることとなる。

畢竟、ルーズベルト大統領にとって、日本は価値観も信条も自分たちとは相容れない異民族、異文化の非白人国家にすぎない。このような有色人種の国が、日露戦争勝利の勢いをかって、アジアにのさばってきたのは、目障りでならず、面白くないとかねがね思っていた。大統領は、欧州の戦乱が風雲急を告げるこの時期こそ、この目障りな新興国家を徹底的に叩きのめす好機到来と考えたのである。

その第一歩は、大統領が一九三七年一〇月五日にシカゴで行った「隔離演説」といわれる演説であった。国際秩序、国際法を破壊しようとする勢力の脅威があることに警告を発し、「無法という疫病」が国際社会に蔓延し始めており、社会の健康のためには「病人を隔離」する必要があるので、アメリカはその必要性を認め、隔離する努力に参加するという決意を明らかにしたのである。

当時、米国はまだ孤立主義を続けていた。国際法を踏みにじる国が幅を利かしてきたというのなら、国際的に制裁を課すべしということになる。しかし孤立主義に徹してきたアメリカとしては、外部世界に手を出すことには与論が承服しない。そこで大統領は国際法の用語にない「隔離」という防疫のための言葉を用いて、はぐらかしたのである。与論を抱き込むための一種のトリックである。現に大統領はオフレコの記者会見では、「隔離演説」について、「新らしいやりかた」であると述べ、「道義的非難以上の行動を含む」ものであることを明らかにしている。こうしてルーズベルト大統領はこの一歩を手始めに、与論対策に周到な気配りをしながら、目的に向けて次々と布石を打っていくこととなる。

その後米国は、日米通商条約の廃棄、重要物資の禁輸、日本資産の凍結と、矢継ぎ早に日本を締め付ける制裁措置を打ち出し、交渉の席では、三国条約についての日本の真意を執拗に質しつつ、中国の門戸開放、アジアにおける領土保全（つまり日本の全面撤退と権益の排除）という、日本が到底呑めない要求を突きつけて、日本を戦争に追いやった。

米国の日本資産凍結（一九四一年七月二六日）は日本の南部仏印進駐（実施は同年七月二八日だが、ウェルズ国務次官は七月二三日の野村大使との会談で、この点についてすでに警告していた）に対する報復として行ったものであるとされており、東京裁判においても検察側はそのように主張した。しかしこれに対し、弁護側は、同年七月二日にワシントンで日米交渉に関係する米側の実務者五名が会談した時の会談記録を証拠として提出し、検察側の主張を反駁した。この会談記録には、米国モルガン商会が米国務省官辺筋から得た情報として、米国政府は近く日本資産凍結を行う計画であることが記されているのである。この会談録は、日本資産凍結が日本の南部仏印進駐に対する報復措置だったとする検察側の主張を完全に覆し、米国政府が日本の南部仏印進駐の三週間以上も前に、すでに日本資産凍結を計画していたことを示す貴重な証拠となったのである。

こうした経緯《いきさつ》からも、ルーズベルト大統領が、日本の出方いかんにかかわりなく、何がなんでも日本を戦争に引きずり込もうとしていたことが明らかに見てとれる。そして、事態をその方向に仕向けるために打った布石が、まさにたび重なる日本への締めつけや日米交渉での強硬姿勢だったのである。日本を完膚なきまでに打ちのめそうと決め込んでいたルーズベルト大統領の考えは、日本がどう出ようと動かない決意に凝り固まっており、〈思いこみ〉に陥っていたと言うほかない。

まさしくルーズベルト大統領の発想は、九・一一事件の後、ブッシュ大統領がイラクを叩く決意を固め、国連決議が有ろうが無かろうが、大量破壊兵器が見つかろうが見つからなかろうが、ともかく持ち前の一国行動主義（ユニラテラリズム）でイラク戦争に乗り出し、サダム・フセインを引きずり下ろす道をまっしぐらに突き進んでいった状況と〈思いこみ〉という点では軌を一にしている。ルーズベルト大統領にとっては、日米交渉は、単に日米開戦を演出する舞台装置のひとつでしかなかった。従って、仮にあの時、東條英機以外の誰かが首相になっていて、仮にハル・ノートを日本が呑んだとしても、結局日米戦争は避けられなかったであろう。日本を懲らしめるという筋書きはもう大統領の〈思いこみ〉となっていたのであるから、ハル・ノートで日本を窮地に追い込むという舞台装置がうまく機能しなければ、必ず別な手立てを用意して、何がなんでも戦争にもち込んだに違いない。

日本の対米最後通告の米側への手交が真珠湾攻撃開始に遅れ、これが「リメンバー・パールハーバー（真珠湾を忘れるな）」、「真珠湾の騙《だ》まし討ち」として喧伝《けんでん》され、米国民の結束をもたらし、大統領にとって戦争遂行の大義名分となったことは、よく知られている。

しかしこの遅れは外務官僚の事務処理上の齟齬によって発生したものであり、日本の当局者はあくまで国際法を遵守して行動する決意であったことは、東京裁判の審理の中で明らかにされている。証人台に立った嶋田被告（東條内閣海軍大臣）は検察側の質問に答え次の通り明快に証言している。

「日本海軍は、いかにして国際法を遵守すべきかという事に非常に苦心してきた。対米最後通告に関しては国際法の最も厳格な遵守を希望しており、軍令部も連合艦隊も、国際法の遵守は予め私に固く誓っている。機動部隊が、アメリカには通告が当然届いており、ハワイのアメリカ各部隊が日本艦隊の来るのを待ち受けている心算で乗り込んだ事は、本法廷で証言された通りである。

対米最後通告が遅れたのは全く外務官憲の手落ちによるものであって、海軍がなんら責任をと

り得ない立場にあったことは明らかである。」（冨士信夫著　前掲書）

しかもこの遅れの問題を巡っては、東京裁判における審理の過程で、奇妙な事実が判明している。米側はこの対米最後通告の内容もその手交時刻も、日本の電信を傍受、解読し、事前に承知して、対応策を練っていたのである。開戦当時、米陸軍省作戦局軍事諜報部極東課長だったブラットン大佐が提出した宣誓口述書によれば、米側は真珠湾攻撃開始の三時間前には傍受電を解読して、必要配布先への配布を完了しており、軍首脳は、日本が覚書手交直後に太平洋上で戦闘行為を起こすだろうとの予測で一致し、対応策を協議していた。そしてマーシャル参謀総長はハワイ防衛司令官にも警告電報を発出し、その電報の末尾には「海軍当局にも本通告を伝達せよ」と記されていたのである。

しかし、この警告電報はハワイ防衛司令部から海軍側に伝えられず、日本軍の攻撃は完全に成功した。在ハワイ海軍部隊が奇襲攻撃を予想し、対応策を講じた形跡は全く見当たらない。この不可解な事態がなんらかの偶発的な手違いによるものなのか、あるいは意図的に仕組まれた要素がそこに介在していたのか、事態の真相は依然不明である。この点、冨士信夫は自著の中でこう述べている。

「ルーズベルト大統領をして『これは戦争を意味する』と言わしめた日本の傍受電により、開戦時期の切迫をひしひしと感じていたはずの米国が、事ハワイ所在海軍部隊に関する限り、なぜ一切戦争の圏外に置こうとしたと第三者に感じさせるような措置をとったのか。

たとえ戦争になっても、よもや日本海軍が真珠湾に攻撃を仕掛けてくる事はあるまいとの判断からくる油断だったのであろうか、それとも、日本の真珠湾攻撃もあり得ると判断し、予知していながら、全米国民を戦争に向けて一致団結させるためには、真珠湾奇襲攻撃成功という餌を日本に与えるのもやむなしと判断し、在ハワイ海軍部隊には、日本軍の攻撃への対応策を一切とらせないように仕向けたルーズベルト大統領の一大謀略によったものだったのであろうか。」（富士信夫著　前掲書）

私は、ここにルーズベルト大統領による一大謀略という匂いを強く感じずにはいられない。いずれにせよ、真珠湾攻撃はルーズベルト大統領が希求していたものであり、これが成功すれば、大統領にとって願ったり叶ったりの状態が得られることとなるのは間違いなかった。

こうして有色人種の国、日本を完膚なきまでに叩きのめす戦争に踏み込んだアメリカは、東京大空襲をはじめとする大都市無差別攻撃や広島・長崎への原爆投下により非戦闘員である一般市民の大量殺戮を平然とやってのけた。しかも、こうした殺戮はヒットラーのホロコーストなどのような例外的事態で起きたのではなく、「正義」の名のもとに、なんら罪悪感を持たれることなく行われているのである。広島・長崎の原爆投下も、「戦争が長引いて、より多くの犠牲者を出さないため、良いことをやったのだ」との理解であり、悪い虫けらがはびこって、害を及ぼさないよう退治したという程度に受け止められている。

広島・長崎の原爆投下は、ドイツが先に降伏したため、日本に落とされることになったのだと受けとる向きもあるが、そうではない。アメリカは真珠湾攻撃の頃から、巨費を投じて原爆製造にとりかかり、一九四三年五月頃には製造のめどがついていた。当時はまだドイツが戦っていたのであるから、ドイツが標的として考えられたかというと、そうではなく、実はこの時点ですでに日本が標的と決められていた。そして一九四五年七月一六日、ニューメキシコ州アラモゴードで人類初の原爆実験を成功させ、いよいよ投下作戦実施の運びとなる。

そして広島・長崎に言語を絶する惨禍がもたらされることとなった。これも日本が七月二六日のポツダム宣言を拒絶したので、アメリカは原爆投下に踏み切ったのだと一般に考えられているようだが、実は違っている。ポツダム宣言が出される二日前の七月二四日に、ポツダム宣言とは関係なく、「八月三日以降で天候条件の良好な日を期して、広島、小倉、新潟、長崎のいずれかに投下せよ」との投下命令がすでに出されているのである。

未曾有の破壊力を有する無差別大量殺戮爆弾を使用する標的は、有色人種の国と初めから決められており、何はともあれ、これが実行に移された。このことは、まさに有色人種蔑視に根ざした欧米人の思考形態をなによりも如実に物語るものと言わざるを得ない。

3 東京裁判の実態
――戦勝国が演じた「正当性御披露目興行」――

以上に見てきたような欧米人の有色人種蔑視に根ざした思考形態を如実に反映しているのが東京裁判（正式には極東国際軍事裁判）である。

人類が過去の歴史の中で犯してきた過ちはたくさんあるが、その中でも一九四六年五月三日から四八年一一月一二日までの二年半にわたって行われたこの裁判は、二〇世紀の歴史に刻まれた最大の汚点の一つと言える。戦後の日本が抱え、苦吟してきた多くの問題は、ほとんどすべて東京裁判に端を発していると言っても過言ではなく、その後遺症は今日なお消えていない。

人類の歴史を顧みると、なるほど過去の戦《いくさ》においては、勝者が敗者を好き勝手に扱うことがなされてきた。首領の首を刎ねるのはもとより、敗者の資産を全部奪ったり、奴隷にしたりして、これを「勝利の美酒」と言ったりした。ひどい時は一人残らず皆殺しにすることさえ珍しくなかった。

古代ローマ史を読むと、「カルタゴの平和」というのが出てくる。カルタゴは地中海を股にかけて貿易を得意とするフェニキア人の植民地で、紀元前三～二世紀頃、今のチュニジアあたりに栄えた。地中海の海上権を欲しいままにしていたカルタゴは、ローマとの間でシシリー島の支配権をめぐる争いを起こし、これがきっかけとなって、戦争をすることとなった。ポエニ戦争である。ポエニ戦争は紀元前二六四年から一四六年にかけて三回戦われた。一回目も二回目もローマは勝ったのだが、カルタゴは得意の貿易に物を言わせて、たちまち敗戦から息を吹き返し、繰り返し戦いを挑んでくる。そこで三回目の勝利を得たローマは、カルタゴが存在するからローマの平和が脅かされるのだと考え、カルタゴを地上から根こそぎ抹殺することにした。カルタゴを火の海にして徹底的に破壊し、女、子供に至るまで一人残らず皆殺しにした。こうしてローマはやっと平和を手にすることができた。そして、これが「カルタゴの平和」と言われるようになった。

勝者が敗者を抹殺してしまった事例は、アジアや中近東の古代史でも、十字軍の歴史やヨーロッパ勢の南北アメリカ大陸征服史の中でも、枚挙に暇がなく、人類の過去の歴史においては、征服者が「勝利の美酒」に酔いしれることが、むしろ当たり前とされてきた。しかし、近代法はこのような勝者のやりたい放題を厳しく禁じている。

戦争においては、正しい方が必ず勝ち、悪い方が必ず負けるとは限らない。悪が勝利し、正義が敗退することだって起こりうる。したがって、「勝てば官軍」、勝った側が常に正しいという論理は成り立たない。戦争に勝ったからといって、敗者を勝手に裁く資格などないことに人類は気づき、国際法はこのような暴挙を許していない。

東京裁判は一体何だったのか。それは勝者が敗者を、勝者の独善的な論理で断罪する裁判、まさに国際法上、全く認められない裁判だったのである。しかも、裁判制度としても、軍事裁判とはいえ、近代国家の司法制度たるにふさわしい公正さは欠落した、恣意的な裁判だった。ここに東京裁判の根本的な過ちがある。

東京裁判はアメリカをはじめとする戦勝国側が、自分たちは正しかったのだと国際社会に誇示するためにしつらえた舞台だったのである。自分たちが正当であることを示すには、対極となる悪が必要となる。その悪を敗者の側に押しつけて、日本を徹底的に断罪した。

そこには白人世界の優越意識、つまり裏を返せば、有色人種蔑視の感情が色濃く滲《にじ》み出ている。なるほど、戦勝国側を代表して裁判官席に着席した一一人の顔ぶれの中には、中国、印度、フィリピン、シンガポールの四人の有色人種が含まれていたのは事実である。しかし、裁判は白人ペース、ことにアメリカの意向を強く反映して進められ、インドのパール判事の正論が顧みられなかったことでも明らかな通り、欧米戦勝国が有色人種の国日本を断罪する裁判だったのである。

特に占領統治に当たるアメリカとしては、日本人に「すべてはお前たちが悪かったのだ」と思い知らせ、屈辱を嘗めさせることにより、贖罪意識を植えつけ、日本を無力化することが最大の狙いであった。正・邪を明らかにするには、公平で客観的とみられるような一定の手続きが必要となる。そこで、国際裁判という、一見公正であるかのように装った形式を用いることにした。それが東京裁判なのである。

中條高徳氏は自著の中で、「東京裁判はアメリカをはじめとする連合国側が、自分たちが戦争をしたのは正当であるとアピールするために仕組んだショーである」（中條高徳著『おじいちゃん戦争のことを教えて』致知出版社）と述べている。まさに言い得て妙、全くその通りである。中條氏のこのとらえ方にヒントを得て、私も本項のサブタイトルを「戦勝国が演じた『正当性御披露目興行』」

とさせていただいた。

東京裁判が通常即決を旨とする軍事裁判でありながら、審理に約二年半をかけたのも、自分たちが正しく、日本がすべからく悪であることを世界に向けて、特に日本人にアピールし、浸透させるために必要な時間だったのである。

こうして戦勝国側は、正当性アピールのために、裁判というやり方を用いて、公平性、客観性を装おうとした。しかし実態は、うわべに装った公平性、客観性とはほど遠い、勝者のやりたい放題だった。連合国は文明を自認していながら、彼らの仕組んだ裁判は、文明国にあるまじき汚点だらけの欠陥裁判だった。

東京裁判を論じた本は数多く世に出ており、裁判の様子はこれらの本で詳しく紹介されているので、本書では裁判の経過に詳しく立ち入るのは差し控え、欠陥裁判であることを如実に物語る幾つかの特徴に的を絞って記述してみたい。数ある出版物の中でも、すでに何回か引用した冨士信夫著『私の見た東京裁判』(講談社)は特に参考になる。冨士信夫は海軍少佐で終戦を迎え、戦後第二復員省で大臣官房臨時調査部法廷係りとなって、東京裁判をほとんど一日欠かさず傍聴席からフォローし、政府に報告した人物であり、上下二巻、千ページを超えるこの大著は、臨場感あふれる名著である。以下、私も主としてこの本を参考にしながら話を進めていくこととする。

事後法で裁いた暴挙

あり得べからざる大欠陥として真っ先に挙げなければならないのは、「事後法」の適用である。裁判であるからには、裁くためのよりどころとなる法律が必要である。ところが、東京裁判で根拠として用いられた法、そこに盛り込まれた「平和に対する罪」は「事後法」であった。つまり、裁く段になって、急遽東京裁判のためにつくられた法律なのである。

近代法では、「法の不遡及」が大原則となっており、「事後法」の適用を厳しく戒めている。つまり法律ができる以前の行為は咎められないという原則である。考えてみれば、当たり前の話で、ある行為を禁止する法律が制定されても、その法律ができる以前になした行為は、未だなんら違法性をもたないから、これについて罰せられることがあってはならない。仮に将来「タバコ禁止法」ができて、麻薬同様タバコは人体に有害だから、この禁を犯した者は厳罰ということになったとする。法律の施行以降は誰しも注意して、タバコをやめるであろうが、施行前の今現在タバコを吸っている人たちまでも、この法律が遡って適用され、かたっぱしから牢屋にぶち込まれるのではたまらない。

日本が受諾したポツダム宣言の第一〇条には「……吾等ノ俘虜《ふりょ》ヲ虐待セル者ヲ含ム一切ノ戦争犯罪人ニ対シテハ厳重ナル裁判ヲ行フベシ……」と述べられており、これを受けて、連合国軍最高司令官マッカーサー元帥は、一九四六年一月一九日、極東国際軍事裁判所条例を発布した。これが東京裁判が拠《よ》って立つ「法」となった。そしてこの條例が犯罪として列挙した項目の筆頭に「平和ニ対スル罪、即チ宣戦ヲ布告セル又ハセザル侵略戦争若《もしく》ハ国際法、條約、協定又ハ保証ニ違反セル戦争ノ計画、準備、開始又ハ実行若ハ右諸行為ノ何レカヲ達成スル為ノ共通ノ計画又ハ共同謀議ヘノ参加」が挙げられているのである。当時の国際法に存在しない「平和ニ対スル罪」なるものを東京裁判での犯罪として規定するような権限がマッカーサー元帥にあったのか、そもそも問題であるが、何よりも「平和ニ対スル罪」なるものを新たに定め、これを遡及させて、被告たちの過去の行為に適用しようとするのだから、こんな理不尽な話はない。公判では、弁護側が動議を提出して、この問題を鋭く追及し、法律論争を展開した。しかし、これを受けて立ったキーナン主席検察官は、日本は無条件降伏したのだから、一切文句を言うなといわんばかりの、感情的、政治的な発言で応酬し、結局弁護側の動議は却下された。

東京裁判は急ごしらえの「平和に対する罪」という事後法をもち出して、最初から決めていた結論にもっていくための裁判だったのであり、まさに自分たちは正しかったということをアピールし、印象づけるためのショーにしかすぎなかったと言わざるを得ない。そこには、公平性や客観性など初めからなかったのである。

裁判での最重要被告と目されていた東條被告の最終弁論は、自衛権行使との関連において、事後法の適用がいかに不当であるかを際立たせた。東條は最終弁論において、「平和に対する罪」等、広汎な問題に触れた後、特に自衛権の問題に説き及んで、次の通り述べた。

「自衛権の存否を、これを行使する国家以外の者が判断するという事は、明らかに遡及法の適用となる。ことにその判断者が、自衛権の行使により攻撃を受けた国家、またはかかる国家により任命された者である場合は、一般の遡及法の適用より以上の不公正であり、かかる事は国際法のとうてい許す事のできないところである。

パリ不戦条約草案者（ケロッグ米国務長官）は自衛権の行使は当該政府のみが判断するといっており、（日米交渉でも）米国務長官は右の見解を支持した。

戦後になって、自衛権行使の当否は右権利行使の当該政府以外の者が判断するという言い分は、それ自体遡及法を適用しようとするものであるばかりでなく、その判断者を、だれであろう自衛権の行使により攻撃された国々から指名された者とすることは、條理の許さないところである。

……

無差別爆撃と原子爆弾の投下により日本を屈伏させる事に成功した連合国は、日本人は国民として奴隷にはしない、戦争犯罪人に対しては厳重な裁判を行うとの約束の下に、降伏文書に署名させた。もしこの裁判で、自衛権行使の判断が開戦当時の国際法の解釈に拠《よ》らないで、その自衛戦争によって攻撃された相手国の指名を受けた者が集まって決定するという事であったら、それは被告から自由人に賦存《ふそん》の人権を剝奪するものであり、彼等を奴隷と同じ地位に置くものであって、ポツダム宣言の明白な侵犯である。」（冨士信夫著　前掲書）

このように東條被告は、異論の余地のない、まことに明快な論理を展開したが、この最終弁論も結局無視され、被告たちは「侵略戦争」のために共謀したという、あらかじめ決められていた通りの筋書きに従って、判決が下されることとなるのである。

後述の通り、ただ一人堂々と正論を披瀝して異彩を放ったインドのパール判事は、戦勝国側が、敗戦国の指導者のなした行動であるがゆえに「侵略」と決めつけ、その行動を執った指導者に「侵略者」の烙印を押し、戦争犯罪人に仕立てようとする連合国側の不公正を批判し、「現在の国際社会では、『侵略者』という言葉は、本質的にカメレオン的なものであり、単に『敗北した側の指導者』を意味するだけのものかも知れない」と「意見書」の中で述べている。

政治的思惑に満ちあふれた裁判

実態において正当性アピールのショーであった東京裁判は、文明社会における公正な司法手続きと言うにはほど遠く、終始政治的思惑に満ちた、恣意的な形でとり進められた。

まず被告名簿の作成段階から、政治的思惑が大きく働いた。ソ連検事団が日本に到着したのは一九四六年四月一三日であったが、この時点では、すでに被告指定の作業は終わって二六名の被告が決まっていた。しかし、ソ連側から重光・梅津両人を被告に加えるよう、強い要求が出され、この要求を容れて、急遽二人を追加することになり、結局被告は二八人となったのである。最終段階における政治的かけひきで、あっさりと被告の追加が行われるなど、どう見ても司法手続き本来の公正さよりは、政治的思惑に配慮がなされたことを感じさせる。

起訴状には、五五の訴因を列挙した本文に加えて、AからEまで五つの附属書が付いているが、附属書B「日本が侵犯した條約條項」の中には、なんと驚くなかれ、「日ソ中立條約」が挙げられているのである。政治的思惑の匂い芬々と言わざるを得ない。検察側が主張する「侵略」の定義に従えば、ソ連こそ「日ソ中立條約」を踏みにじって、一九四五年八月八日に満州で日本に「侵略」行動を開始したことになるのであるが、そのソ連が、張鼓峰・ノモンハン両事件を初めとする日本の一連の行動はいずれも対ソ「侵略」だとの言い分のもとに、日本を対ソ侵略国として糾弾し、結局判決にもこのソ連の主張が反映されることになるのである。

一九四六年五月三日、世紀のドラマとなった東京裁判開廷の劈頭、ウェッブ裁判長は、この裁判に臨むに当たっての裁判所の声明を読み上げたが、その中には次のような叙述が含まれていた。

「各被告は……過去十有余年の間、すなわち日本の国運隆々としておりました当時、指導的立場を占めていた者ばかりで、元首相、外相、蔵相、参謀総長、軍令部長その他日本政府の最高の地位にあった者を含んでおります。……これらの被告が従来保有していた地位が如何に重要なものであったに致しましても、これがため、彼等に最も貧しき一日本兵あるいは一朝鮮人番兵等が受ける待遇よりも良い待遇を受けしめる理由となりません。……」

裁判長が開廷冒頭の声明で、こんなことを言う必要が一体どこにあるのであろうか。被告人の収監中の待遇の問題ならば、関係者に指示すれば足りる話である。高い地位にあったからといって、審理において特別の手加減をするなという趣旨であるならば、裁判官たちに心得ていてもらえば済むことである。それを世界中が、とりわけ日本国民が注目を注ぐ、裁判長の冒頭発言で述べる意図は、日本人がつき従ってきた指導者に屈辱を与え、日本人に「お前たちを偉そうに指導してきたこの者たちは、一兵卒にしか価しない連中だったのだ」とのメッセージを発し、日本人全体に贖罪意識を植えつけるところにあるとしか思えない。政治的魂胆がありありと見えるステートメントと言わざるを得ない。戦後長らく日本人にまつわりついてきた贖罪意識の源はこんなところにもある。

検察側の立証態度には、このような政治的色彩が常に感じられたが、なかでも露骨だったソ連検察団の発言について、冨士信夫は次のように記している。

「次々と発言台に立つソ連検察官は、裁判長がいかに注意を与えようと、弁護側がどのように異議を申し立てようと一切意に介せず、あたかも機関銃を射ちまくるように聞こえる早口のロシア語で、ソ連独特のコジツケ論理を一気にまくしたてるような、それは正に『一〇日間に亙るソ連の対外宣伝期間』の観のある立証であった。」

いよいよ裁判が終幕にさしかかり、検察側最終論告となってからも、その劈頭、キーナン首席検

察官が述べた序論は、まずこの裁判の正当性を主張することから始まった。曰く、

「法廷はハル覚書、すなわち合衆国大統領及び同国務長官の責任に於て為された通告に関する誹謗的かつ非礼な論評を許容して、異常な寛容を示したのであります。大統領及び国務長官の指導なくしては当裁判所の審理は行われず、のみならず世界の自由というものの歴史は相当異なったものとなっていたでありましょう。……」(引用はいずれも冨士信夫著　前掲書)

裁判官忌避の申し立ても却下

起訴状の朗読が終わり、裁判長が被告の罪状認否にとりかかろうとした時、清瀬弁護人が、その前に裁判官に対する忌避の申し立てがあるとして、次のような発言を行った。

清瀬弁護人は、個々の裁判官について申し立てるとして、まずウェッブ裁判長に関しては、彼がニューギニアにおける日本軍の不法行為について調査し、これについての意見をオーストラリア政府に提出している事実を挙げ、その報告には残虐行為、殺人に関する事項が含まれおり、この裁判の被告たちの訴追理由となっているところと大いに関係してくる、したがって、ウェッブ氏はこの裁判の裁判長には不適任である、と申し立てた。

裁判では、行われている裁判になんらかのかかわりをもつ判事が裁判に当たることは、裁判の公正という見地から不適当とされている。殺人容疑者の父親が裁判官であれば、公正な判決は期し難

いであろうし、逆に被害者の身内が裁判官となっても、その判断に影響が及ぶおそれが出てくる。ウェッブ裁判長は、清瀬弁護人の申し立てにたじろいだ。彼は心の動揺を隠しきれず、一五分の休憩を宣した。

休憩後、再開された法廷にはウェッブ裁判長の姿はなく、代わってニュージーランドのノースクロフト判事が裁判長席につき、休憩中に協議した結果として、当裁判所の個々の判事に対する反対は許可しないことに決定した旨、申し渡した。なぜならば、本裁判所条例第二條によると、判事はマッカーサー元帥より任命されることになっており、したがって、裁判所としては、いずれの判事も欠席させることはできないと言うのである。マッカーサー元帥が任命した以上は、どんな不適格な判事であろうと、文句を言うなというわけだ。日本は無条件降伏したのだから、マッカーサー元帥の決めたことに異を唱えてはならぬという強圧的姿勢が表に出て、裁判の公正さはどこかにすっ飛んでしまった感がある。

裁判所のこの決定により、ウェッブ裁判長以外の他の裁判官に対する忌避申し立てもすべて封じられることとなってしまった。個々の裁判官について申し立てるとして発言を始めた清瀬弁護人は、きっと他の裁判官についても忌避の理由を用意していたのであろうが、それを述べる機会すら与えられずに終わってしまった。

弁護人には様々な制約

弁護人は各被告に日本人弁護人と米人弁護人がつけられ、日本人弁護人の鵜沢聡明《うざわふさあき》が弁護人団長に、清瀬一郎弁護人が副団長に選任された。鵜沢弁護人は当初松井被告と白鳥被告の担当だったが、後に全被告の弁護人とされてしまった。こうなると極端な話、鵜沢弁護人一人だけ出廷していれば、全被告の弁護人がいることになり、他の弁護人が誰一人出廷していなくても審理を行うことができる訳である。裁判の公正さよりは、審理をはかどらせるための便法が優先されたのである。

公正な裁判には、弁護人の役割りが不可欠の重要性をもつ。ところが、右に述べたような便法がとられたのに加え、戦勝国側、特にアメリカの思惑から、都合が悪くなると、裁判長の強権で弁護人の発言を封じたり、申し立てを恣意的に却下して、本来弁護人が果たすべき機能が阻害されることが、しばしば起こった。

弁護人側が提起した事後法をめぐる動議や裁判官忌避の申し立てが、あえなく却下されたことはすでに述べたが、この他にも、強圧的に弁護人の口封じが行われたり、その申し立てが恣意的に却下された事例は枚挙に暇がない。以下、弁護人側に加えられた制約について、いくつかの具体例を見てみよう。

検察側証人への弁護側反対訊問は封じられる

検察側は、きわめて多数にのぼる検察側証人を用意したが、これらの証人による立証の進め方については、弁護側の要望は退けられ、検察側に都合のよいやり方が採用された。

裁判開始早々、一番最初に発言台に登った検察側証人二人は、検察官の直接訊問に対する証言の後、弁護人の反対訊問に答える形で証言を行った。ところが、三人目の訊問開始の段階で、検察側は裁判長に対し、一問一答形式のやりとりでは、出廷を予定している多数にのぼる証人の証言とその通訳に時間がかかり、迅速な裁判の進行を期し得ないので、これ以降の証人については、あらかじめ作成した証人の宣誓口述書を朗読する形で進めたいと申し立てた。これに対し、弁護側は、宣誓口述書朗読だけだと、弁護側が反対訊問により、証人の発言内容を咎めるという権利を失うことになるとして、断乎異議を申し立てた。しかし、弁護側のこの異議申し立てはあっさりと却下され、検察側証人の三人目以降、大部分の証人については、検察側申し立て通りの方式がとられた。

しかし、これにはいくつかの例外があった。検察側が自ら申し立てた宣誓口述書の方式によらずに、あえて一問一答形式で訊問を進めた証人が何人かいたのである。それはいずれも、そうした方が、検察側にとって有利な証言を得られると判断した場合に限られていた。このように、証人による立証の進め方についても、裁判の公正さよりは、裁判をあらかじめ決められていた結末にもっていくために、検察側に都合のよいやり方が採用されたのである。

この問題をめぐる検察側と弁護側との応酬で、一番火花を散らしたのは、対ソ軍備に関する立証の場面においてであった。ソ連のヴァシリエフ検察官が証人を出廷させることなく、口述書のみによる証言を受理するよう求めたのに対し、弁護側は、ソ連検察官が種々の理由を挙げて証人を出廷させず、単にその口述書による証言だけで済まそうとし、「人間の虚偽に対する最も有力な武器である反対訊問の機会」を与えようとしないことを痛烈に難詰して、反対訊問のための出廷を強く要求した。とりわけブレイクニー弁護人は、出廷を要求した日本人証人一二名がなおソ連に抑留されていることに言及し、「検察側が提出した彼等の口述書なるものは意見、結論、歴然たる誘導訊問、伝聞、自己矛盾、憶測等の寄せ集めである。……鉄の扉の後方にあって、背後から銃剣を突きつけられている者から取る訊問調書が、いかに不満な内容のものであり、物の役に立たないかは、検察側提出の口述書の内容を見れば明らかである」（冨士信夫著　前掲書）と厳しく追及した。ヴァシリエフ検察官はなおも言を弄して、切り抜けようとしたが、最終的には、結局証人五名を弁護側の反対訊問のため出廷させることとなった。ただし、こうなった背景には、当時すでに東西冷戦状態が始まりつつあった状況下、ソ連の検察官に対してだけは、裁判所の裁定にあまり手心が加えられなかったという事情があったのである。

都合の悪い弁論には通訳カット　米国人弁護人の中にも、正論を吐く者がいたが、そのような場合にも、明らかに意図的なやり方で、その発言が外部に伝わらないような操作が行われた。東郷・梅津両被告担当のブレイクニー弁護人は、裁判所の管轄権をめぐる法律論争の中で論陣を張った。ところが、彼が弁論を開始するや、やがて通訳が途切れ、通訳がなされないまま、弁論を終え、休憩に入ってしまった。再開後は検察側の反駁が行われたが、これも一切通訳なし。これでは被告たちにも、傍聴人にも、何が行われているのかさっぱりわからない。日本人弁護人が発言台に立って、繰り返し通訳を要求し、抗議したが、裁判長は「必要な翻訳は、できるだけ早い機会に、提供する」とのみ答えて、この論争を打ち切ってしまった。日本文速記録のこの部分は、ブレイクニー弁論の中途で通訳が途切れたところから「以下通訳なし」とされたまま、その後通訳されなかった部分の日本語訳が配布されることはなかった。果たして通訳されなかった部分がなんだったのか、傍聴席でこの場面に居合わせた冨士信夫は自著の中で、こう記している。

「（その内容を）私が初めて知ったのは、その時から三六年三ヶ月経った昭和五七年……長編記録映画『東京裁判』の試写を見た時、発言台に立って弁論を進めるブレイクニー弁護人の姿が写し出されると共に、ナレーションに、字幕に、法廷で聞き得なかった彼の弁論の日本語の内容が、耳に聞え、目に見えてきた。……ブレイクニー弁護人は云う。

『国家の行為である戦争の個人責任を問う事は、法律的に誤りである。なぜならば、国際法は国家に対して適用されるものであって、個人に対してではない。個人による戦争行為という新らしい犯罪を、この法廷が裁くのは誤りである。

戦争での殺人は罪にならない。それは殺人罪ではない。戦争は合法的だからです。つまり合法的な人殺しなのです。殺人行為の正当化です。たとえ嫌悪すべき行為でも、犯罪としての責任は問われなかったのです。キッド提督の死が真珠湾爆撃による殺人罪になるならば、我々はヒロシマに原爆を投下した者の名を挙げる事ができる。投下を計画した参謀長の名も承知している。その国の元首の名前も、我々は承知している。彼等は殺人罪を意識していたか。してはいまい。我々もそう思う。それは、彼等の戦闘行為が正義で、敵の行為が不正義だからではなく、戦争自体が犯罪ではないからである。

何の罪科で、いかなる証拠で、戦争による殺人が違法なのか。原爆を投下した者がいる！この投下を計画し、その実行を命じ、これを黙認した者がいる！　その人たちが裁いている。』

アメリカの原爆投下問題について論評する事が『タブー』とされていた当時の日本において、たとえ法廷での論争であるにせよ、その事が新聞報道を通じて広く日本人の間に知れわたる事は、占領政策に悪影響を及ぼすとの考慮が働いて、この通訳一時中止の措置が執られたのだったのではなかろうか。裁判長が清瀬弁護人に確約しながら、通訳が行われなかった部分の日本語訳記録が、配布されないままに終ってしまったのも、やはりこのような考慮が働いたためだったのではなかったろうか。」（冨士信夫著　前掲書）

公正さ、客観性の見地に立てば、ブレイクニー弁護人は「よくぞ言ってくれた」と拍手を送りたくなるほどの正論を展開している。しかし戦勝国の正当性アピールという連合国側の魂胆からすると、まことに都合が悪い。そこで裁判長は、とっさの判断で通訳をカットし、日本語訳文の配布も差し止めてしまったに違いない。これでは肝腎の被告人をはじめとする、日本人関係者には、何が行われているのかわからない。そして審理はそのまま続けられる。まことに、裁判長の采配ひとつで、なんでもありのやりたい放題という感じを受ける。しかも、勝手な時には裁判長がよく援用するマッカーサー元帥制定の「極東国際軍事裁判所條例」には「審理並ニ之ニ関連セル手続ハ英語及ビ被告人ノ国語ヲ以テ行ハルベキモノトス」と明記されているのである。このような不条理のまかり通る裁判が、果たして文明国の裁判なのであろうか。

弁護側の文書提出も難航　ブレイクニー弁護人の活躍ぶりは、一般問題に関する弁護側立証の際にも、遺憾なく発揮された。彼は、国際法というものは、条約の文面だけで形成されるものではなく、締約国の行為によってもその解釈が固まることとなるとし、次の通り述べた。

「(検察側は日本の戦争行為が不戦条約違反で犯罪を構成すると主張しているが、) 今次戦争で勝利を得た五大国で、現在本法廷に検察官を派遣している一国が不戦条約違反をしていた事が立証できれば、日本としては、これらの国家が不戦条約を解釈していたと同様な解釈をする事ができる……」(冨士信夫著　前掲書)

こうして彼は、名指しこそしなかったものの、明らかにソ連の戦時中の行動に対する非難の矢を放った。そしてこの主張を裏付ける文書を提出しようとしたのである。

これに対し検察側は、たとえ戦勝国側に不戦条約違反の行為があったとしても、条約の真実性を曲げて解釈してよいということにはならず、またそれをもって被告の弁護に役立てることはできないと、見るからに苦しまぎれの反論を行った。結局裁判長は、当裁判所は特定の侵略戦争についてのみ審理を行う権限をもつにとどまり、世界中で行われた侵略戦争に関する審理を行う権限を有しないとの裁判所の見解を示し、弁護側がここで提出しようとした文書は、いずれも本審理に関連性がないものとして、全部却下する旨の裁定を下した。

この裁定にもくじけず、ブレイクニー弁護人はさらに、米国のスチムソン元国務長官がアメリカの原爆使用決定までの経緯を明らかにした新聞報道の内容を文書として提出しようとしたが、これにも検察側から異議が申し立てられ、裁判所により却下された。その後もブレイクニー弁護士は種々の文書提出を試みるが、大部分は却下されてしまった。こうして、証拠採用に関する裁判所の態度は、戦勝国に不利をきたすような内容のものは、いかに被告に有利であっても、これを却下するとの方針に徹したのである。

今次戦争関係の審理においても、弁護側は米英蘭等による日本への軍事的、経済的圧迫の結果、日本はその生存を全うするため、やむなく戦争に踏み切らざるを得なかったのであり、連合国こそ日本を戦争に仕向けた元凶であるとの主張のもとに、連合国（主として米国）の軍事面・経済面での対日圧迫の事実を証明する文書を多数提出しようとした。しかし裁判所の態度は、訴追されているのは被告たちによる日本の行動であり、連合国がどのような行動に出たとしても、本件審理には関係ないという姿勢であったので、この線に沿った検察側の異議はことごとく容認され、結局過半数の文書は却下されてしまった。

このように、弁護側が弁護に関連して用意した文書の提出は、検察側からの、証拠力なし、関連性なし、といった異議申し立てにより難航し、その多くは、検察側の言い分を認めて下された裁判長の裁定によって、却下されてしまった。他方、検察側が立証段階で用意した、出廷しない多くの者の宣誓口述書の方は、反対訊問できないことを理由とする弁護側の異議申し立てにもかかわらず、証拠として受理されたのである。ここにも、検察側の言い分に傾きがちな裁判所の公平を欠いた態度が窺える。

一番ひどかったのは、一般問題に関する審理の過程における中国共産党の活動とその日支関係に及ぼした影響に関する立証に際してであり、弁護側が合計三六通の文書を提出しようとしたのに対し、書証として受理されたのは、わずか一通だけという惨憺たる結果に終わった。

法廷侮辱による弁護人排除も辞さず

法廷侮辱であるとして、弁護人が排除されるということすら起こった。大東亜共栄圏問題を含め、被告間に共同謀議が存在したかどうかの審理において、弁護側は一九二九年の田中内閣から一九四四年の小磯内閣までの一六内閣の倒壊は、国内事情によるものであって、なんら侵略戦争のための被告間の共同謀議に基づくものではなかったことを明らかにしようとした。そしてこの立証のため、一九四七年三月五日、政治評論家の御手洗辰夫《みたらいたつお》氏を証人として出廷させた。ところが、御手洗証人の詳細にわたる証言が続いて、齋藤内閣の倒壊原因に発言が及んだ時、検察側は齋藤内閣のことは本件審理に関係がないと異議を申し立てた。そこで裁判長は被疑事実遂行のために被告らが倒壊させた内閣はどの内閣だったと主張するのかと、検察側の見解を質した。これに対し検察側は若槻、犬養、広田、平沼、米内《よない》、第三次近衛、及び流産に終わった宇垣内閣であると答え、裁判長はこれを受けて、今後弁護人の訊問は検察側が述べたこの範囲で行うようにと指示した。裁判長は検察側の言いなりに、弁護側証人の発言範囲を制限しようとしたのである。

これを聞いた広田被告担当のスミス弁護人は発言台に進み出て、証人訊問に対して裁判所が「不当な干渉」（"undue interference"）を加えることに対して、異議を留保すると述べた。裁判長は「不当な干渉」と言われたのが気に障ったのであろう、スミス弁護人が発言し終わるや、「不当な干渉」という言葉は法廷を侮辱するものであるとして、スミス弁護人に対して、発言の撤回と陳謝を要求した。しかし、スミス弁護人は、自分の発言は法廷を侮辱するものではないとの考えを堂々と披瀝し、裁判長の要求を頑として撥ねのけた。ここにおいて裁判長はいったん休憩を宣し、対応ぶりを協議の後、再開した法廷で、スミス弁護人が発言の撤回と陳謝を行わなければ、同弁護人を今後審理から除外するとの裁判所の決定を言い渡した。これを受けて、スミス弁護人は自説を曲げるつもりは全くなく、裁判所の決定に従わないとの所信を述べるや、さっさと退出してしまった。

この日以降、スミス弁護人は法廷内には足を踏み入れなかったものの、時折外国人新聞記者席に姿を現し、法廷での審理の様子を見守っていた。それから六ヵ月後の九月五日、俘虜関係の立証を担当していたフリーマン弁護人の仲立ちで、スミス弁護人が半年ぶりに証言台に立つ機会を得た。そこでスミス弁護人は自分が退出した三月五日以来、広田被告には米人弁護人がついていない点を指摘し、裁判長の注意を促した。そこで裁判長とスミス弁護人との間で、三月五日に行ったのと同じやりとりが繰り返され、その後、スミス弁護人は、自分の二〇年にわたる弁護士経験の中で、自分の態度が法廷侮辱にあたると言われたのは当法廷が初めてであり、米国の法廷では正規な言葉として許されている表現が、豪州法廷では（ウェッブ裁判長はオーストラリア人）よくない言葉と見なされているようで、図らずも誤解を生む結果になってしまったことに対して、遺憾の意を表する、と述べた。それでもなお裁判長は、当裁判所としては、貴方が元の席に戻ることを希望するが、その前にある行動（前言の取り消しと陳謝）がとられなくてはならない、とあくまでも当初の立場に固執した。これを聞いたスミス弁護士は、自分はここで今述べたような遺憾の意を表すれば、事態は元通りになるものと思っていたが、それが容れられない以上、もう自分は再びここに戻ってくる意志はない、自分が弁護人としての職を辞することをここに発表する、と述べて法廷を立ち去り、それ以降スミス弁護人の姿を見ることはなかった。

自在に手加減された検察側反対訊問

満州事変の発端となった柳条湖事件発生の原因や事件直後の日本軍の行動については、検察官は弁護側証人に対して執拗に反対訊問を行ったのに比べ、支那事変の盧溝橋事件をめぐっては、事件発生の原因となった発砲がどちら側からなされたかといった発生時の様子やその後の状況について、検察側の反対訊問はほとんど行われなかった。これをやると、かえって藪蛇《やぶへび》となり、事件発生の責任が中国側にあったことが明らかとなってしまうので、検察側がこれを恐れたからに他ならない。

このように、弁護側証人に対する検察側の反対訊問も、検察側を利する見込みがあるかどうかという検察側の判断次第で、自由自在に手加減された。

事前工作による証人の抱きこみ

検察側が自分たちに好都合と考えた場合に限り、検察側証人に対しても、例外的に一問一答形式の訊問が行われたことは、すでに述べた通りであるが、あらかじめ検察側が抱き込み工作を行って、有利な発言を得られる心証を得た証人については、とりわけこの形式が用いられた。

田中隆吉証人の証言　「満州における軍事的侵略」に関する立証で、証言台に立った元陸軍少将田中隆吉証人は、検察側が有利と判断して証言させた証人の一人であった。

田中証人は、関東軍参謀や陸軍省兵務局長等を歴任後、戦争中、東條陸軍大臣と戦争指導上の意見が対立し、現役を去った人物である。田中証人は、検察官の訊問に答える形で、あらかじめ検察側と打ち合わせ済みであることを思わせる筋書きに沿って、淀みなくすらすらと証言した。彼はその証言において、満州に関係があった全被告を俎上に載せたが、時に、検察官の訊問に答えて、直接被告を指さす場面もあった。その証言ぶりは、事前によほど練習を積んでいたと見えて、検察側の意向に即した証言が、訊問ごとに、打てば響くように返ってきた。

ところが、弁護側の反対訊問になると、検察側訊問には明快に答えていた彼が、一転、日時、場所等を間違えて証言したり、「知らない」と、しどろもどろになることが多かった。

裁判開始前から訊問期間中、田中証人が、芝、白金にあるキーナン首席検察官の住宅に隣接する野村ハウス（接収中の野村生命社長邸）に宿泊し、検察側から食糧その他種々の便宜を受け、破格の待遇を得ていたことは、周知の事実であった。アメリカ一流の得意技、証人の抱き込みである。検察側の訴因となっている日本軍の行動に、多少なりとも関わりをもつ経歴の田中証人が、かつての上司や同僚を告発する証言を行ったことは、日本側関係者には、わが身の保全のために上司や同僚を検察側に売った卑怯者と映ったに違いない。

このあとも田中証人は、「大東亜各地での戦争法規違反」の立証でも、「被告の個人責任に関する追加立証」でも証言台に立った。検察側はせっかく手なずけた便利な証人をフルに活用したのである。この間、弁護側は思い余って、「証人は日本では『怪物』として知られているのではないか」との質問を発し、検察側から人身攻撃だとの抗議を受けたが、弁護側は物ともせず、「本証人は憲兵隊の親玉であった（元兵務局長）にもかかわらず、未だ起訴されていない。どんな人物が証言しているのかを、法廷は知る必要がある」と切り返す一幕もあった。（引用はいずれも冨士信夫著　前掲書）

満州国皇帝溥儀《ふぎ》の喚問

「満州国建国事情」に関する立証で、検察側が前満州国皇帝溥儀《ふぎ》を証人として喚問したのも、明らかに検察側に有利な証言が得られるとの思惑によるものであった。果たせるかな、証言台に立った溥儀証人は、一問一答形式による検察側とのやりとりの中で、自分が満州国皇帝となったのは関東軍の強制によるものであり、帝位在位中、一切自由はなく、すべて関東軍の指図通りに行動せざるを得なかったとの証言を終始繰り返した。まさに、満州国建国は関東軍の策謀によるものであって、表面上独立国を装ったが、実態は関東軍が一切の指導権を握る傀儡政権にすぎなかったことを実証しようとした検察側の思惑にぴったりの証言であった。

当初、弁護側は溥儀証人が前皇帝という特殊な地位にあり、天皇陛下が日本の兄弟国の元首として厚く遇された人物だったことに配慮し、反対訊問はしないよう申し合わせていた。しかし溥儀証人の発言があまりにも偽証に満ちあふれていたのにたまりかね、日米合計七人の弁護人がいろいろな角度から反対訊問を行った。とりわけ一九三一年九月に溥儀が日本の高官に出した、自分が復辟《ふくへき》(退位した君主が再び君主の地位に就くこと)を受諾する意思があると伝えた書簡を提示したのは、証人の発言の信憑性を鋭く突き崩す効果があった。この書簡には御璽が押してあり、しかも後に満州国国務総理鄭孝胥が、溥儀皇帝の親筆に間違いないと書簡の左下に奥書きしているのである。この手紙を提示された溥儀証人は、しばらくこれを見つめていたが、やがて突然立ち上がり、「これは全く偽造であります」と中国語で絶叫した。

さらに、弁護側証人として出廷した満州国侍従武官長石丸志都磨満州国陸軍中将は「満州国皇帝は一を聴いて十を知る天資聡明《てんしそうめい》の性質で、自ら政務を執り、なんら自由は奪われていなかった」と溥儀皇帝の日常の執務状況を証言した。

しかし結局、溥儀証人は終始頑強に自説を一歩も引かず、検察側の思惑通りの証言を行った。溥儀の場合、検察側としてはそうさせるのに、なんら特別の工作は必要としなかったであろう。なにせ、溥儀は中国革命によって帝位を退いてから二〇年を経た後、中華民国の一部である満州の地に誕生した満州国の皇帝に就いたのであるから、自己の意思で復辟したとなれば、中華民国から「漢奸」として戦犯の訴追を受ける恐れが大いにあった。したがって、彼としては、何がなんでも、「意に反して関東軍に強制された」で押し通すより他なかったのである。検察側はこの事情を十二分に知っていたからこそ、彼を証人として引っ張り出してきたのである。

溥儀の証言があからさまな偽証であることは言うまでもない。満州事変勃発当時、奉天総領事館の次席だった森島守人は自著の中でこう述べている。

「溥儀の日本に対する真意如何は、極東軍事裁判以来、国民の間に問題になっている。皇帝になる前、執政時代の溥儀は、別に皇帝としての儀礼的偉容を示す必要もなく、私らにも膝を交えて語る気軽さを持っていた。二、三回私的に会談した私の印象と側近者の内話とを総合すると、溥儀は満州入りを衷心から喜んだばかりではない、やがて大清帝国の帝王として北京紫禁城に安住することを夢見ていたことは事実であった……」（森島守人著『陰謀・暗殺・軍刀』岩波新書）

さすがに溥儀のこの証言は日本人を憤慨させ、巷間には溥儀に対する侮蔑の声が渦巻いた。キーナン検事自身、溥儀については、「帝王の威厳はさらになく、その眼には自尊の光もなかった」とのメモを残している。またブレイクニー弁護人は「人間に良心があるかぎり、ウソをつき、それを追求されるのは苦痛だ。……しかし、良心をうち砕く利己心の持ち主もいることを発見した」との感想を述べたと伝えられている。

「南京虐殺事件」の立証　検察側による事前の工作は、「南京虐殺事件」に関する立証でも明らかに見受けられた。検察側は、これこそ戦争法規違反、すなわち日本軍による捕虜および一般人の殺害ならびに残虐行為だとして、その立証に最も力を入れた。

一九三七年一二月一三日、日本軍の南京占領直後から発生したとされるこの事件は、日本国内では報道されず、多くの日本人は、東京裁判の検察側立証が大々的に報道された時に、初めてこれを知った。

検察側は、米人および中国人の宣誓口述書一七通を用意するとともに、九人の証人を立てた。各証人の証言では、膨大な犠牲者数に言及しつつ、さながら地獄絵図を物語るがごとく、これでもか、これでもかと言わんばかりの叙述が行われた。ところが、当時現場に居合わせたという南京アメリカ教会牧師ジョン・G・マギー証人は、弁護側が実際に証人自身が目撃したのはどのくらいかと訊問したのに対し、「一人の事件だけは、自分で目撃しました」と答えており、証言のほとんどは、噂や他人から聞いた伝聞証言であって、証拠価値に乏しいことを明かしてしまい、馬脚を現した。

提出された宣誓口述書の中には、誇張と受け取れる内容のものが多く含まれていたので、弁護側は、証人として出廷させず、宣誓口述書だけで立証を進めようとするやり方では、反対訊問ができないことを理由に、再度異議を申し立てた。しかし、結局裁判長は、提出された口述書は全部証拠として受理するとの裁定を下した。

検察側が書証として提出した文書の中には、南京地方裁判所附属検察官作成の犯罪調書が含まれており、この調書は被殺害者三四万人とし、その他調査未完のものがある、と記述している。この調書が事件発生から九年も経った一九四六年二月、すでに東京裁判が行われることが決定している時期に作成されたものであることを考えると、東京裁判の検察側が工作し、故意にでっち上げられた文書である匂いがする。アメリカ人から頼み込まれたら、ことに金でも少々握らされたりしたら、殺された犠牲者の数を針小棒大に記述することなど、「白髪三千丈」の中国人にとっては、朝めし前であろう。しかし、このような数字が利用されて、今日なお、中国政府が南京事件の犠牲者数を三〇万人と主張する事態につながっていることを考えると、いかに後世に禍根を残すこととなったか、あらためて痛感する。

現に、弁護側の反証としては、南京占領当時、松井軍司令官の下で中支那方面軍参謀だった中山寧人陸軍少将等三名が出廷し、南京占領時松井軍司令官がとった慎重な行動、南京攻撃開始前、中国側に降伏を勧告した事実、陥落後市内が無秩序になったのは、中国側官憲がことごとく市内から立ち去ってしまった点に大きな原因があったこと、南京に設けられていた安全地帯には多くの中国正規軍が混入していたため、安全地帯とは認め得ない実情にあったこと、等の状況説明を行い、「南京大虐殺事件」を真っ向から否定する証言を行った。なかでも、中山証人は、検察官の反対訊問に答えて、一般市民の虐殺事件は絶対にない、捕虜の虐殺は安全地帯に武器を携行して侵入した中国兵を捜査、逮捕し、軍法会議にかけて処罰したのが誇大に伝えられたものである、外国権益に対する侵害が一部にあったのは事実であるが、これは日支いずれの兵隊が行ったものであるか不明である、婦女子に対する暴行が小規模な範囲で発生したのは事実だが、世に喧伝《けんでん》されたような大事件は絶対にない旨、明確に証言した。

南洋委任統治諸島の要塞化問題　検察側が捏造同然のやり方で、証拠を用意し、馬脚を現してしまったケースもあった。

海軍関係の立証の中で、検察は南洋委任統治諸島を日本が要塞化したとして、証人の口述書を提出したが、弁護側の反論により、結局検察側の露骨なでっち上げ工作がありありと見てとれる結末となってしまった。

検察側は、他の証拠と並んで、サイパン島で作成された元南洋興発技手若松誠氏の陳述書を提出し、同人の出廷は求めずに、これを証拠として、日本の南洋委任統治諸島要塞化を立証しようとした。この陳述書は受理され、法廷で朗読された。

弁護側は手を尽くして調査した結果、帰国した若松氏が長野県軽井沢町で雑貨商を営んでいることを突き止め、同人から検察側提出の陳述書が作成された時の模様を聴取した。その結果、この陳述書は、若松氏がサイパン島での米軍による抑留中、米軍機関に呼び出されて作られたものであることが明らかとなった。しかもそのやり方たるや、米軍将校があらかじめ用意した質問項目に沿って訊問し、若松氏の答えを記録したが、でき上がった英文書類の内容は日本語で読み聞かされることもなく、署名させられ、しかも宣誓すらしていなかったことが判明した。これでは、生死もわからない抑留状態に置かれていた若松氏に、無理やり答えさせ、内容を確かめるすべもないまま、わけの分からない英文書類にサインさせたことになる。

そこで弁護側は、検察側証拠の欺瞞性を暴露すべく、若松氏の宣誓口述書をあらためて作成して証拠として提出するとともに、同氏を弁護側証人として出廷させた。この弁護側提出の宣誓口述書において、若松氏は検察側が用意した陳述書の欺瞞性を鋭く突いて、大要次のように述べている。

(以下は冨士信夫著　前掲書の記述による)

① 検察側原本には、訊問を行ったシェルドン少尉が「以上の陳述が署名される前に、署名者に日本語で同書を読み聞かせたことを誓言致します」と記されているが、それは偽りであり、文書に書かれてある英文の翻訳は、口頭でも、文書としても自分には示されなかった。

② 原本には自分が一九三三年、アスリート飛行場付近に、種々の軍事施設の建設開始を認めたと記されているが、自分は「アスリート飛行場は私がサイパンに来る二年位前からあったと思います」と述べただけで、軍事施設を認めたとは言っていない。

③ 原本には「戦争勃発二年前、日本軍はアスリート飛行場の周囲に、空襲の場合の防御手段として役立つように設けられた、コンクリート製の一連の塹壕と掩蓋《えんがい》を構築した」と記されているが、これも誤りで、自分は「サイパンが米軍に占領された(一九四四年七月七日)一、二年前、飛行場付近の道端にコンクリートの防空壕があるのを見た」と述べたに過ぎない。

④　原本には「一九四四年、私は日本海軍の人たちが、アスリート飛行場の幾つかの倉庫に、莫大量の弾薬を貯めているのを見た。これらの倉庫は森林地帯に位置していて、樹木に見えるように擬装してあった」と記されているが、これも間違っている。自分は「米軍占領一年位前に、アスリートの山寄りに擬装された倉庫のあるのを見た」と述べたに過ぎず、「その中に何が入っていたのか」と聞かれたのに対して、「知らない」と答えたのである。

これでは、検察側の証拠でっち上げは見え透いている。しかも当の若松氏が、現に出廷しているのだから、どうしようもない。検察側が自ら墓穴を掘った一幕であった。

検察側の言い分に沿って下された判決

裁判である以上、検察側ばかりでなく、被告・弁護人側の主張も十分に勘案し、双方の言い分を踏まえて、公正な判決が下されなければならないことは言うまでもない。

ところが政治的な思惑に満ちた東京裁判では、起訴状中に訴追されている犯罪項目すべてについて、何がなんでも被告たちに有罪判決を下さなければならないという既定の筋書きがあり、そのためには被告たちに有利に作用する証拠は極力却下し、検察側の言いなりに審理が進められてきたことは、これまでに見てきたところから明らかである。

しかも裁判所条例には「偽証」についての制裁規定が全く欠落していたので、出廷せずに口述書だけで証言した検察側証人が、どのような嘘言を述べても、「虚証」の罪に問われることはなく、出廷して反対訊問で偽証を暴かれる心配もないので、検察側はやりたい放題に意図する証拠固めをすることができた。

このような経過を辿って下された判決は、もっぱら検察側最終論告に即して書かれたことを強く匂わせるものであった。検察側の最終論告では、検察側立証段階で、相前後して証人として出廷した田中隆吉少将（元陸軍省兵務局長）と田中新一中将（元参謀本部第一部長）とを混同し、この両人を取り違えて論述するという誤りを犯している。ところが裁判所が下した判決では、なんと検察側のこの誤りがそのまま繰り返されているのである。なんともお粗末なこの間違いは、判決文が検察側最終論告の引き写しでつくられたことを如実に物語っており、判決そのものがいかに恣意的なものであるか、自ら馬脚を現している。

パール博士の主張

東京裁判で審理に当たったのは、連合国側から出された一一人の判事であったが、その一人にラダビノート・パール博士がいた。博士はインド人である。カルカッタ大学の副総長を務める国際法の権威である。

戦勝一一カ国を代表する判事の多くは、高圧的な物腰で裁判官席に座していたが、唯一の例外がパール博士であった。彼は少し遅れて日本に到着し、公判七日目の朝、法廷に姿を現した。この時、入廷したパール博士は、着席に先立って、自分の椅子の後ろに立ち、前方の被告席に向かって、両手を合掌して静かに一礼した。他のどの裁判官にも見られなかった、敬虔な姿が人目を引いた。一礼をしたパール博士の心の内は知る由もないが、傍聴席でこれを目撃していた冨士信夫は自著の中で、「恐らくは、『人が人を裁く』という裁判官たる自己の崇高な使命に対する謙虚な心の表明であり、仏教の発祥地インドの裁判官としての、敬虔な祈りの心の表れだったのではなかろうか」と記している。

パール博士は裁判所が下した本判決には加わらず、別個に「意見書」を提出し、その中で本判決とは全く相容れない独自の見解を述べている。曰く、

「本法廷は『司法裁判所』として設置されたものであり、『権力の表示』であってはならない。我々は現行国際法の諸法規に従って裁判を行うのであって、連合国の為した宣言、協定、もしくは条例を適用して裁くのではない。そのようなことをすれば、本裁判所は『司法裁判所』ではなくて、単なる権力の表示のための道具となるであろう。

それでは敗戦者を即時殺戮した昔と我々の時代との間に横たわる数世紀に亙る文明を抹殺することになる。（このように恣意的に定められた法律で裁かれる裁判は）復讐の欲望を満たすために、法律的手続きを踏んでいるようなふりをするものに外ならない。正義の観念とは全然合致しないものである。……

戦勝国は、国際法の下に、戦争犯罪人を裁くための裁判所を設置する権限は有していても、国際法を『立法』する権限はない。……

勝者が下した新しい犯罪の定義を以って（それに当たる）行為を為した人々を裁判し処刑することは、勝者自身が『戦争犯罪』を犯す事になるであろう。」

博士の「意見書」は、終始検察側が口にしていた「正義」とは「強者の利益に外ならないもの」であることを暴《あば》き、他の裁判官の政治的思惑に満ちた見解とは明らかに異なる自己の正論を展開した後、全被告に有罪を申しわたした本判決に真っ向から反対する立場を表明し、「各被告はすべて起訴状中の各起訴事実全部につき無罪と決定されなければならない」と強く主張している。

そして博士は、この長文の「意見書」の最後を次のような含蓄のある、示唆に富んだ言葉で締めくくり、自己の主張を堂々と披瀝した。

「東京裁判は、裁判の名を借りた復讐であり、占領政策のプロパガンダに過ぎない。検察側の報復的な演説口調の主張は、教育的というよりは、むしろ興行的なものであった。

真の平和と人道を確立する絶好の機会でありながら、それをなさず、法的根拠もないのに日本を侵略者と決めつけ、多数の個人を処刑することは、二〇世紀文明の恥辱である。後世の歴史家は必ずこれを再審するであろう。……

時が熱狂と偏見を和《やわ》らげたあかつきには、また理性が虚偽からその仮面をはぎとったあかつきには、その時こそ正義の女神は、その秤《はかり》の平衡を保ちながら、過去の賞罰の多くに、その所を変えることを要求するであろう。」（引用はいずれも冨士信夫著　前掲書より筆者が要約）

しかし勝者たちは、まさに「熱狂と偏見」にとらわれ、冷静さを失っていた。彼らは東京裁判を勝者側の正当性プロパガンダのために利用することしか頭になく、パール博士の主張は少数意見として、あえなく退けられた。そればかりか、パール博士は同じ有色人種の日本人に同情し、白色人種に対抗するために、あえて異なる意見を述べたのだといった評判が立てられ、個人的な誹謗にさらされた。しかし、パール博士の主張が純粋に法の正義の観点からなされた正論であることは明らかであり、今ではこれが世界の国際法学会の通説となっている。

東京裁判開廷から二〇年を経た一九六六年、パール博士は招かれて日本を再訪した。その折、帝国ホテルでの午餐会に臨んだ博士はスピーチの中で、「法というものは、その適用すべき対象をあれこれと選ぶことができないものです。あれを罰してこれを罰しないということは出来ません。とにかくあの大きな国際裁判で、多くの裁判官が信望を失ってしまったことは重大です。……かつて日本を断罪した国々がいまどういうことをしているかをご覧なさい」と述べた。時あたかも、アメリカがベトナム戦争に本腰を入れ始めた時期であった。

敢然と自己の主張を貫いた博士に思いを寄せる同志が集まり、一九九七年京都の護国神社にパール博士の像が建てられた。さらに現在、同志たちは靖国神社にも同様の像を建立する計画を進めており、二〇〇五年中には除幕式を執り行う予定となっている。

人民裁判に近い実態

一九四八年一一月一二日、判決が下され、二五被告に対する刑の宣告が行われた。全被告を有罪とし、七名が絞首刑、一六名が終身刑、有期刑となったのは僅かに重光（七年）、東郷（二〇年）の二名だけという厳しい内容であった。

裁判終了直後の一一月二一日、全弁護人を代表して、ブレイクニー弁護人がマッカーサー元帥に宛てて覚書を提出した。この覚書は東京裁判の本質にかかわる弁護団側の見解を明らかにすると同時に、少数意見を表明した判事たちの見解の一部をも引用した、きわめて重要な内容のものであった。その中で、覚書は①裁判は不公正であること、②判定は証拠に基づいていないこと、③有罪は容疑の余地があるという以上には立証されなかったこと、④判定は同盟諸国の目的を達成しないであろうこと、を理路整然と説いている。ことに④では、「平和に対する罪」についての国際法的な地位が明確にされなかったばかりか、かえって混乱を招いたとしつつ、判決は戦勝国が正義とフェア・プレイを愛することを世界に印象づけるには、あまりにも報復的であり、復讐の行動であるかのようにしか見えないと述べている。さらに、東京裁判の判定は、なんらの善も生まず、かえって悪に悪を重ねるだけであると断定し、「われわれは間違った復讐の行為をおかすために法と正義の形を使うことに加担するならば、自家撞着におちいるのみであろう」とまで記している。そして覚書は、こうした事態を救う勇断がなされることを要請するという言葉で結ばれている。

覚書のこの最後の言葉は特別の意味をもっている。と言うのも、裁判所条例第一七条「判決及ビ審査」の中には、「連合国軍最高司令官ハ何時ニテモ宣告刑ニ付之《つきこれ》ヲ軽減シ、又ハ刑ヲ加重セザル限リ其ノ他ノ変更ヲ加フルコトヲ得」と規定されているのである。したがって、覚書の眼目はマッカーサー元帥にこの条項の適用を求めたものに他ならない。

しかしマッカーサー元帥は、この覚書には一顧だに与えることなく、一一月二四日、裁判所の本判決をそのまま承認し、判決通りの刑の執行を命じる声明を発表した。そして七被告に対する絞首刑は、同年一二月二三日に執行された。

共産主義者のターミノロジー（用語）にピープルズ・コート（人民裁判）というのがある。これは司法制度にのっとった裁判所での正規の裁判ではなく、群集が寄ってたかって一人の被疑者を取り囲み、「こいつは帝国主義者の手先だ」「警察の犬だ」などと叫び、法令とは関係なく処断してしまうやり方である。その場で被疑者を集団リンチにかけて血祭りにあげたり、なぶり殺しにしてしまうことすら起きる。もちろん法治国家では、あってはならない犯罪行為だ。

以上の通り、東京裁判をつぶさに見ると、その実態は法体制が整備された文明社会における公正な裁判というにはほど遠く、むしろ人民裁判による集団リンチとあまり変わりないように、私には思えてならない。

第II部
転落の歴史の今日的意味

ニューヨークの国連本部ビル

公正・不偏の視点から近代日本外交史の真実に迫ろうとする私の試みは、第Ⅰ部において、日本の指導部、日本国民、アメリカ・サイドの三者に着目し、順次論考を進めてきた。

こうして浮き彫りになった近代日本外交史の実相も、ただこれを過ぎ去りし時代の物語として書き綴りましたという自己満足だけに終わったのでは、あまり意味がない。現在の日本、現在の世界を考える時、この歴史の今日的意味はなんなのかを考え、そこからわれわれにとって指針となる教訓を引き出すことにこそ重要な意味がある。そして、現在われわれ日本人が、さらには人類社会全体が当面している様々な問題に対して、どう対処していくべきかという重大な課題についても、このような歴史の教訓を生かしながら、回答を探らなければならない。

敗戦を境に、日本サイドにおいては、それまで〈列強への仲間入り志向〉に突き動かされていた日本政府の対外姿勢は、対米追随一辺倒になり下がり、かつて「一流国としての自存自衛」のためには開戦もやむなしと決断した頃の意気込みは、もはやその片鱗すら感じられなくなってしまった。そして国民はというと、往年の燃えるが如き「愛国心」や「神国日本の臣民たる優越意識」は跡形もなく消え去って、卑屈な自虐史観に苛《さいな》まれるという体たらくに、無残な変貌をとげた。敗戦のショックによって、あたかも日本は国をあげて、全く逆方向の洗脳にかかってしまったかの観を呈している。

他方、西洋サイドを見ると、日本粉砕に乗り出すルーズベルト大統領の発想の根底にあった白人優越意識の方は、その後一向に衰えないばかりか、ポスト冷戦期の今日においては、西洋的価値観至上主義が再浮上し、アメリカの独善的行動が一段と顕わになっている。

双方でこれほどの差異が出てしまった現状を目《ま》の当たりにして、負けた方と勝った方で違うのは致し方ない、などとこれを簡単に片付け、諦めてしまってよいものであろうか。人類社会の調和ある発展という見地から見ると、現在の状況は、非常に気がかりな多くの問題をはらんだ、由々しき事態に立ち至っていると言わざるを得ない。

そこでこのような現状に留意し、第II部においては、これまで取り上げてきた日本政府、日本国民、西洋世界に順次焦点を絞りつつ、歴史の教訓を踏まえて浮かびあがってくる問題点をとらえ、それにどう対処すべきかについて考察してみたい。

第四章「対外姿勢の基本」では、日本という国家としての外交姿勢について、現状を反省しながら、そのあるべき姿を模索する。第五章「日本のアイデンティティー」では、日本国民の意識、つまり日本人としてのアイデンティティーの問題について考察する。そして第六章「歴史の歩みを逆戻りさせてはならない」においては、西洋的価値観主導で取り仕切られている現在の国際環境を睨みつつ、人類社会のあるべき姿について考えてみることとしたい。

第四章　対外姿勢の基本

敗戦に至る日本外交の軌跡を顧みると、そこでは列強と同列に立つことが常に発想の根底にあり、これ以外には世界に胸を張って掲げる基本理念を打ち出し得なかった。「アジアの解放」という表看板も結局看板倒れに終わってしまった。その反省に立ち、今や日本は、国の基本方針を明示して、基本戦略を確立し、この基礎の上に立って独自の立場から国際社会に臨まねばならない。

1　対米追随一辺倒からの脱却

日本が独自の立場を打ち出すことなく、対米追随一辺倒に堕しているのでは、国際社会の笑いものになってしまう。日米安保体制はわが国の安全を保ってきた枠組みであり、その意義はきわめて大きい。アメリカがわが国の重要なパートナーであることは疑いない。戦後日本がいち早く復興をとげ、未曾有の経済的繁栄を実現できたのも、この体制のおかげであった。

敗戦後の日本はアメリカの占領下に置かれ、すべてアメリカ・ペースで事が運ばれたのであるから、このような体制の方向に向かったのは当時の状況がしからしめる必然の成り行きであったと言える。さらに、サンフランシスコ平和条約により一九五二年に独立した後もこの体制を堅持し、六〇年安保を経て強固な日米関係を維持してきたのは、冷戦下にあった当時の状況においては、賢明な選択であった。当時国内に荒れ狂っていた左翼勢力の圧力に屈して、別な選択がなされ、仮に日本が共産陣営に入っていたりしたら、どんな悲惨なことになっていたか想像も及ばない。

私も日本の対外関係において、アメリカとの良好な関係がきわめて重要であることには、全く異論ない。日米安保体制がわが国安全保障の基本的枠組みとして、冷戦後の今日なお、好ましいものであることにも異存はない。したがって、日米協調は大切である。

しかし、だからといって、日本の外交政策はすべてアメリカと同一でなければならぬということにはならないし、いわんやアメリカの顔色を窺い、アメリカの指図通りに行動しなければならぬ理由はさらにない。日本が主体性なく、アメリカの言いなりになっているのでは、米国政府としては、こんな好都合なことはないので、口先で日本を褒めそやすであろうが、腹の中では日本を馬鹿にし、軽蔑さえすることとなりかねない。

日本は独自の判断、見解をアメリカにも堂々と示し、自国の立場、姿勢を打ち出し、これについての理解を求めるべきであり、そうしてこそアメリカとの信頼関係も深まり、真の協力関係を築くことができる。その方がアメリカからも尊敬され、信頼を勝ち得ることとなる。

ところが現実はどうであろうか。日米安保体制は、その片務性故に、実際上、わが国をかなり米国への従属状態に置いてしまっている。しかし多くの日本人はこのことに気づいてすらおらず、アメリカが守ってくれるから安心と呑気に構えている。アメリカに守ってもらっているという気持ちが無意識に働いて、常にアメリカの顔色をうかがう政治家が横行している始末である。

在日米軍基地は一千万坪、東京二三区の一・六倍の面積を占めており、しかも終戦後、占領軍として乗り込んできたアメリカが押さえた、アメリカにとって一番便利な、使い勝手のいい土地である。日本の住民の意向などお構いなしに、占領時代に接収した場所をそのまま使い続けているのである。しかも日本は毎年、米軍駐留経費の一部として、六五〇〇億円を負担している。アメリカにとってこんな好都合なことはない。「いい湯だな」といった気分で、日本の基地に居座っている。全世界的規模での米軍再編の動きが出てきているのは、日本として米側に基地削減を迫る絶好の機会であるが、日本側から削減案を打ち出して、積極的に米側に働きかける動きは一向にみられない。

これほどまで日本がアメリカに協力すれば、「いい湯だな」と温泉気分に浸りきっているアメリカの指導層は、日本政府のトップに「愛《う》い奴だ」とばかり、歯の浮くような誉め言葉で、お世辞のひとつも口にする。日本政府はそれに嬉しがり、ますますアメリカに尻尾を振って、付き従うこととなっている。どうみても対米過剰期待、過剰依存に陥っているように思えて、心配でならない。

日米安保条約は片務的性格だといわれている。つまり日本が攻撃されればアメリカが日本を守ってくれるが、アメリカが攻撃されても日本は出ていかないという意味で、日本に虫のいい条約だというわけである。しかし私に言わせれば、むしろ逆片務性と言いたい。アメリカは自国の国益のためになるからこそ日米安保条約を結んでいるのであって、博愛、人道主義的な発想など、ひとかけらもない。冷戦時代には日本が防共の砦だったわけであり、ベトナム戦争の出撃基地だったのである。冷戦後の今日、米軍が駐留しているのは、北朝鮮など不安定要因を抱えるアジア情勢を睨んで、アメリカの世界戦略上必要だからなのである。自分のために人の世話になっていながら、「お前のために居てやってるんだ」と言わんばかりに、大きな顔をして日本の基地を利用し、しかもその金は日本の納税者に出させているのが実態なのである。

果たして、いざという時、血を流してまで本気で日本を守ってくれると、アメリカを当てにしていていいのだろうか。アメリカ人の本心は一体どうなのか。朝日新聞とハリス社が共同で行った日米世論調査によれば、「在日米軍は何のために日本にいるか」との問いに対して、米国人の四九％は「日本の軍事大国化を防ぐため」、三四％は「アメリカの世界戦略のため」と答えており、「日本を防衛するため」と答えたのは僅か一二％にとどまっている（一九九九年四月一三日付朝日新聞）。

冷戦終結にともなう国際秩序の変化の中にあっても、国の安全保障をめぐる国民の意識は一向に変わらず、日米安保体制を新時代にどう適応させるかについての国民的議論はついぞなされずにきてしまった。せめて有事駐留の是非くらいは再考する絶好の機会と思われるが、それすら一向に関心を寄せない日本人の呑気さには、いささか心配にならずにはいられない。

われわれは「日米協調」と「対米追随」とは別の概念であることをしっかりと弁えるべきであり、この両者を混同してはならない。真に好ましい日米関係は、日本があくまでも自主的な立場に立って日米協調を図ることにより、構築されるのである。

2　西洋志向の体質から脱皮してアジアに軸足を据える

日本は日米安保体制は堅持しながらも対米追随一辺倒ではなく、アジアにもしっかりと軸足を据えた独自の立場から、国際社会に臨み、担うべき役割を全うし、責任を果たさなければならない。しかし残念ながら、国民多数の一般的な与論の風潮は、アジアに軸足を据えた独自のスタンスをとろうというのではなく、対米追随一本槍を是とし、政府のこの方針にもなんら疑問を抱かない憂うべき状況にある。

このような実情の背景には、近年、日本人は西洋人の色めがねを通して、世界を見るようになってしまったという、われわれの嘆かわしい習性がある。もっと一般的に言えば、西洋志向の体質である。日本人は西洋的視点から世界を眺め、西洋史観に立って歴史をとらえる習性に、どっぷり浸かってしまっている。

高校や大学の「世界史」の授業でも、歴史について日本で出されている大多数の出版物においても、十字軍やコロンブスのアメリカ発見など、西洋・キリスト教世界から眺めた歴史が語られている。十字軍の歴史をイスラム側から眺めれば、「ヨーロッパの野蛮人がイスラムの地を荒らしにやってきて、略奪、破壊、殺戮、凌辱など暴虐の限りを尽くした」ということに他ならず、コロンブスの新大陸発見は、アメリカの先住民にとってみれば、「外敵の襲来」であり、「大量虐殺と奴隷化の歴史」にすぎないことなど、われわれは考えてもみない（詳しくは拙著『〈思いこみ〉の世界史』勁草書房を参照）。

今日の世界情勢についても、欧米諸国の言い分ばかりが伝えられ、それがそのまま日本人一般の認識となっている。例えば、イラク。アメリカは大量破壊兵器の破棄問題でイラクを攻撃したが、イスラエルの核兵器保有は公然の秘密となっているのに、国際的に糾弾されていない。イラクが過去一二年間に一七の国連決議を遵守しなかったとしても、イスラエルは第三次中東戦争（一九六七年）以来、三四の決議に従わず、しかも米国の度重なる拒否権に守られてきたのである。イラクで依然としてアメリカの占領に反抗している武装集団を、アメリカは単なるテロと見なして、軍事力でねじ伏せようとしているが、アラブの人たちはこれを「抵抗運動」と受け止め、そう呼んでいる。「抵抗運動」は理不尽なテロと異なり、不当な権利侵害に対する、人民の権利行使としての蜂起を指す。パレスチナ人による対イスラエル被占領地解放闘争は「インティファーダ」と呼ばれ、「抵抗運動」の最たるものであるが、イラクでの米軍に対する襲撃は「インティファーダ」と同列に見られているのである。

このように、日本人が西洋人の色めがねを通して、世界の歴史を眺め、今日の情勢を受け止める習性に毒されている結果、対米追随の外交姿勢からも一向に脱却できないでいる。一体われわれは、なぜこのような習性に染まってしまったのであろうか。そもそも日本人の西洋志向の体質は何に由来するのであろうか。その主な原因は次の三点にあるように思われる。

まず第一は、明治時代以来の文明開化の歴史である。われわれの先達たちは、殖産興業、富国強兵の旗印のもとに、脱亜入欧を目指し、欧米の文物を懸命に移入して、近代化を推進した。

日本の近代化に思想面で強い影響を及ぼした福沢諭吉は、『西洋事情』(一八六六年)や『文明論之概略』(一八七五年)などで脱亜思想を説き、文明開化に向けての啓蒙に大きな役割を演じた。一八八五年(明治一八年)には「脱亜論」と題する論説が世に現れることとなるが、これはまとまった一冊の本ではなく、諭吉自身がその三年前に創刊した「時事新報」紙掲載の短い社説なのである。諭吉はこの社説で、支那と朝鮮を「悪友」と名付け、これらの悪友との「伍を脱して西欧の文明国と進退を共に」すべしと説いている。「悪友と親しむ者は共に悪名を免かる可《べか》らず。我は心に於て亜細亜東方の悪友を謝絶するものなり」とまで記している。そこにはアジア蔑視が色濃くにじみ出ていることから、これを侵略賛美の論説とし、福沢諭吉の思想全体を無にしかねないほどの、ネガティブな受け止め方をする向きもある。しかし私は諭吉がこれを書いた背景には、隣国の支那や朝鮮のように、「古風旧慣に恋々するの情は百千年の古《いにしえ》に異ならず」ということでは、植民帝国主義列強の餌食にされかねないので、日本は早く文明開化しなければならないという危機意識があり、近代化促進への警鐘を鳴らすことにこそ力点が置かれているのであって、決して日本がアジアを侵略しろなどと言うつもりはなかったものと解釈している。現に、最近発表された平山洋氏の説得力ある研究成果によれば、諭吉の脱亜思想全体の流れの中で、この論説は発表当時は別段注目されることなく、当時の読者がこの論説を侵略のすすめであると受け止めた形跡など、もとよりない。この論文は、発表後も長年その存在すら忘れ去られていたが、戦後一九五一年に遠山茂樹がこれを発掘し、とりあげて以来、注目が寄せられ、様々な解釈がなされるようになったのである（平山洋著『福沢諭吉の真実』文藝春秋）。

こうして国をあげて文明開化に邁進した当時の日本人にとっては、文明イコール西洋文明であった。日本人の目は西洋に向けられ、特に教育においては、数多くの「お雇い外国人」を招いて、欧米の知識や技術を必死になって導入した。その結果、多くの事柄について、西洋人の認識をそのまま受容する態度が、日本人一般の間で急速に根付いていった。

文明開化によって日本人の衣食住を含む生活様式や生活習慣も変わり、国民の関心は専ら西洋に注がれた。「舶来品」が珍重され、「洋行帰り」が幅を利かした。「舶来品」は欧米諸国からの輸入品を指し、アジアの物産はそう呼ばれず、「洋行」は欧米への旅行を意味した。「洋行」ブームは戦前にもあり、雅号を松田太郎《たろう》冠者《かじゃ》と称する粋人が長唄「越後獅子」の替え唄として、「洋行はやりもの」と題するこんな戯《ざ》れ唄まで残している。

洋行はやりもの　権兵衛《ごんべえ》も太郎兵衛《たろべえ》も発《た》って行く

仕度《したく》は三越　好みは　ちゃちゃ　めちゃくちゃ

向こうへ行ったら着られもせぬ様な洋服 誂《あつら》えて　得意顔
西洋なんぞじゃ見られもせぬ様な靴はいて
赤地の襟飾《えりかざ》りに　胸には薔薇《ばら》一輪
がりがり坊主を急いで伸ばして　もみあげを短く剃《そ》って
看板みたいな眼鏡《めがね》をかけて
嵌《は》めたこともないキットの手袋ちょいと握り　気障《きざ》なステッキを腕にかけ
いざや出かけましょうと　吸いつけない葉巻をくわえて
鞄《かばん》をしこたま抱えて　ステーションに駆けつける

東京駅には義理ゆえ集まる見送り人　「ではご無事で　お早くご帰京を」
まさかにこのまま帰せもしないと　十銭自腹切る
電車の中では澄ましていたれど　船に乗りゃ
余りの広さに仰天して　自分の部屋の番号忘れて
夢中でうろうろそこらを捜す
お名残惜しいや　出帆の時刻か鐘が鳴る

桟橋《さんばし》の上ではあだ姿　人目忍んでハンケチ振りゃ　甲板でも
泣きの涙で「さよなら　さようなら」

サンフランシスコに着いてはみたれど英語を知らず、ちんぷんかんぷんで
シカゴにニューヨーク、ボストンなんぞと宿《しゅく》をとり
日本人のお世話になって　イギリス渡りゃ
ロンドン見物している最中に　とうとう首尾よく迷子になって
巡査は支那の公使館に連れて行く
いずこの国でも　することなすこと話の種となり　そのくせ日本へ帰りゃ知らぬ顔
「ウィルソンにクレマンソーはみんな我輩のフレンドじゃ」なんぞと
ぐいっと反《そ》り身になってステッキを振り回す

浮かれ　浮かれて　恐ろしや

最近でこそ、アジアや中近東、アフリカなどに観光旅行で出かける人も増えてきたが、一昔前まではまだまだ日本人の海外旅行というと、断然ヨーロッパとアメリカが中心だったのである。
第二の要因はアメリカの占領政策と日教組主導の戦後教育である。アメリカの占領政策と日教組

のバックとなっていた左翼共産勢力の方針とは、日本を弱体化するという点では奇妙に一致した。その結果、歴史や伝統文化は否定され、道徳教育は行われなくなり、愛国心はタブーとされた。「日の丸」「君が代」に対する病的なまでに否定的な反応が一般化した。

第三の要因として、大きな作用を及ぼしているのはマスメディアの影響である。マスメディアの分野においては、欧米のメディアが世界を席巻しており、この状況は近年ますます顕著になっている。今日われわれが国内外の動きについての情報を得、一定の認識をもつのは、ほぼ全面的にマスメディアの報道に依拠しているが、そのマスメディアが欧米勢に牛耳られ、日本のメディアも欧米メディアの尻馬に乗って報道する状況にある。その結果、欧米人の視点に立って世の中をとらえる見方が、知らず知らずのうちに、われわれにとっても当たり前のことのように、受けとめられてしまっている。

こうして福沢諭吉の「脱亜論」から一二〇年を経た今日なお、われわれは未だこの「脱亜論」的発想から抜けきれていない。毎年発表される外務省の「外交青書」には、盛んにアジア外交の重要性が述べられているが、実態としては、戦後の日本外交が欧米志向の体質から脱却したと言うにはほど遠い実情にあり、対米追随の姿勢は一向に変わっていない。

こんな具合に、日本人が西洋的視点に立って世の中を受け止める習性に冒され、対米追随の姿勢に何の疑問も抱かない嘆かわしい態度をこのまま続けていくならば、われわれの孫か曾孫《ひまご》の時代には「昔この辺りには日本とかいう国があったらしいよ、今ではカリフォルニア州の一部になってるけどね」などということにもなりかねないと、心配になってくる。まさかこんなことにはなるまいが、今やわれわれは、このような西洋志向の性癖から、ぜひとも脱皮しなくてはならない。

マレーシアのマハティール前首相が「東アジア経済会議」（EAEC）を提唱した当時は、まったく後ろ向きだった日本政府も、最近ではアセアン・日・中・韓の拡大アセアン首脳会議等を通じて、アジア各国間の協力にだいぶ積極的になっており、「東アジア共同体」なども議論され始めたことは、歓迎すべき変化である。二〇〇五年一二月にはマレーシアで初の「東アジア・サミット」が開かれることとなっており、この共同体構想をめぐってどのような議論が行われるのか、世界の関心が寄せられている。

しかし、このような動きを単なるスローガン倒れに終わらせるのでなく、日本が本気で「東アジア共同体」設立に取り組むのであれば、われわれが「脱亜論」の呪縛から完全に解き放たれて、アジアを真のパートナーと受け止める意識改革を行い、アジアに軸足を据えた外交姿勢を固めなければならない。

アジアの個々の国との二国間関係についても、これまでわが国は、欧米諸国、特にアメリカの顔色を窺って、なかなか日本独自の路線をはっきりと打ち出せずにきた。

例えばミャンマーに対する政策である。軍政を非難する欧米諸国がこの国に種々の制裁を課し、締めつけを行っているので、日本政府は制裁こそ行わないものの、欧米に気兼ねして、事実上援助

（ODA）をストップし続けてきた。日本が援助を実施しようとすると、「それでは欧米の制裁措置が台無しになる」と、アメリカから強い横槍が入る。そうなると日本政府の姿勢は、外圧のもとにへなへなと腰砕けになってしまうのが常だった。これではお話にならない。日本政府はミャンマーの実情や将来の見通しについての日本の見解を示し、日本の政策の狙いとその効果について納得のいく説明を行い、欧米の理解を得た上で、堂々と独自の政策を実施すべきである。ことにこの国については、欧米諸国が軍政イコール悪玉と決めつけて、実際の状況とかけ離れた歪んだ認識をもっているので、なおさらのこと、日本が偏りのない、正しい判断を明示して、欧米諸国の〈思いこみ〉を解くことが必要である。日本にとって欧米との協調はもちろん大切であるが、日本の政策と欧米の政策とが常に同一である必要はなく、場合によっては日本と欧米とが異なるアプローチをすることにより、所期の最終目的に向けて、より大きな効果が期待されることとすらあり得よう。ミャンマーをめぐる種々の問題については前著ですでに詳述したので、ここでこれ以上立ち入ることは差し控えたい。（ミャンマー情勢の詳細については拙著『ミャンマーの実像』及び『〈思いこみ〉の世界史』［いずれも勁草書房］を参照）

このように、今やわが国は、アジアにしっかりと根を下ろした独自のスタンスを確立しなければならないが、そうなると隣国の中国や韓国との関係はとりわけ重要となる。そこで、避けて通れないのは靖国神社問題である。この問題は中国・韓国との良好な関係を妨げる、喉に刺さった骨のような存在になっており、その抜本的解決がぜひとも図られなければならない。

3 靖国神社問題と日中関係

どこの国にも、無名戦士の墓や国家の大義のために殉じた英霊を祀る霊廟があり、外国から国賓が来ると必ずこのようなところに詣で、花輪を捧げる。国のために殉ずるということは、最も尊い行為であり、外国からの賓客がこうした場所に献花するのは、訪問先の国に対する丁重な敬意の表明になるのである。日本では、靖国神社は、まさに尊い命を国に捧げた英霊を祀る神社である。

問題の本質——東京裁判についての日本の見解を明示すべし

祖国のために殉じた英霊を祀っているのが靖国神社であるのに、日本を訪れる国賓はここに足を運ばない。そればかりか、中国や韓国は日本の政治家の靖国神社参拝問題で神経をとがらせ、参拝をやめろと言ってきている。これは一にかかって戦犯が合祀されているからという理由に基づいている。このような言いがかりをつけられるのは、日本政府が東京裁判についての明確な認識を打ち出していないからに他ならない。日本がこの点の態度を明らかにしない限り、中国も韓国も決して譲らないであろう。いくら首相が八月一五日でなく、日をずらしてこそこそ参拝しようが、「平和への思いを新たにし、不戦の誓いをする」ためにお参りしているのだなどと小手先の言い訳をしたところで、本当の納得は得られない。

東京裁判の本質は第Ⅰ部の第三章で見てきた通りであり、日本政府はこの点についての見解を明示する必要がある。世界に向けて、わが国の立場を公式に明らかにすると同時に、日本国民自身に対して、東京裁判はなんだったのかをはっきりと示さねばならない。これをやらないものだから、日本国民の多くは東京裁判の本質を見極めることなく、勝者側のプロパガンダ・ショーをそのままの形で受け止めさせられている。死刑となった七人をはじめとする戦犯を過去の「悪しき日本」の代表と受け止めて疑問をもたず、勝者側の正当性証明のために仕組まれた理不尽な裁判で、恣意的に有罪とされたスケープゴートだったなどとは思ってもみない。中学や高校でも東京裁判のことは何も教えていない。国際的にも、日本敗戦の総括は、東京裁判ですべて決着との認識が定着してしまっている。

こんな具合だから、靖国神社に戦犯が合祀されているということで、政府首脳の参拝問題について、中国や韓国から文句をつけられる。

一九五三年八月三日、衆議院は「戦争犯罪による受刑者の赦免に関する決議」を可決した。これは「海外同胞引揚及び遺家族援護に関する調査特別委員会」が全会一致をもって採択した決議案を本会議に提出したものであり、本会議でも満場一致で可決された。

日本はこの前の年、サンフランシスコ平和条約発効にともない、独立を回復し、その後連合国側各所の収容所で服役していた日本人戦犯は、減刑・赦免による釈放または死刑から終身刑に減刑となった者の巣鴨移管の措置により、次々に内地に送還されていた。こうして内地送還者中、巣鴨移管となった者が全員巣鴨に集結したため、巣鴨は再び九二〇名余にふくれ上がっていた。このような状況のもと、「決議」は「わが国の完全独立のためにも、将又《はたまた》世界平和、国際親交のためにも、すみやかに問題の全面的解決を計るべきことを喫緊の要事と確信する」として、政府に対し、「全面赦免の実施を促進するため、強力にして適切且つ急速な措置を要望」している。そして「調査特別委員会」の山下春江委員長は、決議案の本会議での可決を求めるに当たって、本案上程に至る経過につき説明し、提案理由を次の通り明快に述べている。

「(朝鮮戦争では、開戦以来双方とも相手方の戦犯行為を指摘、非難してきたに拘わらず、このたび成立した休戦では、これが勝敗なき休戦であるが故に、戦犯裁判は行われず、双方ともやろうとしてもできない状況にあることに触れつつ)結局、戦犯裁判というものが常に降伏した者の上に加えられる災厄であるとするならば、連合国は法を引用したのでもなければ適用したのでもない、単にその権力を誇示したにすぎない、と喝破したパール博士の言はそのまま真理であり、今日巣鴨における拘禁継続の基礎はすでに崩壊していると考えざるを得ないのであります。……

千名に近い人々が巣鴨に暮らしているということを、何とて独立国家の面目にかけて放置しておくことができましょう。機運はまさに熟しているのであります。……」(一九五三年八月三日衆議院会議録第三五号より)

この決議案可決を受けて、本会議に出席していた犬養健法務大臣は、「先ほど提案者の述べられましたごとく、事態は現在いわゆる最終の段階に入っていると考えられますので、政府はここにおいてあらゆる熱意と努力を傾けまして善処をいたし、もって国民各位の熱望に答えたき覚悟でございます」(同会議録)と発言している。

こうしてこの決議に従い、全面赦免が実現し、千名近い巣鴨の拘禁者は自由の身となった。ところが東京裁判で死刑を宣告された七名をはじめ、各地で死刑の判決を受け、すでにその執行がなされた者たちの命は戻らない。

しかし、この決議は「わが国の完全独立のためにも、将又《はたまた》世界平和、国際親交のためにも、すみやかに問題の全面的解決を計る」べしとして、政府に全面赦免の実施を求めているのであり、しかもこれを提案した「調査特別委員会」の委員長はパール博士の言葉を引用しつつ、「拘禁継続の基礎はすでに崩壊している」との認識を明示しているのである。これは東京裁判を含め、戦後行われた司法の仮面をかぶった、連合国側による権力誇示、正当性アピールのショーについての見解を打ち出したものに他ならない。有権者の代表が、共産党議員を含む全会一致で、はっきりと示したこの見解を、どうしてもっと尊重しないのか。この時点で、靖国神社問題は終わっている、外国から内政干渉される理由はもはや存在しない、ということを政府もマスコミも、どうしてもっと強く主張しないのであろうか。

多分、この決議の政府に対する直接の要求が拘禁者の全面赦免であるので、東京裁判をはじめとする連合国側による一連の裁判についての見解を明示したという、決議の最も大切な論点が見過ごされてしまっているのであろう。

このような実情にある以上、今や遅きに失した感は否めないが、日本政府は東京裁判についての公式見解をあらためて明示すべきである。確かに、右に述べた国会決議は、戦犯裁判についての見解を明らかにしているが、それがこの決議の主眼ではなく、全面赦免の実施を求めるという直接の目的を打ち出す際に、よって立つ認識としてこれを表明するにとどまっている。しかもこの決議の存在自体、ほとんど忘れられているのだから、お話にならない。

したがって、日本政府の東京裁判に関する公式見解表明はぜひとも必要である。そして敗戦に至る過去の総括を、連合国側のプロパガンダ・ショー任せではなく、われわれ自身の手で行うべきである。敗戦後、われわれは一度として日本人自身で過去の総括を行うことなく、ただ唯々諾々と東京裁判の結果を鵜呑みにし、贖罪意識を持ちつづけてきた。もちろん今となっては、裁判という形式を踏んで、罪人探しということはできないであろうし、適当とも思われないが、過去を冷静に反省し、どうして破局に至ったのかをあらためて問いただし、責任の所在を明確にすることは、ぜひともしなければならない。

東京裁判では、日本の過去にのみ焦点が絞られ、糾弾されたが、アメリカの日本諸都市に対する無差別焼夷弾攻撃や広島、長崎への原爆投下が非人道的戦争犯罪であることは疑いない。しかし、だからといって日本の戦争責任や戦争犯罪が帳消しになるわけではない。冷静に過去を反省し、日本側だけでなく、相手側の行動にも光を当てて、公平な立場から双方の非を顧み、人類社会の将来に向けての教訓としなければならない。これをわれわれ日本人自身の手でなすべきである。

外務省の極秘文書『日本外交の過誤』は、まさにこうした作業を行うに当たって、ひとつのヒントを与える貴重な手がかりとなるが、これは単に当時の外務省課長クラスが中心となって取り組んだ作業の成果にすぎない。当時のことに明るい官・民・軍の関係者や学者を動員して特別の委員会をつくり、じっくりと作業に取り組む必要がある。現在すでに遅きに失しているが、今がこれをやるために残された最後のチャンスである。あと一〇年もすれば、このような作業をしたくとも、関係者は皆、この世を去ってしまう。

中国・韓国がこだわるのはなぜか

それにしても中国や韓国は、なぜこの問題にこれほど固執するのであろうか。それはこの問題が彼らの国内政治と密接に結びついているからである。特に、中国は国内政治上、靖国神社参拝を是が非でもやめてもらわねばならない、切迫した事情に置かれている。

中国は、冷戦が終わり、旧ソ連・東欧の各国が国家主導の共産主義から自由で開放的な民主的政治体制に百八十度方向転換した後も、旧来の共産党一党独裁体制を変えていない。多数の少数民族を抱える人口一三億の巨大国家を纏めてゆくには、そうやすやすとこの体制を変えるわけにはいかない。複数政党制などやろうものなら、たちまち混乱をきたし、国が四分五裂することとなりかねない。しかし、一党独裁は是が非でも続けたいが、国家による統制一本槍では、ことにポスト冷戦時代の風潮の中では、国民の不満をとても抑えられない。そこで、改革開放路線で経済発展を図ることにより必死になって、なんとか体制の維持を図っているのが実情なのである。

ところが、この政策は確かに経済発展というプラスの成果には結びついているものの、それと裏腹に、経済発展のひずみとも言うべきマイナス面、影の部分をもたらしており、深刻な問題となっている。貧富の格差拡大、不正・腐敗の横行、環境破壊の深刻化といった問題である。

まず頭の痛い大問題となっているのは、改革開放路線による経済発展が経済格差を招き、とてつもない貧富の差を生んでいることである。北京、上海、広州など沿岸部の都市は目覚ましい発展をとげているのに対し、内陸部はとり残され、所得格差は開く一方である。急速な発展をとげつつある沿海部地域の平均所得は、開発の遅れた内陸部の平均所得に比べると、一七〇倍にも及んでいる。私も先日、中国を訪ねたが、上海の発展ぶりは、これが中国かとわが目を疑うばかりであり、ニューヨークにも引けをとらないほどに高層ビルが林立している。しかし内陸部の農民は発展からとり残されている。食うや食わずで、腹を空《す》かした人たちがたくさんいる。農村の若者は沿海部大都市に出稼ぎに行っており、内陸部に残された人たちは、その仕送りでなんとか生きのびているという有り様だ。だから村に残って、農作業に従事しているのは、年寄りと子供、それにお母さんたちだけである。

しかも、さらに事態を悪くしているのは、汚職の蔓延である。汚職は人間の弱みに絡んで、どこの社会にもはびこる病のようなもので、これを完全に退治するのはなかなか難しい。しかし、とりわけ中国という国は、汚職の総本家のような国柄で、古来汚職が華々しく蔓延し続けてきた。共産党独裁下の今日の中国では、時たま汚職が摘発されて、見せしめ的に処罰されるケースが報じられることはあるものの、これは不運なスケープゴートであって、実際には政治家も官僚機構も、トップから末端までどっぷりと汚職にまみれている。農村でも、食うや食わずの農民を尻目に、共産党や国家機構の中枢とつながりのある者は、口ききのための賄賂のピンはねにより、または自ら賄賂を受け取り、ぬくぬくと私服を肥やしている。田舎をドライブすると、赤貧の民家に混じって、いかにも田園風景にそぐわない宮殿のような豪邸が目につくが、これがこうした連中の邸宅だ。

経済発展は、環境破壊をもたらし、これも深刻な問題になっている。環境破壊を放置すると、その悪影響は日本にも及びかねない。中国政府もこの問題の重大性を認識し、その対策に真剣に取り組もうとしており、日本の対中ODA（政府開発援助）も環境保全という分野に大きく軸足を移しつつあるが、問題解決は一筋縄ではいかないほど深刻である。

一般大衆、ことに内陸部の農村地域の人たちは、発展から取り残されている上に、さらに汚職のしわ寄せで搾り取られ、環境も悪化するというのでは踏んだりけったりで、たまったものではない。こうして大衆の間には、政府への憤懣が鬱積している。しかし直接反政府行動に走ると、ひどい目にあうことは、天安門事件でも見せつけられている。そこで鉾先を対外関係にそらして、反日デモをやり、不満を発散させる。

二〇〇四年夏、アジアカップ・サッカーの日中対抗戦が北京で開かれた際、中国の観戦者たちは日本のプレーヤーにブーイングを浴びせたばかりか、日の丸を焼くまでして日本人への反感を顕わにする行動に走った。競技場には「釣魚島（尖閣諸島の中国側呼称）を奪取せよ！」といった横断幕も見受けられた。日ごろの鬱憤を晴らすには、お誂え向きの舞台だったので、思いきり暴れたのである。警察は日本人サポーターと中国人サポーターの席を離すなど、警戒を強めたが、それでも観戦に来た日本大使館公使の車は窓ガラスが割られた。中国政府がこのような反日行動を抑えようとやっきになったのは、四年後の北京オリンピックを控えて、中国についての悪いイメージをもたれたくないという配慮もあるが、何よりも、こうした反日の動きが何時反政府、反共産党の動きに転じるとも限らない危険性を内包しているからなのである。

大衆が反日行動を起こそうとする際、靖国神社参拝問題は格好の口実となる。というのも、この問題はもともとは中国政府が、不満を抱く国民の目を外国との問題にそらそうとして、意図的にプレーアップしたものなのである。本来、国民は靖国問題など関心なかったし、大多数の中国人は靖国神社の存在すら知りもしなかった。それを中国政府が政治的にわざと問題化して、国民の注目をそちらの方にそらそうと仕向けたのである。このようないきさつがあるものだから、大衆が騒いだところで、靖国神社参拝は怪しからんというデモである限り、今さら政府もこれを手厳しく弾圧するわけにはいかない。

しかし、このデモはいつでも一転、反政府デモになる危険性を孕んでいることを、政府は十分心得ている。デモをしている大衆も、心の中には政府に対する不満が鬱積しており、今のところは反日を叫んで、少しでもこの不満を発散させようとしているが、これがやがて発火点に達すれば、反政府デモに転ずる危険があることを誰しも弁えている。空腹を抱えた大衆にとって、靖国神社参拝などはどうでもよいのである。日本の総理が靖国神社に行こうが行くまいが、そんなことには関心などない。ただ、反政府行動に代わるものとして、反日を叫んで憂《う》さ晴らしをしているのである。

このように、中国政府としては、靖国神社問題での大衆行動だと弾圧するわけにいかないが、これがいつなんどき反政府デモに転ずるかもしれず、心配でならない。だからこそ、こうした大衆行動の火種となる靖国神社参拝はぜひともやめてもらいたいのである。中国要人が、事あるごとにこの問題で強く申し入れをしてくるのは、実は「お願いだから靖国神社参拝はやらないでください。やられると、自分たちは困ったことになるのです」という悲痛な懇願なのである。

反日デモが反政府デモに転ずる危険を孕んでいたのは、一九七四年の田中総理アセアン訪問の時も同じであった。あの時、バンコックとジャカルタでは学生の反日デモが荒れ狂い、日本の旗が焼かれたりしたが、実はタイでもインドネシアでも反政府の機運がみなぎっていたのである。

中国政府にせよ、韓国政府にせよ、靖国神社問題にあれほどこだわるのは、実は反日の動きが反政府の動きに転ずる危険性を内包しているという、国内事情を抱えているからなのである。ここのところは、われわれ日本人も、もう少しわかってやる必要があろう。

日本は中国と良好な関係を構築して行かねばならない。次項に述べる通り、緊密な、安定した日中の協力関係は日本のアジア政策の重要な柱の一つである。中国の民衆の不満が爆発して大騒動となり、中国の現体制が突如崩壊するなどということは、日本にとって好ましい事態である道理がない。そうなればアジアは、ソ連崩壊時の騒ぎどころではない大混乱に見舞われるであろう。流血の惨禍がそこかしこに起こり、日本にも難民がどっと押し寄せてくることは間違いない。中国に安定していてもらわねば、アジア全体にとって由々しい事態が起きることになる。一党独裁の現在の体制がいつまでも続くとは思わない。経済面では既に実質的に大きく変化している中国が、やがては政治面でも抜本的に変貌する時を迎え、複数政党制による民主体制に変わる日を迎えるに違いない。多くの少数民族を抱える巨大国家中国が分裂することになるかもしれない。しかしそれに至る道筋は、革命や内乱によってではなく、中国人自身の叡智を集めた漸進的な自己改革努力を通して、新体制に軟着陸するという経過を辿ってもらわねばならない。アジアにとって、ことに隣国の日本にとって、中国情勢の将来に想定されるシナリオはぜひともこの軟着陸方式であってほしいものである。

そうだとすれば、中国政府が「困ってるから助けて」と悲鳴をあげて頼んできたら、耳を傾けてあげなければなるまい。そして助けてあげる手立ては、毎年一千億円もの援助をジャブジャブとたれ流すことではなく、「靖国神社参拝はやめて」と言ってきている真意を読み取って、理解してあげることに他ならない。

さりとて主権国家日本としては、自国の英霊を祀《まつ》る社《やしろ》に詣でることを外国に指図されてやめることなど、断じてできない。靖国神社参拝で文句をつけられるそもそもの原因、戦犯合祀の問題を取り除くことしか解決はあり得ない。それは戦勝国側の「正当性御披露目興行」にすぎなかった東京裁判で、戦犯としてスケープゴートにされた人たちの霊を他に移すなどという小細工をすることではない。なすべきは、既述の通り、東京裁判についての、日本の国家としての見解を世界に向けて闡明し、日本独自に第二次大戦の総括をきちっと行うことである。靖国神社問題の抜本的解決はこれしかない。

日中関係の将来に向けて

日本は対米追随一辺倒ではなく、毅然として、アジアに軸足を据えた独自の外交姿勢を持さなければならない。その際、一衣帯水の巨大隣国である中国とは、友好協力関係を保つことが不可欠であり、これがわが国のアジア政策の中で、最も重要な柱の一つとなる。

まず政治面、安全保障面で良い関係をつくることが、すべての面での関係構築の大前提であり、両国間の間柄をぎくしゃくさせないようにするためには不可欠の重要事である。その際、常に政治面での関係進展の障害となってきた靖国神社問題を解決し、いわば喉に刺さった骨を取り除かねばならないことは、右に述べた通りである。

経済面でも日中関係は、日米関係に比肩し得るほどの重きをなしており、今や中国は日本経済の重要なパートナーとなっている。

なにせ巨大国家中国の経済発展はすさまじい。二〇〇四年一〇月一日にワシントンで開かれた主要七ヵ国財務相・中央銀行総裁会議（いわゆるG7）では、通常の会議閉幕後、初めて中国の財務相・人民銀行総裁を招いて特別会議を開き、中国経済にかかわる種々の問題について協議した。G7会議はいわば世界経済をリードする金持ちグループの協議の場であるが、もはやG7としても、中国を蚊帳の外に置いておくわけにはいかなくなってきているのである。今や中国経済は、それほどまでに世界経済の動向を左右する存在になっている。これに続く二〇〇五年二月四〜五日のロンドン会議では、中国の他にインド、ブラジル、南アフリカも加わった。

二〇〇三年の中国のGDP（国内総生産）は一兆四千九九億ドルで、世界第七位、カナダを上回り、イタリアに迫っている（ちなみに第一位はアメリカで一〇兆八千八一六億ドル、第二位が日本で四兆三千二六四億ドル）。貿易額は八千五〇〇億ドルに達し、世界第三位の日本に並ぶ水準にきている。粗鋼生産高は二億二千万トンで、日本の一億一千万トンの倍の生産量である。セメントに至っては、中国の年間生産量は日本の一三倍である。中国はそれでも足りないので、世界中から鋼材をはじめとする素材や中間材を買いまくっている。二〇〇三年には高速道路を四千六〇〇キロ建設し、国内の高速道路延べキロ数は二万八千九〇〇キロとなった。日本の高速道路延べキロ数七千一九七キロと比べれば、これがいかにとてつもない数字であるかがわかる。ここのところ日本では、ハイテク産業よりも、素材・中間材メーカーの方が業績好調なのは、中国向け輸出のおかげという面が強い。

消費財の需要も増大のスピードは予想をはるかに超えている。象徴的なのは自動車だ。一国の経済が発展していく過程において、国民一人あたり平均のGDPが千ドルを超すと、モータリゼーションが起こるというのが常識となってきた。日本でGDPが千ドルを上回ったのは一九六六年、その頃からモータリゼーションは本格化している。

中国のGDPはまだ低い水準にあるので、本格的なモータリゼーションはだいぶ先だろうと見られていた。中国人労働者の平均年収はだいたい二〇万円、ホンダ・アコードの値段が四〇〇万円だから、車一台手に入れるには、年収の二〇年分をまるまる投じなければならないという勘定になる。こんな状態では、車がどんどん売れるなどということは、とてもあり得ないと誰もが思うであろう。ところが中国における二〇〇三年の自動車販売台数は四三九万台、同年日本の五九〇万台にだいぶ迫ってきている。モータリゼーションが前倒しで進行しているのである。

それはなぜなのか。答えは中国がばかでかい国だということと、前述した貧富の格差にある。中国では貧富の格差拡大の結果、新興富裕層、購買力をもった金持ち階級が台頭し、着実に増大してきている。富裕層は人口の二〜三パーセントだが、なにせ人口一三億人のマンモス国家であるから、それでも四千万人近い数字となる。この人たちが車を買い始めたのだから、販売台数が伸びるわけだ。販売台数が増えてきたといっても、人口一〇〇人当たり何台売れたかで比較すれば、まだ取るに足らない数字だといえるが、販売台数の絶対値でみれば、日本に近づいてきているのである。

ホンダがいち早く中国に進出した時には、成功を疑問視する声が盛んに聞かれた。しかし今やホンダは売れに売れており、中国でホンダ・アコードを手に入れようとしても、注文して半年は待たされるという状況である。ついにトヨタも中国への投資に踏み切り、やがて中国での生産を開始する。

ひと昔前、日本では中国脅威論を盛んに耳にした。安価な中国製品が日本になだれ込んで、日本企業は打撃を受け、中国の安い労賃に惹かれて日本の製造業がみんな中国に行ってしまい、日本経済は空洞化するとの危機感が叫ばれたのである。

ところが、あれよあれよという間に、中国は予想をはるかに上回るスピードでの発展をとげ、今や中国脅威論は薄れ、日本経済は中国依存の体質に変貌している。

中国本土ばかりではない。台湾、香港、シンガポールは中国人の居住地域だが、これら三地域と中国本土とは、今や経済体制の違いがなくなったので、緊密な交流が深まり、大中華圏とも称すべき経済圏をつくって、連携を強めている。

戦後長らく、日本経済にとって、最大のパートナーは常にアメリカだった。しかし今や大中華圏はアメリカを凌ぐパートナーとなりつつある。日本の輸出入の三割は大中華圏との貿易で占められており、すでにアメリカとの輸出入総額を上回っているのである（香港を含む中国だけをとって見ても、財務省発表の貿易統計速報によれば、二〇〇四年の日中貿易が日本の貿易額全体に占める割合は二〇・一%となり、日米貿易のシェアー一八・六%を上回った）。

中国の台頭は、日米関係にも変化を及ぼしている。一九四九年の共産中国成立以来、冷戦時代を通じて、日本もアメリカも中国の脅威に注意を払ってきた。ところが今や、どちらも中国の魅力に惹かれる時代になったのである。

日本は「日米二国間の関係は、相互信頼に結びつけられた磐石の基盤に立つ、揺るぎない関係だ」と呑気に構え、「日本の安全はアメリカが守ってくれるから大丈夫」などと安心してはいられない。

いくら日米安保条約があるからといっても、アメリカはその時々の国際情勢を判断した上で、何が国益かを見極め、国益の中でしか日本を守らない。仮に、尖閣諸島が中国に占領され、「日本固有の領土が侵略されたのだから、日米安保条約に基づいて、米軍の出動をお願いする」と要請しても、アメリカは日中間の領土紛争に巻き込まれるのは好まず、中国に気を使って、動こうとしないに違いない。

これまでの日本は、日米関係だけに頼って、日中をはじめとするアジアとの関係は二の次ぎという発想のもとに、近隣のアジア諸国との真の友好・信頼関係構築の努力を怠ってきた。今やこの発想は転換する必要に迫られている。日本にとって、アメリカも大事、中国も大事となり、アメリカにとっても、日本も中国も大事という時代になっている。したがって、日本は良好な日中関係の基盤に立って日米関係を、良好な日米関係の基盤に立って日中関係を構築しなければならず、同じことは米中の関係についても当てはまるのである。こうして、日米中の間に正三角形となるような、安定した、好ましい関係が構築されることが、アジア太平洋地域全体の平和と発展を支える基本的枠組みとならねばならない。

4 日本の国際的役割

このように、今や日本はしっかりとアジアに軸足を据えた独自のスタンスに立って、国際的な責務を担い、その役割を果たしていかねばならない。

国際社会において日本の役割が期待される分野は、開発問題、紛争予防外交、地球環境問題等、多岐にわたるが、特に日本が率先して取り組まねばならないのは、冷戦構造に代わる新たな国際秩序の構築にリーダーシップを発揮することである。

冷戦後の世界は、冷戦構造に代わる新たな国際秩序を見出せないまま、サミュエル・ハンチントンが「文明の衝突」と称した過渡期の時代が続いている。これは紛争の絶えない、混沌とした不安定な状態であり、人類はその叡智を集めて、ポスト冷戦時代にふさわしい新たな国際秩序を早急に構築しなければならない。

人類の長い歴史の流れに沿って考えれば、それは国際社会の組織化、つまりなんらかの形における超国家的な公権力確立の方向を目指すことになるものと思われるが、それに向けての最も現実的なアプローチは国連の抜本的な改革・強化しかないであろう。

国際社会の組織化

国家をメンバーとする国際社会は、今日、未だに組織化されていない混沌とした状況に置かれたままとなっている。つまり、国際社会は、その構成員である個々の主権国家の上に立つ公権力というものが存在しない無政府状態に等しい実情にある。これは国内社会と比べてみればわかりやすい。国内社会では、個々の構成員である個人や法人の上に公権力があるおかげで、構成員の身の安全は警察が守ってくれるし、外敵の侵入は軍隊が排除してくれる。個人や法人といった構成員同士の間柄や公権力と構成員との関係は、立法府が決めた法律できちんと取り仕切られ、仮にこの法律に反して権利侵害がなされれば、裁判所という司法機関が救済してくれる。これが個々の構成員の上に公権力が確立した組織化された社会というものである。

ところが、国際社会にはこうした公権力が存在しない。ということは、国内で警察がないのと同じ状態なので、無法者がはびこるのを抑えてくれる上部機関がない。個人個人が刀やピストルでわが身を守るか、腕っぷしの強そうなパートナーと組んで集団で自衛する以外には、身の安全が保てないということに他ならない。客観的に正義を担保する機能をもった機関が存在しないので、腕っぷしの強い者は自分で「俺は正義だ」と叫んで行動すれば、弱い者は文句を言えない。「正義だ」と叫んで行動している者がいつ無法者に豹変するかもしれない。

個々の構成員間を取り仕切るルールも無法状態に等しい実情なので、結局腕っぷしの強い者の言いなりにならざるを得ない。国際法というものがあるが、これは合意した国家間だけに通用するルールに過ぎず、しかも腕っぷしの強い国は都合が悪くなれば、こんなものは紙くず同然に無視して、違反、勝手し放題ということになってしまう。国家の上に立つ公権力が決めたルールというものは存在しないのである。しかも強国は大きな発言力をもつので、この国際法ですら、だいたいは強国に都合のいいように決められている。典型的な例が「核拡散防止条約」である。今日、人類が到達した科学技術の水準からすれば、国が核兵器を持っているかどうかは、刀やピストルを持っている人と丸腰の人との違いと変わらない。約二〇〇人の構成員がいる社会で、五人だけがピストルを持ち、他の者たちに「お前らには鉛筆削りのナイフも持たせない、素手でいろ」と命じて、監視の目を光らせ、やりたい放題の振る舞いを許しているのがこの条約なのである。しかもこの五人は国連安保理で拒否権をもった常任理事国なので、国連での重要な決定を自由自在に妨げることができ、一人が「ノー」と言えば国連は動きがとれなくなってしまう。こんな実情に国際社会からのブーイングすら起きていないのが不思議でならない。もっとも「核拡散防止条約」にも言い分はある。これがなければ二〇〇人それぞれが飛び道具を手にして、争うことになり、そうなると大変なことになる。地球が破滅してしまうという理屈だ。確かに、無制限、無秩序に核軍備競争が進む状況に比べれば、なんらかの歯止めがあった方がいいという理屈は、一見もっともに聞こえる。しかし飛び道具を独占している五人が「正義」を実現してくれるという保証はどこにもない。彼らが唱える「正義」は、彼らの独善による身勝手な言い分にすぎず、彼ら自身が「ならず者国家」に変身する危険は常に覚悟していなければならない。

さらに、権利侵害に対して、救済を求める司法制度も国際社会にはない。国連が設けた国際司法裁判所というのがオランダのヘーグにある。しかし、これは国家間のもめ事を当事国同士がヘーグに話をもっていきましょうと合意して、初めて機能する仕組みであり、主権国家の上に立つ司法制度というにはほど遠い存在である。しかもここで下された判決の履行については、一応「各国際連合加盟国は、自国が当事者であるいかなる事件においても、国際司法裁判所の裁判に従うことを約束する」（憲章第九四条第一項）となってはいるものの、事実上、一方の当事者が従わなければ、「他方の当事者は安全保障理事会に訴えることができる」（同第二項）というにとどまり、理事会はこれを受けて勧告をしたり、とるべき措置を決定することとなっているにすぎない。ここで言う裁判に従わない「一方の当事者」が安保理常任理事国であれば、拒否権により、安保理のどのような意思決定も阻止できるので、ここでも常任理事国は意のままに振る舞うこととなる。このように判決が下ったとしても、それを執行する強権を備えた超国家的公権力がないので、公正な判決の執行が確保されるという保証はなきに等しいと言わねばならない。

このように現在の国際社会は、構成員たる国々の上に立つ、強権を備えた公権力というものが存在しないので、結局、腕っぷしの強い者が我を通すジャングルの法則がまかり通る無法、無秩序の状態にあると言わざるを得ない。これが組織化されていない社会というものの実体なのである。

それでも冷戦の時代には、「恐怖の均衡」と言われながらも、東西両陣営が張り合う二極構造という冷戦秩序が存在した。それが冷戦終結にともない、この秩序も消滅したので、今日の世界はますます混沌とした無政府状態を露呈しているのである。

国連の抜本的改革・強化しかない

こうした状況下、人類は叡智を集めて、冷戦構造に代わる新たな国際秩序を早急に構築しなければならない。

しかし欧米勢は、冷戦での西側自由世界の勝利は西洋的価値観こそ「正義」であり「善」であることが実証されたのだとの確信を強め、自分たちの価値観をあまねく世界に押し付けようと、ますます横車を押すようになっており、現在の混沌たる過渡期の状態にさほど不都合を感じていない。むしろ現在の状況を居心地いいと思っている様子すら見てとれる。したがって、欧米諸国が新国際秩序構築に向けて、積極的に動くことは、あまり期待できない。

そこで、人類の歴史の新たな局面を切り拓《ひら》くこの分野でリーダーシップをとるのは、まさに日本の役割りであり、アジアやアフリカの国々からも日本への強い期待が寄せられているのである。

人類社会全体に正義をもたらす新たな国際秩序として、人類社会が構築しなければならないのは、一体どのような体制なのであろうか。右に述べたところから明らかな通り、それは国際社会の組織化を目指す方向しかあり得ない。つまり主権国家の上に立つ公権力の確立である。この方向を推し進めれば、辿り着く最終的な体制は「地球国家」ということにならざるを得ない。現に国際経済や国際情報通信の実情を見ると、世界がボーダレスの時代になりつつある今日、人間活動のいくつかの分野では「地球国家」的側面が明らかに強まっている。

現在の主権国家がせめぎ合っている無政府状態から、組織化された状態に移行した国際社会を「世界国家」とか「世界連邦」と称する呼び方もある。しかしオスマン帝国を「イスラム的世界帝国」と称したり、歴代の王朝から今日までの中華帝国を一種の「世界帝国」と見なしたりすることもあるので、この呼び方はちょっと紛らわしい。むしろ私は人類社会の最終的体制を「地球国家」と名付けたい。この方が、実際の中身は国家連合のようなものにとどまるにせよ、地球規模の連邦にまで進むこととなるにせよ、人類すべてを包含する組織化された社会という実態には、ぴったりする。

確かに「地球国家」は人類が最終的に到達すべきユートピアであろうが、現実の世界は、政治的、軍事的側面を含め、その実現にはほど遠い実情にある。私がここで、将来人類が向かうべき方向として「地球国家」を目指そうなどと、いくら掛け声をかけても、誰も相手にせず、理想主義者のたわ言としか受け止められないであろう。ことにわが世の春を謳歌している強腕《ごうわん》五人衆などは、やりたい放題の現状が居心地よくてしようがないので、自分たちの上に立つ超国家的公権力の確立などまっぴらご免と、とても話に乗ってはこないであろう。

このような現実を踏まえて考えると、「地球国家」などという表看板は掲げずに、何か現実的なアプローチを考えざるを得ず、そうなると、取っかかりとなるのは国連を措いてほかにない。第二次世界大戦後、国連を創設した人たちの思いには、国際社会の組織化を目指す方向性があったことは間違いない。しかし、戦勝国のエゴにより、結局、妥協の産物としてできあがった体制が現在の国連であり、およそ有効な機能を果たしえない、不完全きわまりない機関となってしまった。

私は、国連の抜本的な改革・強化を口にするからといって、なにも国連の実情に満足しているわけでは全くない。戦後六〇年間、国連は往々にして、大国の国益擁護のために利用され、場合によっては大国のエゴの隠れ蓑にされてきた。およそ国連が正義を実現しているというにはほど遠い実情にある。それでいて大国の中には参加費（国連分担金）までさぼっている国がある一方、旧敵国条項（憲章一〇七条）で敵とされている日本やドイツが多額の金を払わされているのである。思わず「なんたる理不尽」と叫びたくなるほど、考えただけでも癪《しゃく》に障ってくる。

このように、国連の実情は、はなはだ不満足であるが、しかしこれしか取っかかりがないのだから致し方ない。日本がアジア・アフリカ勢と声を和して、国連の抜本的改革・強化を叫びつづけ、国際与論を盛り上げて、地道に一歩ずつ目標に近づけていくしか方法はない。

現に、近代史の歩みを顧みると、国際関係において、国家が国家主権の専管事項として、他国の干渉を許さない領域は、徐々に狭まってきている。かつては純然たる国内問題として、他国がくちばしを入れると、内政干渉だと色をなして文句をつけていたような事柄が、明示的な国際合意（条約）により、あるいは慣行として（国際慣習法）、他国の介入を甘受するように変化してきている。

特に、通商経済や科学技術の分野ではこの傾向が著しい。ボーダレスが進行する世の中となれば、これは好むと好まざるとにかかわらず、不可避的に進展する趨勢なのである。しかし強腕《ごうわん》五人衆、特にアメリカのように、世界を思うままに操《あやつ》ろうとする国は、政治面、軍事面ではなかなか自分たちが覇権を握っている現状を変えたがらないであろう。

したがって、日本がリーダーシップを担うべきこの取り組みは、地道な努力を積み重ねて行く、息の長い挑戦となる。アジア・アフリカ勢の声をバックにして、条約や国際慣習を徐々に定着させ、世の中を段々と変えていくしかない。そして、このような行動を起こしていく上で、唯一の取っかかりになるのが、国連なのである。

ハンディキャップ国家論の欺瞞

日本が果たすべき国際的責務をめぐり、ハンディキャップ国家論という主張を耳にすることがある。平和憲法で軍隊を持たないことにした日本は「普通の国」ではないのだ、したがって平和維持にからむ国際貢献はするべきでない、しなくてよいのだという主張である。日本という国は、「普通の国」になると必ずや軍部や軍事力が突出することになるので、「普通の国」になってはいけないというのである。国や国際社会のために、一滴たりとも血を流すことはまかりならぬとして、憲法第九条を一言一句も変えまいとする主張の裏には、この考え方がある。

今や日本人は自国が「普通の国」になったからといって、軍部がのさばることを許すような国民ではない。その程度の心構えは過去の歴史の教訓から、われわれ誰しも弁えている。それをわが国はハンディキャップ国家であり続けるのが良いのだと主張するこの論者は、日本人は軍部を抑えられなくなる国民だと決めてかかる日本人不信論に立って、誤った論理を展開している。これは軍事に関するすべてを否定するというアレルギーに冒された見当違いの議論であって、とうてい賛成し得ない。

日本でこのような主張が行われているというだけでも、日本人はなんと臆病な卑怯者かと侮《あなど》られ、国際社会の笑いものになってしまう。自分の国である日本について、自分の頭で真剣に考えようとしない、考えることができない者のなす議論としか言いようがない。

日本はもちろん「普通の国」にならなければならない。「普通の国」として、担うべき国際的役割を存分に果たしていかねばならない。

「普通の国」として、戦禍に見舞われた国への復興支援にも、大津波のような災害に際しての救援活動にも、積極的に貢献していくべきは言うまでもない。そのための自衛隊の出動も、「はじめに対米協力ありき」ではなく、日本独自の主体的判断で行動するのであれば、大いに結構である。

しかし、こうした当然の国際貢献に加えて、アジアやアフリカの多くの民から日本の役割に寄せられる熱い期待は、なんといっても強腕《ごうわん》国家によるやりたい放題の実情を変えて、国際正義が担保されるような国際社会の組織化に向けてのイニシアティブではなかろうか。

思えば、人類社会は血族的小集団から発して、村落共同体、部族集団、都市国家、そして民族国家へと徐々に組織化された社会の領域を広げてきた。そして人類がボーダレスの時代に差しかかりつつある今日、核兵器の発達や環境問題の深刻化により地球存亡の危機すら叫ばれていながら、国際社会は混沌とした未組織の現況にある。ここにおいて、地球が亡びぬよう、国際社会を組織化し、国際正義を実現するためにとるべきイニシアティブこそ、日露戦争で初めて白人国家を打ち負かした有色人種の国、日本が敢然と担うべき最重要の役割であると私は確信する。

第五章　日本のアイデンティティー

近代日本外交史の反省に立って、今日における日本外交のあるべき姿を考察してきた前章では、日本が対米追随一辺倒から脱皮して、アジアに軸足を据えた独自の立場を明確に打ち出すことが、何よりも重要となっていることを述べてきた。これは主として、日本政府の対外姿勢の問題である。

しかし国際社会における日本という国のありようの問題はそれにとどまらない。政府だけでなく、国民一人一人の意識を含めた国全体として、どうあるべきかを考え直さなければならない。

日本人は外国の人から「顔の見えない日本人」だとか、日本という国は「不可解な国」だとよく言われる。われわれ自身の間でも、「日本らしさが失われてきた」と慨嘆したり、「国の個性喪失の危機」が叫ばれたりするのをしきりと耳にする。日本人としての自意識が希薄になってきていると言わざるを得ない。

終戦前までは、愛国心に燃え、「神の国」日本への献身を厭《いと》わなかった日本人の心情が、敗戦の衝撃によって逆方向に振れ、国への思いをすっかり希薄にしてしまったのである。われわれは日本人たる自意識をもっとはっきりとした形で取り戻さねばならない。それは国家存立の基礎として国のアイデンティティーを明確に打ち出し、対外的にこれを明示することに他ならない。

1　アイデンティティーとは

アイデンティティーとは一体何なのであろうか。

英語の辞書によれば、"identity"は「見分ける」「同一視する」という意味の動詞"identify"からきた名詞で、「同一であること」「本人であること」「正体」「身元」となっている。日本語には、これに相当するぴったりとした言葉がなかなか見当たらない。司馬遼太郎は「出自」のことであると記しているが、「出自」よりはもっと広い概念を含んでいるようで、結局「なんなのか」「誰なのか」ということ、つまり「自己認識」なのであろう。人であれば「自分は一体誰なのか」、国であれば「自国は一体どのような国なのか」ということがアイデンティティーだということになる。

これに当たる言葉は、トルコ語ではもっと直接的ではっきりしている。英語の"who"に相当する「誰」というトルコの単語は"kim"であるが、これに抽象概念を表す接尾語"-lik"を付して"kim-lik"としたのがアイデンティティーに当たる言葉となっている。まさにずばり「誰であるかということ」という意味である。中央アジアの遊牧騎馬民族の末裔という意識とヨーロッパの仲間という観念とが絡み合った、複雑な帰属意識の持ち主であるトルコの人たちにとって、自分たちの"kimlik"の問題は常に人々の重大な関心事となってきたのである。

一九八〇年代初めの頃、私は日本政府のユネスコ常駐代表として、パリに勤務していた。当時ユネスコにおける文化関係の論議では、植民帝国主義時代に欧米列強が唱えた西洋文化こそ至高の文化であり、それ以外は未開野蛮な文化だとする文化進化論に対抗して、アジア・アフリカ勢が盛んに文化相対論を唱え、どの国、どの民族の文化にも独自の価値があり、各文化の違いは相対的なものにすぎず、優劣の問題ではないとする主張が盛んに展開された。会議場では、「ナショナル・アイデンティティー」とか「カルチュラル・アイデンティティー」といった言葉が毎日のように飛び交った。そこで私がはたと困ったのは、このような論議の模様を東京に報告するに当たって、日本語でどう言ったらいいのか、「アイデンティティー」に相当する単語が思い浮かばないのである。「民族的自意識」「国民性」「文化的独自性」などと訳してみても、どうもしっくりこない。日本語として熟していない。結局英語をそのまま使って「ナショナル・アイデンティティー」「カルチュラル・アイデンティティー」と記して、報告した。

世界的にボーダレスの時代が一段と進行してきたこの時期、国家や民族のアイデンティティーの危機が叫ばれ、この問題は盛んに議論の的となっていた。帝国主義列強の植民地にされていたアジアやアフリカの国々は、独立して、形の上では、過去における宗主国文化の押しつけから解き放たれはしたものの、なかなか文化的に自立できないばかりか、むしろネオ・コロニアリズムの波に乗って、欧米の文化侵略が勢いを取り戻していると主張する。

他方、ヨーロッパの国々もコカ・コーラやマクドナルド・ハンバーガーの普及、アメリカの映画産業やテレビ番組のヨーロッパ席巻を目《ま》の当たりにして、ヨーロッパのアイデンティティーに警鐘を鳴らすといった有り様で、大いに論議が交わされていた。

こうしたなか、およそアイデンティティーの危機など感じていないばかりか、そもそもアイデンティティーの問題意識すらもたない呑気な唯一の国が日本であった。そんな具合だったので、アイデンティティーに相当する日本語の訳語も固まっていないのである。古来、国際社会から一歩距離を置いて、孤高を保ってきた日本は、自国のアイデンティティーに思いを致す必要などないほど、自明の理として明確なアイデンティティーを確立しているから、この問題が議論にもなっていないのだと、当時私は思っていた。現に、ユネスコでの議論においては、独自の伝統文化を保持しつつ、近代化を達成した模範的な国として、日本は関心の的となっていた。

確かに、日本は四季折々に自然が織りなす恵み豊かな、美しい国であり、古来その中で日本人は、こうした自然の恵みにマッチした繊細な感性を発達させ、外来文化を摂取しつつ、これを同化して、独自の文化を育んできた。そして「われ日本人なり」と胸を張って言うことができるアイデンティティーを確立してきた。こうしてわれわれは、揺るぎないものとなった自分たちのアイデンティティーを、あらためて気にも留めないほど当たり前のこととして受け止めてきた。

しかし今日、果たしてこのアイデンティティーは引き続き健在なのか、揺らぎ始めてはいないのか、ここであらためてわれわれのアイデンティティーの問題を考え直してみる必要があるように思われる。

2　アイデンティティーの二つの側面

アイデンティティーとは「自己認識」だということになるが、よく考えてみると、そこには二つの側面があることに気づく。人についても、国についても同じであるが、まずわかりやすい人の場合について考えてみよう。

「私は誰なのか」ということを明らかにしようとすると、誰しもまず自己紹介のために名刺を差し出す。○○会社の者ですと、勤務先を示すこと（職縁）から始まるのが普通である。少し話しが進むと、住所や出身地を明かし（地縁）、親、兄弟、子供、親類のこと（血縁）や卒業した学校のこと（学縁）に話が及ぶこととなる。通常の場合、この職縁、地縁、血縁、学縁の四つの枠組みが、ある人物の社会的な立場、位置関係を示す最も基本的な要素である。もっと立ち入って、詳しく説明するとなると、交友関係、趣味で属しているクラブや奉仕活動をしている団体、さらには支持政党などの話に及ぶ。場合によっては、どういう連中と仲がよくて誰とは仲が悪いか、どの派閥に属するかといったことも問題になる。これらはすべて、その人物が自己を取り巻く社会の中でどういう位置付けを占めているか、「立場」を明確にする要素である。この「立場」の問題がアイデンティティーの第一の側面である。

もうひとつは人物自体の問題である。顔かたちや背丈、肥満度といった外観上のことは、一見して一目瞭然であるが、もっと重要なのは「中身」の問題である。正直者か嘘つきか、親切か意地悪か、根アカか根クラか、おしゃべりか寡黙か、出しゃばりか引っ込み思案か、知的レベルはどの程度か、思想傾向は右寄りか左寄りか、これらも「私は誰なのか」を理解してもらう上では大切な要素となる。この「中身」の問題がアイデンティティーの第二の側面である。

国家についても個人の場合と同じであり、アイデンティティーの第一の側面は、その国が国際社会にどのような姿勢で臨み、どのような立場を持しているかということ、つまり国家のスタンスの問題である。われわれは長らく日本人の身についてきた西洋志向の体質から脱皮し、対米追随一辺倒ではなく、アジアにしっかりと軸足を据えた独自のスタンスをとらねばならない、ということを前章で述べた。これが日本のアイデンティティーに欠かせない第一の要素である。

3 ソフトパワーの時代
――愛国心が育む文化の基層――

アイデンティティーのもうひとつの側面である「中身」とは、国の場合には、とりもなおさずその国の文化の問題である。政治、経済、社会を含む国の営みすべてを包含した広い意味での文化である。

国家関係をとり仕切る伝統的方法と新たに脚光を浴びたソフト・パワー

従来、国と国との関係は、強制力をもって相手をねじ伏せるやり方と説得力により相手を納得させ、合意させるやり方との二つで取り仕切られてきた。

前者の方法で用いる強制力の最たるものは軍事力であるが、軍事力ばかりでなく経済力だって、重要資源の供給をストップするといったやり方で、相手の死命を制するような強制力をもつことはできる。

後者の説得による方法の最たるものは外交であるが、軍事と外交の間には、強制力を背景に圧力をかけて交渉を進める、いわば「衣の袖から鎧《よろい》をちらつかせる」グレー・ゾーンがいろいろな形で存在する。

ところが近年、情報化の急速な進展に応じて、伝統的な強制力や説得力とは異なるソフト・パワーといわれるものの存在がクローズアップされてきた。これを言い出したのはジョゼフ・ナイという米国ハーバード大学の学者で、一九八八年に発表した論文でこの考えを打ち出し、注目を浴びた。ナイは伝統的な強制力や説得力をハード・パワーと呼び、これに対して「自らが望んでいることを、他の勢力が同様に希求することによって、好ましい結果を手にする能力」のことをソフト・パワーと称した。つまり一国の思想や文化、さらには政治・経済・社会制度を含む国家体制が、他国に魅力あるものと映り、他国に訴えかけ、その結果、他国を自国の利益にかなう方向に仕向けることとなれば、強制力も説得力も用いることなく望ましい状況が得られることとなる。このような作用を及ぼす要素はすべてソフト・パワーであり、したがって思想や文化や国家体制など、いずれもソフト・パワーなのである。

思想や文化や国家体制などは、広い意味ですべてその国の文化であるから、結局、ソフト・パワーは広い意味での文化が人を引きつける力、つまり文化の魅力度ということになる。例えばA国がB国に何か要求する時、軍事力や外交力、あるいは経済力、技術力といったハード・パワーを用いなくても、ソフトな面でA国が魅力ある国であれば、B国は要求されなくても、A国の言い分に耳を傾け、それに従ってもよいと考えるようになる。さらに進めば、B国はA国に見倣い、自国もA国のようになりたいと自ら努力することとなる。

アメリカという国をとった場合、ハリウッド映画やテレビ番組、ポップスやジャズ、コカ・コーラやマクドナルド、スニーカーやTシャツに代表されるアメリカの大衆文化、ライフ・スタイル、ニューヨークの摩天楼群をはじめとする都市文化は人々を魅了し、アメリカのソフト・パワーとなっていることは疑いない。他方、国内の暴力や麻薬、人種差別などの問題が伝えられると、アメリカの国際的イメージ低下につながり、ソフト・パワーへの信頼度を下げることとなる。ソフト・パワーのパワー・ダウンである。

このようなソフト・パワーの存在は、なにも近年に始まったわけではなく、理屈としては昔にもあった。唐の都、長安の繁栄ぶりは周辺諸国にとって、憧れの的であり、各国ともこぞって貢物を携えた使節を派遣して、唐につき従う姿勢を示し、良好な関係を求めた。大和朝廷は長安に倣って、平安京を造営し、遷都した。

しかし、情報伝達力が量的にも、スピードの点でも今日とは比較にならないほど劣っていた当時においては、ソフト・パワーが作用を及ぼすのは、きわめて限定的かつ緩慢にすぎず、強制力や説得力というハード・パワーの陰に隠れて、ほとんど無視しうる程度のものでしかなかった。ところが、近年の情報化時代の到来とともに、事態は一変し、ソフト・パワーが非常に大きな影響力を発揮するようになり、その重要性が高まったのである。

多文化の時代と日本のソフト・パワー

冷戦後、国際社会は冷戦構造に代わる新たな国際秩序を構築し得ないまま、混沌とした過渡期の時代を迎えている。東西両陣営が対峙する冷戦構造の枠組みの中で抑えられてきた人種、宗教、言語、文化の違いや領土をめぐる軋轢が、冷戦の枠組みが取り払われるや否や、紛争として顕在化し、戦争となっているのである。ハーバード大学の国際政治学者サミュエル・ハンチントン教授はこうした状況を『文明の衝突』ととらえた。

人類はこのような紛争の絶えない混沌とした過渡期を乗り越え、安定的な国際秩序を確立しなければならず、それには文明の衝突を克服し、文明の共存を実現しなければならない。欧米諸国、特にアメリカは西洋的価値観至上主義の妄想にかられて、世界中あまねく西洋文明を画一的に押し付けようとする傾向を強めているが、これは決して望ましいことではなく、世界は必然的に多文化の時代に向かわねばならない。

このような趨勢の中で、日本のソフト・パワーは世界で大きな存在感を示している。戦後長らく、日本といえば経済面でしか知られていなかった。しかし今日では、自動車や電気製品は言わずもがな、ロボット、精密機械といった経済・技術分野にとどまらず、カラオケ、ゲームソフト、アニメ、さては回転寿司を含む日本食ブーム等々、多岐にわたる分野で、日本はソフト・パワーを発揮している。世界的指揮者や演奏家など芸術面、建築家の活躍やファッション界での成功例、イチローや両マツイの活躍などスポーツの世界でも日本人の活躍は目覚ましく、世界における日本への好感度を高めている。こうした実情は喜ばしいことであり、大いに歓迎すべき事態である。

基層文化の重要性

しかし、ここで注意しなければならないのは、今日発揮されているこうしたソフト・パワーは、日本人が伝統的に形成してきた基層文化の上に開花し、この基盤があってこそ初めて可能になったということである。

ロボットや精密機械など、世界に冠たる工業製品を日本が生み出しているのは、伝統工芸で培ってきた日本人の工《たくみ》の技《わざ》や職人芸に立脚して可能となったことを忘れてはならない。今日、驚異的な進歩をとげ、人間生活の未来に大きな可能性を切り開いている日本のロボット技術も、元を辿ると、ぜんまい仕掛けを駆使した高度な「からくり人形」の伝統に行き着く。一七世紀の作品といわれる

「茶運び人形」などの見事な動きを見るにつけ、まさに「もの造り」の原点ここにありとの感を深くする。

神道の教えでは、神様の言う通り（神《かん》ながら）に正しい行いをすることが求められる。したがって、お供えして神様が喜ぶ、美しいものが「いいもの」であり、一見表面的にはよく見えても、中が傷《いた》んでいる食べ物とか見えぬところで手抜きした粗悪な工芸品などをお供えすると、神様を怒らせることにしかならない。日本の工の技は、こうした神道の本質を弁えた工たちによって受け継がれ、磨き抜かれてきたのである。そして今日、大量生産による工業製品にも、この工の技の伝統は生き続けており、厳格な品質管理により粗悪品を生み出さないよう、厳しいチェックが行われている。日本の輸出品はこうして世界中どこへ出しても恥ずかしくないものが一つ一つ造られているのである。

ある時、私は用事があって、さる大企業の本社を訪ねた。世界中に事業を展開しているハイテク産業日本代表格のトップ・メーカーである。その時、招じ入れられた大会議室で、真っ先に私の目に留まったのは、部屋の上の方に設けられた神棚であった。こんな超近代的な「もの造り」の大企業でも、生み出す製品の一つ一つに神道の心が脈々と続いていることをあらためて思い知らされたのである。

芸術や建築、ファッションの分野での成功、アニメやゲームソフトの世界的ヒットも、古来日本人が育んできた繊細な感性や自然の恵みを謙虚に受け止める日本的発想あってのものなのである。

「ポケモン」や「千と千尋の神隠し」といった作品が、日本古来の「お化け」や「物《も》の怪《け》」、「妖怪」文化の延長線上に創られたものであることも明らかだ。

このような基層文化は、われわれがこれまでの歴史の中で積み重ねてきた日本独自の文化として誇れる貴重な資産であり、これこそアイデンティティーの第二の側面である日本の「中身」なのである。国の政策としても、こうした基層文化を大切にするための施策には、もっともっと力を入れなければならない。

このような基層文化を継承、発展させていくに当たって、忘れてならないのは「愛国心」の大切さである。「愛国心」なくしては、祖先から受け継いだ貴重な遺産である基層文化も、たちまち変質したり、悪くすると失われることとなりかねない。

ここで「愛国心」と私が言うのは、何も国粋主義的な意味合いでこの言葉を持ち出したのではない。国家に対する誇りと愛着をもつ、国の威信を重んじ独立国家としての矜持を失わない、歴史への熱い思いを抱く、自国への屈辱には断乎反発する気概をもつといった、国民たる者が当然弁えている心掛けにほかならない。御茶の水女子大学の藤原正彦先生は『祖国とは国語』(講談社)の中で、「祖国愛」という表現を用いておられるが、私の言わんとする「愛国心」もこれと全く同じである。

私は子供の頃、フランスの作家ドーデの小説『最後の授業』を読んで、そこにある強烈な愛国心に胸を打たれ、深い感動を覚えたのを今でも記憶している。

「それはフランスが一八七一年、プロシャ・フランス戦争（普仏戦争）に敗《やぶ》れて、東部のアルザス・ロレーヌ地方がプロシャにとられてしまった頃の話である。アルザスの片田舎、村の小さな小学校が舞台となっている。この地方がプロシャに割譲されてしまった結果、この学校も、明日からはドイツ人の先生がやってきて、授業はドイツ語となる。今日がフランス語でやる最後の授業なのである。

日ごろ子供たちをびしびし躾《しつけ》る、こわいアメル先生もこの日ばかりは、なにかいつもと違った神妙な面持ちで生徒の前に立った。子供たちはというと、普段は教室でもお行儀悪くて、よく叱られるし、終業の鐘がなってアメル先生が『今日はそこまで、帰ってよろしい！』と告げるや否や、『ワー！』と一目散に河原での蟹とりに駆け出して行く、いたずら盛りだが、この悪がきどもも、今日はアメル先生の様子から特別な雰囲気を感じとっていた。先生はフランス語の美しさを諄々《じゅんじゅん》と説いて、『民族が奴隷となっても、国語を保っている限り、牢獄の鍵を握っていることになる』と話して聞かせる。

やがて終業を告げる鐘が鳴り響く。アメル先生は黒板に、『Vive la France !（フランス万歳！）』と力強く大きな字で書き、黒板に向かったままで生徒の方に振り返らない。涙に暮れた先生は、いつものように『今日はそこまで、帰ってよろしい！』という声も出せないのである。

先生は生徒たちに背を向けたまま、手のしぐさで『帰りなさい』という合図をする。普段は待ってましたとばかり、『ワー!』っと駆け出して行く子供たちも、しばらくは席を動こうとしなかったのである。」(アルフォンス・ドーデ著『最後の授業』の要約を筆者がとりまとめた)

ここに見られるように、国への愛着、国の行く末を案じる気持ち、国語へのこだわり、このような自然な思いこそ、まさに愛国心なのであって、決して国粋主義者が唱導するような唯我独尊の狭隘な情感ではない。ましてや排外思想ではさらにない。

このような自国への思いが自然に向かう最も象徴的な対象が、国旗と国歌であることを考えると、わが国における「日の丸」・「君が代」問題は異常というほかない。ようやく法律でこれが日本の国旗・国歌であると定められてから、事態は多少よくなったが、依然として「日の丸」・「君が代」に国民が寄せる思いには寒けがする。私自身、トルコに勤務していた頃、日本の大使として恥ずかしい思いをした経験がある。

トルコは大変な親日国で、トルコの人たちは、日露戦争以来、宿敵ロシアを負かしたアジアの近代国家として、日本に憧憬の眼差しを注いでいる。当時トルコの大学では日本語や日本研究をしている大学がすでに幾つもあったが、新たに高校レベルで日本語を教える学校を新設することとなりトルコ人の注目を集めた。その開校式は文部大臣が出席して、盛大に行われ、日本大使として私も招待された。当日アンカラ近郊の新設高校に出かけると、式場となっている大講堂には、トルコ国旗の飾られた演壇の前に生徒たちが整列して、来賓の到着を待ち受けており、すでに文部大臣も到着していた。やがて式典開始。まず全校生徒一同に先生たちも和して、国歌斉唱である。続いて文部大臣が登壇。「おめでとう」で始まる祝辞を述べるのかと思いきや……開口一番、校長先生以下、先生、生徒全員に対して大臣からの大目玉である。「今の国歌の歌い方はなんだ! 気合いが入っとらん!」と叱りつけた。トルコの国歌は、ケマル・アタチュルクが民族解放闘争をしていた当時の軍歌がそのまま国歌となっているので、士気を鼓舞する行進曲風の勇ましい歌だ。そう言われてみれば、確かに生徒たちの歌い方はあまり力がこもっていないようにも思えた。

しかし大臣が、事もあろうにこのようなおめでたい祝賀の場で、色をなして怒ったのが予想外だったので、私は来賓として隣に居合わせた顔なじみの大学教授に「大臣があんなに叱りつけるとは、驚きましたね」とつい声をかけてしまった。すると大学教授は怪訝《けげん》な顔をして、「なんで驚かれるのですか。国歌をだらだらと、心をこめずに歌ったら、大臣が叱りつけるのは当たり前ではないですか」と述べ、日本大使が驚いていることが驚きだと言わんばかりの反応を示した。そこで私から、日本における「日の丸」・「君が代」問題の実情を手短に話したところ、教授に、そんな国があるとは不可解だといわんばかりの面持ちをされてしまったのである。

このようなことも考えて、今日の日本人の愛国心の現状について思い巡らすと、どうも多数の日本人の心情においては私利私欲、利己心のみ強くなっており、国益の観念とそれを守る意思すら欠落しているように思えてならない。

国のために血を一滴でも流すのには反対という立場から、憲法を一字一句たりとも改正することに断乎異を唱える人たちもいる。第二次大戦で日本軍が負けた後のベトナムに、旧宗主国のフランス軍が舞い戻ってきた時、ホーチミンは国民に対して「奴隷状態で置かれるよりはすべてを犠牲にせよ。刀のない者はつるはしを持って戦え！」とアピールし、この呼びかけが、その後の対仏インドシナ戦争、対米ベトナム戦争を通じて、常にベトナム人を鼓舞し続け、ついに勝利をもたらした。これを考えると、国のため一滴の流血もいやだと主張する人は、「奴隷になってもよい」との意識の持ち主だとしか思えない。そのようなことでは国を失うことになりかねない。

第六章　歴史の歩みを逆戻りさせてはならない

欧米人はなぜ有色人種を蔑視するようになったのか、その淵源を辿ると、前述した日本人による中国人や朝鮮人蔑視の由来と、きわめて類似した状況がこうした結果をもたらしたことに気づく。どうも人間というものは、力をつけて強い立場に立ち、とりわけ腕っぷしが強くなると、他者を見下し、蔑視するようになる定めのように思える。これは個々人の場合も、国家や民族についても変わりない。国単位で他国民を蔑視するようになるのは、政治面、経済面、文化面での力関係もさることながら、とりわけ軍事的強大化が一番の原因となるようである。

果たせるかな日清、日露の戦勝以来第二次大戦に向けて高まっていった日本人の思い上がりの方は、敗戦によって跡形もなく消え去り、戦後の日本人はしゅんとなって、逆に一億総懺悔の状態に一変してしまった。

他方、欧米人の優越意識の方は今日なお健在であるばかりか、冷戦終結後、国際関係の底流にますますその強固な根を張りめぐらしているのである。

1　西洋的価値観至上主義の独善

非白人国家でありながら頭角を現してきた日本を完膚なきまでに叩きのめし、東京裁判で戦勝国側の正当性を誇示した白人国家、特にアメリカは、こうした過程を通じて、一段と自信を強めた。

その後長らく続いた冷戦構造の下《もと》にあっては、自由陣営対共産陣営というイデオロギーの対立が最大の関心事となる一方、アジアやアフリカの植民地が次々に独立したため、旧来の「文化進化論」に代わって「文化相対論」が唱えられるようになり、これが文化論の主流を占めるようになった。世界の各国、各民族の文化は、それぞれが独自のアイデンティティーを持っており、相互の相違は優劣ではなく、いずれも尊重すべき固有の価値を備えているとする考え方である。ここにおいて初めてアジアやアフリカの文化にも、アメリカのインディアンの文化にも、それぞれのカルチュラル・アイデンティティーに市民権が与えられた。しかし、戦後のこうした風潮の中にあっても、有色人種蔑視に根ざした欧米人の思考形態が抜本的に変化したとは思えない。国際会議などの場で、相次ぐ独立によって数を増してきたアジアやアフリカの代表たちが「文化相対論」を謳歌するなか、欧米人は表立ってこれに異を唱えようものなら、たちまち「ネオ・コロニアリズム」の烙印を押されて袋叩きにあうので、声を潜めてはいたものの、内心では苦々しく思っていたに違いない。

「文化進化論」的潮流の再浮上

やがて冷戦は自由世界の勝利をもって幕を閉じることとなった。そして、これに伴なう変化として、徐々に頭をもたげてきたのが、「文化進化論」的な潮流の再浮上という憂うべき傾向である。欧米諸国は、もちろん「文化進化論」を表看板として再度掲げるようなことは一切していない。しかし共産圏に対する自由世界の勝利によって、欧米の理念こそ唯一の「正義」であり「善」であることが証明されたとの確信から、彼らの価値観を世界中の国々に押しつけようとする独善的な風潮が強まり、各地で摩擦や反発を生むケースが増えている。宗教上の原理主義どころか、文化全体を包含する原理主義の再浮上である。こうした動きの底流には、白人優越意識が依然として健在であり、一向に衰えることなく根強く続いていることが見てとれる。彼らの最終的な目論見は、欧米の覇権を確立し、世界を自分たちの思うままに操ろうとする狙いにあるのではないかとすら勘ぐりたくなる。

長年にわたる植民帝国主義時代に唱えられてきた「文化進化論」に対して、第二次世界大戦後ようやく「文化相対論」がこれに代わって文化論の主流になったかに見えたのに、冷戦後の潮流は、再び「文化進化論」に逆戻りし始めているのである。これはとりもなおさず、歴史の歩みを後戻《あともど》りさせることに他ならない。

中でも冷戦後、独善的態度へ一番露骨な転身をとげたのはアメリカである。この国では、冷戦の米ソ二極構造の下《もと》で一方の極であったソ連が崩壊した以上、今や残るもう一方の極である自分たちの一人勝ちの世の中になったのであり、世界秩序はアメリカの思うがままに構築されるべきだとする独善的〈思いこみ〉が強まっている。こうして民主化・人権至上主義、市場経済万能主義を錦の御旗に、相手国の実情やその歴史、文化、国民性などにはお構いなく、米国流の理念を押しつけようと横車を押す傾向が、あからさまになっている。冷戦時代には共産主義への防波堤として大切にされてきた国々も、冷戦後はアメリカの国内世論の圧力のもとに、人権・民主化をめぐる非難のターゲットとして、やり玉にあげられるようになった。

ネ・ウィン政権下のビルマ（冷戦時代）と今日のミャンマー（ポスト冷戦期）に対する、アメリカ政府の対応ぶりの違いは、まさにその好例と言える。ネ・ウィン時代のビルマでは、今日のミャンマーとは比較にならないほど、強権的独裁体制の下に圧政が行われていたが、アメリカは共産中国に接する国であるがゆえに、この国を非難することなどついぞなかった。それどころか、むしろ援助をしたいと申し入れ、逆にネ・ウィン大統領の方が「超大国の影響力は受けたくないから結構です」と断っていたのである。それに比べ、現在のミャンマー政府に対しては、ポスト冷戦期となったがゆえに、軍政だというだけで、はるかに厳しい態度をとり、制裁を課して締め付けを行っている。なんとも露骨なダブル・スタンダードと言う他ない。

こうして冷戦後の国際社会においては、「文化進化論」への回帰、つまり西洋的価値観至上主義の再浮上という憂慮すべき風潮が強まっている。

これは言うなれば、欧米諸国による彼らの「価値観原理主義」、「文化原理主義」だ。しかもこの原理主義は、当の欧米人がこれを口にしないばかりか、非欧米の人たちすら、危機感を抱き、声高に警鐘を鳴らす人がほとんどいないので、なおさらたちが悪い。人により、この風潮に気づかず、何の疑問も抱かずに、これを受け止めている人（これが大部分の人）、意図的にこの風潮を煽っている人、実情を熟知していながら真実を語ろうとしない人等さまざまだが、いずれにせよ声を上げてこれを糾弾しようとする人はあまりいないので、事の真相はほとんど知られていない。

世界を震撼させた二〇〇一年九月一一日の同時多発テロ事件も、「憎きテロリストをやっつけろ」との掛け声のもとに、世界の目はテロ組織撲滅とそれを目指しての国際社会の結束にばかり向けられているが、事件が起きた背景を考えると、西洋的価値観至上主義の風潮と無縁ではあり得ないことに気づく。

こう書くと、私がいかにも反欧米の立場に立って議論を展開しようとしているように見えるかもしれないが、決してそうではないということは、はっきりさせておきたい。

西洋的価値観とは、西側自由世界がよって立つ基本理念として奉じてきた価値観を意味する。そして現に欧米が錦の御旗に掲げている欧米流の価値観の中には、民主主義は言うまでもなく、自由で開かれた社会体制や切磋琢磨してしのぎを削る市場経済のメカニズム等々、疑いなく好ましい考え方が少なくない。少なくないどころか、彼らの価値体系中のかなりの部分は、われわれ日本人も学んできた素晴らしい理念だ。実際にわれわれは、彼らの考え方の多くをとり入れてきたし、或いは梅棹忠夫流の「文明の生態史観」によれば、彼らと並行して、日本も独自に同様の価値観を育んできた。今やこうした好ましい理念の主要なものは、われわれ自身のアイデンティティーの一部になっているとすら言えよう。

西洋的理念は各国の実情に合わせて実施すべし

自由、民主主義、人権尊重、市場経済原理等々、西洋世界がよって立つとされるこうした基本理念は、究極的には好ましい考え方であることは疑いない。

しかし、そうだからといって、彼らの価値観のすべてが、アジアやアフリカの、歴史や伝統や文化や国民性の異なる国々にも、そのままの形であまねく妥当する、普遍的な価値だとはもとより言えない。西洋的価値観を人類社会すべてに適用さるべき普遍的「正義」であり、「善」であるとして、水戸黄門の葵のご紋の印籠よろしく絶対視し、強制しようとする風潮は、どうみても欧米諸国の独善と言わざるを得ない。現にアジアやアフリカの国々からはこのような風潮への強い反発が起こっているのである。各国それぞれが異なる歴史的背景をもち、固有の状況下に置かれているアジアやアフリカの国々において、これらの理念を直ちに欧米諸国におけると同じ形で実現せよと迫るのは、必ずしも適当とは言えない。国造りに当たって、目指すべき方向として、こうした理念の示す目標に向かうのが最終的には好ましいとしても、そこに至るプロセスは、各国の状況に適したやり方で進める必要がある。さもないと、安定を損ない、いたずらに混乱を招くことにすらなりかねない。

こうした理念を実施に移すには、一定の前提条件を確保することが不可欠となる。これなくして、ただ形だけこれらの理念を実施してみたところで、決してうまく機能する道理はない。

例えば民主主義実現のプロセスをとってみても、民主的な政治体制を機能させるには、多くの前提条件が満たされていなければならない。独立国家としての一体性が保たれ、秩序が安定し、治安が維持されて、国民の安全が確保されていることが何よりもまず求められる。外敵の侵入を受けて、戦争状態にあったり、内戦を抱えて国が四分五裂しかねない危機的な状況に置かれていて、国民の生命、財産が危殆に瀕しているような状態では、民主主義どころではない。また、経済が著しく不調で、国民が飢え死にしかねない有り様では、人間の尊厳すら保てない。ある程度の安定が保たれ、国民がどうにか食べていけるようになったとしても、国民の政治意識や教育程度が一定の水準に達していることが、次に必要な前提となってくる。さもないと、選挙民の行動は金や暴力や社会的因習によって捻じ曲げられ、政治家は国家や国民そっちのけで、政争に明け暮れ、腐敗・汚職にまみれて利権争いに狂奔することとなる。いくら形だけ、民主的な政治制度を導入しても、このような前提条件が満たされていない限り、民主主義は機能しない。欧米諸国だって、今日の民主体制を確立するまでには長い年月を要しているのである。新たな国造りに取り組むアジアや中近東・アフリカの諸国が有効に機能する民主的政治制度を確立するには、十分時間をかけて、それぞれの国に適したプロセスで進めていかねばならない。

相手国が置かれている状況にお構いなく、何がなんでも形の上で民主主義を実施させてみたところで、うまくいく道理はない。西洋的価値観をただがむしゃらに押し売りしても無意味であり、かえってその国の人たちがとり組んでいる国造りの努力を邪魔立てすることにしかならない。

どんな時代においても、民を束ねていく為政者は、その時々に自分たちが置かれている状況のもとで、最善を尽くしてきた。血に飢えた異常性格者とか、私腹を肥やしたがる「ごうつくばり」といった例外を除けば、どこの国のどの時代の指導者も自己が最善と確信するやり方で国を治めてきたのである。

例えば、群雄割拠する戦国時代、戦《いくさ》に勝ち抜いて天下人になろうと日夜奮闘している織田信長のところにブッシュ大統領がやってきて、「信長さん、そんなに戦《いくさ》ばかりしていないで、民主主義をやりなさい」と言っても、信長はもちろん聞く耳をもたなかったであろう。当時の状況では、敵対勢力を力で倒して束ね上げ、朝廷の権威のもとに日本をひとつにまとめることが、国造りに不可欠の最重要課題だったのであり、信長はまさにこれをなしとげることこそ自己の使命と確信して、死闘を繰り広げていたのである。

今日のイラクが日本の戦国時代だとは言わないが、この国にはシーア派とスンニ派の対立、部族間の勢力争い、クルド族はじめ少数民族の存在等々、種々固有の問題があり、直ちに西洋流の民主主義を押しつけてみても、なかなかうまくいかない事情にあることは留意しなければならない。

2　「国のありよう」と国際社会の関与

このように冷戦後、西洋的価値観至上主義の風潮が高まり、相手国の事情にはお構いなく、西洋の理念をそのままの形で押しつけようと、横車を押す傾向が強まっている。冷戦が自由世界の勝利に終わったのだから、西洋的価値観こそ「正義」であり「善」であることが証明されたではないかとの〈思いこみ〉がもたれ、この発想が欧米諸国の行動に結びついているのである。

図らずも、こうした事態は、白人優越意識が依然として健在であることをまざまざと見せつけている。欧米諸国、特にアメリカは、西洋的価値観を体得していない国、これにもとる体制の国は怪しからんとして糾弾し、制裁を課して締め付け、場合によっては軍事的圧力をも辞さない態度に出ている。政治の形体が形式的に、民主主義の格好さえしていれば、実態はどうでもいいというものではないのだが、西洋的価値観を妄信する人たちは何がなんでも形を重視する。したがって、これに当てはまらない軍政の国は、すべからく非難の矢面《やおもて》に立たされ、制裁の対象とされるのである。九・一一事件以降、タリバンに支配されたアフガニスタンやサダム・フセインのイラクの制圧に乗り出してきたブッシュ大統領の行動には、とりわけこの〈思いこみ〉が色濃くにじみ出ている。

それでは、ある国の国造りへの取り組みに対して、国際社会はどう関与すべきであろうか。

本来、国造りの根幹をなす国家体制の問題は、まさに「国のありよう」にかかわるアイデンティティー自体の問題であるので、その国の人たちの自覚と責任に委ねるべきであり、外国が介入して、あれこれ指図すべき問題ではない。国のアイデンティティーは、その国の歴史、文化、国民性、民族感情と結びついて、その国の人たち自身によってのみ形成される。その国の事情も、人々の心も弁えない部外者がこれに首を突っ込んでみたところで、〈思いこみ〉による見当違いな、余計なお節介にしかならない。外国のありがた迷惑な介入は、当の国民の国造りのとり組みを邪魔だてし、その進展を遅らせることにしかならない。まさに「信長さん、民主主義をやりなさい」といった類のお節介をやくことになってしまう。

国造りの取り組みのうち、このように国家体制の根幹にかかわるところは、その国の人たちの自覚と責任に委ね、国際社会は彼らの努力を補強するよう、側面的に支援するのがよい。すなわち援助(ODA)、貿易、投資、技術移転、観光、学術・文化交流といった形で、当事者の取り組みを国際社会が側面的に後押しし、助けてあげるのである。

しかし現実には、欧米諸国、ことにアメリカは全く逆のアプローチをしている。その典型的な例として、ここでもミャンマーを挙げることができる。軍政が民主的体制を構築するという最終目標に向けて、自国に最も適したプロセスで国造りを進めているのに対して、欧米諸国、特にアメリカは、アウン・サン・スー・チー女史の反政府勢力を資金的、物的に支援して、政府の努力を邪魔だてし、国造りを遅らせている。何がなんでも形だけ民主的な政治体制を押しつけようと、性急な民主化移行を求めて圧力をかけているのである。

他方、本来当事者の努力を支えるべき側面的協力については、支援しないばかりか、逆に制裁を課して締め付けを行い、この国を苦しめている。これでは国際社会の関与の仕方は全くあべこべとしか言いようがない。

しかし、そうはいっても、「文明の衝突」がもたらす不安定なポスト冷戦の今日、国造りの根幹は当該国民に任せっぱなしでよいのかという疑問は残る。ボスニアやコソボで起きたような民族浄化の大量虐殺を、国際社会は当事者任せで拱手傍観していてよいのか、九・一一を企んだアルカイダのようなテロリストを匿《かくま》う国が大量破壊兵器を溜め込むのを座視していてよいのか、という問題はなくならない。そこで新たに唱えられているのが、人道的関与という概念と先制行動論である。

人道的関与は一九九一年の主要国首脳会議(G7ロンドン・サミット)で認められた概念であり、大量虐殺のように、人道上座視しえない事態が起こっている場合には、国際社会はこれに介入できるとする考えである。コソボ紛争の際、国連決議が得られないまま、北大西洋条約機構(NATO)が軍事介入するに当たっては、この概念が論拠とされた。

先制行動(preemptive action)論は、九・一一事件を受けて、ブッシュ大統領が断乎テロリストと対決すべしと説く中で、彼らが次なる大事件を起こさぬ前に、その元凶を叩く必要ありとして打ち出した主張である。この考えのもとに、アメリカはタリバンに支配されたアフガニスタンを制圧し、サダム・フセインのイラクに侵攻した。

しかしこうした考え方には大きな危険がひそんでいる。軍事大国が自由に行動し、弱い国はどんな目にあわされるかわからなくなる恐れがでてくる。人道上座視しえないひどいことが起きているかどうか、テロリストを匿《かくま》い、大量破壊兵器を溜め込んでいるかどうかを客観的に判断する超国家的な第三者機関が存在しない以上、その判断は軍事行動を起こそうとする大国任せになってしまう。国連はいざという時、とうてい十分な機能を発揮し得ず、現にコソボの時も、イラク戦争でも国連決議はないまま、NATOやアメリカが行動を起こしている。「人権侵害やテロリスト匿いを理由に軍事介入できる」という理屈は、弱い国にとっては大国の判断で、いつ何時自分の国に軍事介入が行われても、文句を言えないことに他ならない。軍事大国が弱い国に対して、どうすべきか指図し、軍事的な脅しにより屈服させることとなる。弱い国はもはや独立国ではなくなってしまう。なんとも恐ろしい考えである。

だが、そうだからといって、セルビア人が民族浄化を狙って、ボスニア・ヘルツェゴビナやコソボでイスラム教徒やアルバニア系住民を虐殺するのを放置するわけにはいかないし、テロリストの本拠をいつまでも野放しにしておくのも困る。となると結局、冷静後の過渡期の現状では、国連が迅速、適切に対処する能力を持たない以上、腕っぷしの強い国が自国の判断で行動するという実情は致し方ないということになってしまう。国連の抜本的強化を軸として、冷戦構造に代わる新たな国際秩序を早急に構築することが、強く望まれる所以である。

3　異文化の接触と文明の歩み

以上に見てきたように、冷戦後、西洋的価値観至上主義が再浮上し、これにもとる国は懲らしめて、この価値観を押しつけようと横車を押す風潮が強まっている。言うなれば、白人優越意識がまたぞろ元気を取り戻してきているのである。こうした傾向がさらに続いて、世界中が西洋的価値観一辺倒になり、西洋文明一色になってしまうとすれば、これは人類の未来にとって決して望ましいことではない。

世界は価値観の多様性に立脚した調和ある秩序を実現し、多文化の時代に向かわねばならない。二一世紀を迎え、人類社会の遠い将来を展望する時、人類がさらなる進歩を続けていくには、これがことさら必要不可欠となってくることを痛感する。

進歩は職業分化から始まった

人類文明の足跡を顧みると、文明の進歩は常に異文化の接触によってもたらされてきたことが明らかに見てとれる。

今から六〇万年前頃、進化の末に人類《ホモサピエンス》なる動物がこの世に現れ、旧石器時代を生き始めて以来、青銅器文明が現れだしたのはたかだか五千年前のことであり、この頃から人類はようやく文明らしきものを形成し始め、その後文明は加速度的に進歩をとげて今日に至っている。こうして見ると、進歩が始まったのはやっと五千年前であり、人類誕生からそれまでの五九万五千年間は、木や土の器具のほかは、石の道具しか知らない、ほとんど進歩することのない時代がずっと続いたのである。人類が進歩し始める発端となったのは、職業分化であった。

人間は類人猿からヒトに進化した当初から集団生活をしていた。しかし狩猟や漁労や採集をして生活を営む集団は小さなグループであり、しかも他のグループとの交流はほとんどなく、孤立した状態にあったので、各自ひとりひとりが必要な道具を自分で造って用いていた。こうする限り、どんなに器用な人間が進んだ道具を造っても、そのノウ・ハウは一代限りにとどまり、知識や技術の交流や蓄積は起こらない。仮にこの時代、レオナルド・ダビンチやニュートン・クラスの天才が現れても、一人相撲では何もできなかったであろう。

やがて人間集団が徐々に大きくなり、しかも他集団との交流がもたれるようになると、職業分化が始まる。壷を造る者は壷造りに専念し、鍛冶屋、籠《かご》造り、機《はた》織り職人等々、自分の職業に専従し、自身では狩猟や農耕を行わず、自分の生産物を他人に提供して、食糧など生活に必要なものを得るようになる。こうなると各職種の専従者は技術を磨き、工夫を凝らし、時に発明や発見をするようになる。しかも職業は代々子孫や弟子に受け継がれるので、知識や技術は継承され、蓄積されることとなる。特に他のグループとの接触が密になると知識や技術の交流が進み、飛躍的なレベル・アップが図られることとなる。そしてこの人間集団が、小集落から徐々に大きくなって、やがて都市を形成するようになり、さらに国家にまで拡大し、交流のスケールもどんどん広がっていく。これが進歩につながり、文明をもたらすこととなったのである。

こうして見ると、文明の進歩は異文化の接触、交流を通じて達成されるのであり、世界があまねく西洋的価値観一辺倒となり、西洋文化一色に塗られてしまうことは、人類の未来にとって決して好ましいことではない。人類社会はあくまでも価値観の多様性、多文化の共栄を追求しなければならない。

「いい加減の発想」が世界を救う

こうして人類がさらなる進歩を追及し、前進していくのは結構だが、問題はそこでもたらされる文明の中身である。

二一世紀を迎えた今日、人類文明の足跡、ことに近・現代の科学技術の進歩を顧みると、人類は自然を破壊し、環境を汚染し、生態系のバランスを崩し、破滅への道を突き進んでいるように思えてならない。二一世紀は汚染の世紀ということにならないよう、この辺で人類は叡智を集め、地球を救う努力をしなければ、取り返しのつかないことになってしまう。

工業化がすさまじい勢いで進展する一方、森林破壊に歯止めがかからないため、地球温暖化が進んでおり、二酸化炭素など温室効果ガスの排出削減を義務づけた京都会議議定書の対策程度では、破滅を救うのに十分とはとても言えそうにない。それでもアメリカはこの合意に加わることすら拒否し続けている。

森林破壊がいかに人類の破滅をもたらすかを如実に物語っているのは、モアイ石像で有名なイースター島の歴史である。南太平洋のまっただ中にある面積一二〇平方キロというこの小さな孤島は、一七二二年にオランダの軍艦がイースターの日に発見したので、この名前がつけられた。発見当時、島民の数はわずか三千人程度にすぎなくなっていたが、とてつもない高さの巨大石像が千体ほど聳《そび》え立っており、過去にはかなりの人口を擁する高度な社会が存在していたことを窺わせた。その昔森に覆われていたこの島に、ポリネシア人が住み着いたのは五世紀頃のことらしい。彼らは森林を伐採して祭祀を執り行い、記念碑を建造するのに精を出した。しかし生態系の限られたこの孤島では、一七世紀頃には森林がほとんど破壊され尽くす。もはや彼らはカヌーも家も作れなくなり、洞窟生活を余儀なくされ、生き長らえることすらおぼつかなくなってしまう。食うに困ると部族間の争いも増え、島は無人島化の道を辿ったのである。

森が地球から消えているのは陸上ばかりではない。海にある珊瑚礁《さんごしょう》の森も死滅している。先日「沖縄のサンゴが今危機に」というNHK特集を見て愕然とした。海水温の上昇の結果、サンゴの体内にあって光合成をする藻が死滅し、そうなるとサンゴ自体も白化現象を起こして死んでしまうのである。サンゴはオニヒトデの卵を食べて、オニヒトデの増殖をコントロールする役目を果たしていたが、サンゴが死に絶えると、このバランスが崩れ、オニヒトデが異常繁殖することとなる。こうして増えたオニヒトデは海水温上昇によって北の方に生息領域を広げており、その卵を黒潮に乗せて北上させ、房総沖にまではびこってきている。その影響で、房総沖の島々では漁獲量が半減してしまったとのことである。地球温暖化による海水温の上昇が海洋生態系のバランスをすっかり狂わせてしまったのである。

今日、人類の文明レベルはもう自然との均衡を破る段階にまで達している。物質的な文明の進歩はほどほどにして、環境保全やリサイクルの対策にもっと精を出さないと手遅れになる。人間が自然を征服するという行き方から、自然との調和を求めるという態度への発想の転換がなされなくてはならない。

日本は「和」の国である。今こそ日本は、世界のすべてにこの「和」の精神を浸透させ、万人こぞって、ヒトと自然が共存する調和ある人間社会の構築に取り組むよう、仕向けねばならない。

キリスト教やイスラム教のような一神教の排他的、非妥協的性格に比べ、多神教の世界は寛容を旨とし、包容力がある。

仏教はカーストの差別を排斥し、仏教サンガの内にあっては一切の差別を認めなかった。当時インドにあったジャイナ教やアージーヴィカ教といった仏教以外の諸宗教は、インド社会の伝統に忠実で、カーストの差別を容認していたのである。しかも釈尊は仏教を説くに当たって、人々にジャイナ教徒やアージーヴィカ教徒はそのままでよい、別段他の宗教を捨てることなく、ただ自分の教えに耳を傾けなさいと説いた。まことに包容力に満ちた教えである。

八百万《やおよろず》の神様を崇める神道の核心は祭祀の実修である。神は自然そのものであり、祭祀の根源は自然との出会いに他ならない。神の宿る自然の前に非力な人間である自己を謙虚に対置させ、自然とヒトとの調和を求める。

ベーコンやデカルトといった合理主義哲学者の指導原理は確かに近代科学技術の発展をもたらしたが、同時にとことん合理性を追求するところから、人間は自然界のあらゆる事物に立ち向かい、これを征服できるのだという人間の傲慢さを生み出した。その結果が今日われわれが直面しつつある地球存亡の危機なのである。今日、合理主義哲学の指導原理一本槍では、もう時代の要請に対処できないところに来ている。われわれが必要とするのは、神が与えてくれた自然の恵みに感謝しつつ、人間の無力さを自覚する謙虚な心であり、自然との調和を図って地球環境を保全する決意と努力である。そして人間社会においては、「文明の衝突」ではなく、「文明の調和」が求められねばならない。独善的に自己の価値観を他者に押しつけるのではなく、各国、各民族のアイデンティティーを尊重する多文化の時代に向かわなければ人類の未来は開けてこない。

そこで一番大切になってくるのが「和」の心であり、他者を包摂する寛容の精神である。これこそ、白黒はっきりと峻別して、一切の妥協を拒む西洋合理主義の思想ではなく、まさに東洋的発想であり、とりわけ古来日本に根づいてきた考え方である。

日本語には、このような発想を反映した実に重宝な言い回しがある。「いい加減」という表現であり、私の好きな言葉である。ほどよく調節すること、ほどよく調節された状態を言い表しているが、どんぴしゃ寸分の狂いもなくということではなく、ほどほどに好ましい状態だというところに味噌がある。そこには妥協を許さない西洋流発想ではなく、東洋的なアバウト感覚がある。寛容の心がある。湯加減、味加減、塩加減、火加減等、いずれもほどよく満足な状態にあれば、「いい湯加減だ」とか「結構な味加減です」ということになる。

私は、何よりの趣味が囲碁なので、碁のテレビ番組を楽しみにしているが、対局の説明では、「いい加減の分かれですね」といった言い回しが解説者の口からよく出てくる。これは白石の側にも、黒石の側にも、まずまず不満のない、ほどほどの状態が得られたことを意味する。調和のゲームである囲碁においては、白石、黒石、交互にバランスをとりながら打ち進めるので、「いい加減の分かれ」はことさら重要となる。

もっともこの表現は、「いい加減にやめときなさい」「いい加減なことを言うな」「お前はいい加減な男だ」など、ネガティブな意味合いでも使われる。むしろネガティブな用い方の方が多いのかもしれない。それでも「いい加減な男だ」という場合、「救いようのない駄目男だ」と決めつけるのではなく、なにがしかのアバウト感覚を残しているところに余韻を感じさせるのである。

さらには「おばあさんのお加減が悪く」などと健康状態にも用いられる。いずれもアバウト感覚に発する表現だが、応用範囲が広い。

インドネシア人と話をすると、彼らは「ムンキン（多分）」「キラキラ（だいたい）」「ティダアパアパ（気にすることはない）」という言葉を盛んに口にする。まさにアバウト思考である。「お子さんは何人？」と尋ねて返ってくる答えが「キラキラ（だいたい）……」で始まったりすることさえある。それどころか「お歳はおいくつ？」との問いに対するお爺さんの返事が「キラキラ七〇歳」だったりする。相当な「いい加減」さである。こうした反応に、最初のうちは心もとない気もして戸惑い、多少この国をちゃかす気持ちもこめて、「なにせインドネシアはムンキン・キラキラ・ティダアパアパの国だからなあ」などと日本人の仲間内でぼやいたりしたものである。しかし熱帯の自然の中で、あまり我《が》を張らずにのんびり暮らす彼らのペースになじむと、インドネシア人のこうした口ぶりにも違和感を覚えなくなる。やはり東洋的発想で、われわれの「いい加減」の心と一脈あい通じているのであろう。

沖縄の人たちは「なんくるないさ」という言葉をよく口にするそうであるが、これも「どうにかなるさ」といった意味あいで、東洋的なアバウト感覚に呼応した表現と思われる。朝日新聞連載の大岡信「折々のうた」に、ある時こんな一首が目に留まった。

己《おの》が子のしつけの加減狂いたる
親ふえはじめ新世紀あり
玉井清弘《きよひろ》　『谷風《こくふう》』（平成一六年）所収

平成一六年の歌集にある短歌であるから、まさに現代人の感慨をこめた一首といえる。大岡信はこれに次のような解説を付している。

「『加減』という言葉は便利な日本語で、応用範囲が広い。加えることと減らすことをいうが、『程よく調節すること』と国語辞典にいうように、『程よく』とある所が肝心。ところが、一見あいまいに見えて案外ぴたりと決まっているのが『加減』というものなのに、その匙《さじ》加減がうまくゆかず、匙を投げてしまう親子関係がふえてきた。」

ボーダレスが進行している今日の世界においては、お互いに我を張り合って、戦争するなど「いい加減」にやめにし、価値観の押しつけはほどほどにして妥協し合い、多文化共存でやっていくしかない。こんなご時世には「いい加減」の発想がますます大切になってきているように思えてならない。

付録　日本外交の過誤

〔凡例〕ここに掲載した外務省資料は原則として原文のままとした。ただし読者の便宜を考えて、筆者の責任において、次のような処理を行った。

① 旧漢字は新漢字に置きかえた。

② 誤字と思われるものは正しいと思われる字に改めた。

③ かな書きで読みづらい箇所は、漢字に置き直し、必要に応じルビを付した。

④ 原文中、年月日の誤りと思われる記述が一箇所だけあるので、その箇所は括弧書きにより、（筆者注＝…の誤りと思われる）と注記した。

昭和二十六年四月十日付外務省調書

日本外交の過誤

目　次

日本外交の過誤

満洲事変以来の対外進出政策は、ついに敗戦という今日の悲運に日本をおとしいれた。何事が起るにも起るだけの原因があるのであり、そしてその起ったことが又原因となって次の果を生むというような見方からすれば、満洲事変の勃発以来、太平洋戦争における敗戦に至るまでの一連の事象も、いわば必然の運命であったとも見られよう。又、その時々の当事者の立場からすれば、当時の情勢の下においては、それがなしうる最善のことであった、それ以外に道はなかったという弁明も成り立つ場合もあろう。しかし、今日の結果からすれば、この期間における日本の対外策は、大局的にいって、作為又は不作為による過誤の連続であったということにならざるをえない。又、今日の悲運は結局避け難かったとしても、一々の事案について今日の眼でこれを見れば、外にやりようがなかったともいい切れない場合が少くない。

このような立場において、満洲事変以来日本が歩いて来た道をふり返り、外交的見地から反省して見ることとしたい。

(一)満洲事変、国際連盟脱退

満洲事変（昭和六年九月十八日）の根本原因は、

事変前における日本国内の情勢にあった。深刻な経済不況からして社会不安が瀰漫《びまん》していたにもかかわらず、政党は腐敗堕落していた。この政治の貧困から政党政治に対する不信が生じ、国家革新を唱える一部の勢力に政治進出の機会を与えた。外部的な原因としては、第一次大戦当時の二十一箇条問題以来の中国人一般の排日気運とこれを背景とする張学良の排日方針があった。

こうして、満洲事変には、そのよって来るところ遠く、且つ深いものがあったのであるが、さればといって、当時の日本としては、武力進出策に出る以外に生きる道がなかったかといえば、そう断定するだけの根拠はない。むしろ、国内的、特に政治的な要因をしばらく度外視して考えれば、日本が満洲を含む中国において英米と競争しつつ平和的に経済進出をすることは、十分可能であったと見るべきであろう。いわゆる幣原外交なるものも、このようなことを前提としてのみ考えられうるものである。

さらに、当時の中国の特殊事情からして、ある程度の武力行動は、かりに止むをえなかったとしても、満洲国を独立せしめ、さらに、国際連盟を脱退（昭和八年三月二十七日）するところまで突走ったのは、勢いのおもむくところとはいえ、何等利するところのないことであった。これについては、もちろん、日本国内の強硬派ばかりを責めるわけには行かない。米国のスティムソン国務長官が、事態の推移が見極められるまで待たないで不承認主義なるものを通告（昭和七年一月七日）したことも、日本をあそこまで追い込む一因となったとも見られよう。又、当時の外務当局に事変前の内外情勢の行詰りを打開しようというような積極性が乏しく、又事変勃発後においては、事毎に軍部に反対したが、その根拠が現実から遊離した観念論に終始したことも、反省の余地があるのではなかろうか。口先だけの反対は、その都度現実の力によって押し切られ、そして満洲事変そのものだけについていえば、国際的な悪評をこうむりながらも、一つの既成事実をつくることに成功した。そして、国民は、その方について行ったのである。

ともかく、満洲国の独立とこれに対する日本の承認は、反対側のスティムソン主義と相まって、事態を抜差しならなくしてしまった。必要なくして物事を割切ってしまいたがる癖は、後の「蔣政権を相手とせず」との近衛声明等にもその例を見る。又、連盟脱退は、日本が米英と袂をわかつ発端となったが、四十二票対一票というようなことになっても連盟に止まるというだけのよい意味の図太さがあってよかった。この種の潔癖さは、現実政治には禁物というべきであろう。

㈡軍縮会議脱退、日独防共協定締結

日本は、国際連盟脱退後、昭和九年にはワシントン海軍軍縮条約を廃棄し（十二月二十九日）、又、昭和十一年には、ロンドンの軍縮会議からも脱退した（一月十五日）。英米と日本との国力には大きな懸隔があったのであるから、日本の国力についての現実的考慮からすれば、いずれもまとめた方が有利な話であったはずである。

こうして、日本と米英側との溝は、ますます深められ、国際的に孤立の状態におちいって行った反面、ソ連は、その国力が充実して行くと共に、国際連盟加入や、欧州方面の隣接諸国との間の各種条約の締結によって、国際的な地歩を固めて行った。そこで、ソ連に対して利害関係の相似たドイツとの間に何等かの政治的接近の必要が唱えられるようになって来た。

ドイツの方からは、すでに昭和十年半ばごろから、非公式の打診があった。翌昭和十一年日本側からドイツの意向をあらためて打診した結果、ドイツ側から具体案が提示された。

当時、外務省としては、(イ)ソ連を過度に刺戟しないこと、(ロ)日独提携により、列強ことに英国が不必要に不安をいだくことがないように考慮する要があり、英国との間に、日英両国に共通な諸重要問題に関し相互に隔意のない協議をなす趣旨の協定を結び、両国利害関係調整のため積極的に乗り出すこと（この第二点については、陸軍側の反対があったが、外務省は強硬にこれを主張した）の二つの観点から、ドイツの提案を修正し、結局、原案よりは相当緩和された形において協定が成立した（昭和十一年十一月二十五日）。

この協定は、表向き共産インターナショナルを対象とするものであるが、別に秘密協定として、締約国の一方がソ連から挑発によらない（この文句は日本側の希望で入った）攻撃又は攻撃の脅威を受ける場合には、他の締結国はソ連の地位につき負担を軽からしめるよう措置を講じないことという約束がついていた。

このように、防共協定締結の意図は、対ソ牽制にあり、英仏等を対象とするものではなかったが、当時すでにヒトラーのナチス・ドイツに反感を感じていた諸国が、満洲問題も落着せず、北支方面にも着々その手をのばしつつあった日本とかかるドイツとの結合を、その表面の意図のいかんにかかわらず、政治的にいわゆる現状打破派の結合と見なすべきは、当然のことであった。

翌昭和十二年には、イタリーが防共協定に参加し、日独伊三国間の協定になったが、当時の国際情勢に照し（イタリーのエチオピヤ問題等）、この協定は、一層明らかにいわゆる民主主義諸国に対抗する意味を示すことになった。これは、当時の内外の客観情勢からすれば、当然の成行であり、こうして、英米と離れて行った日本が独伊と結んで行く第一歩となったのである。

当時の外務当局が日独の協定をできるだけ色の薄いものにしようと努めた気持はわかるが、いくら色を薄めたところで、現実の政治的な意味合いには大して変りはない。政治的に重要なのは、協定の文言ではなく、文言のいかんにかかわらず、それが国の内外においてどう受け取られるかということである。まして、ソ連ないし国際共産勢力なるものの脅威は、当時国際的にさほど感ぜられていなかった。ソ連自身は、革命以来、第二次大戦の直前までは、少くとも対外武力行使に関する限り、ずっとおとなしくしていた。コミンテルンなるものの活動も、ソ連以外のどの国でも共産革命を成就せしめえなかった位だから、国際的な対抗措置を講ずる必要がある程の脅威とは認められていなかった。それに反して、日独伊の方が国際的に脅威を感ぜられていたのである。日本が中国に進出するに際しては、よく防共ということを口にしたが、それはいわば口実であり、又、一般にそう認められていた。従って、世界の非共産主義諸国の反共連盟の結成というようなことは、全く夢に過ぎなかったわけである。今日の世界の情勢にかんがみれば、先見の明があったといえないこともないかも知れないが、果してどれだけまじめであったか疑問であり、又たとえ先見の明があったにしたところで、一般に受け入れられなければ、現実的には無意味である。

この協定の締結と併行して、英国との国交調整をも実施するとの方針については、その後この問題は、取り上げられるには取り上げられたが、結局実を結ばなかった。

結局、防共協定の締結は、日本の国際的な孤立を脱却したいという感情を満足させた以外、その対外関係において何等の利益をもたらさなかったといってよい。

㈢支那事変

昭和十年頃から、昭和十二年七月七日の盧溝橋事件が支那事変と拡大するに至るまで、有吉、川越大使の中国側との国交調整交渉が行われた。しかし、満洲事変に成功した関東軍の強硬派が中心となって、梅津何応欽協定、土肥原秦徳純協定の如きが結ばれ、こうした背景の下に冀東防共自治政府、冀察政務委員会、内蒙古自治政府が樹立されたような情勢の下においては、国交調整というようなことは、所詮行われ難いことであった。昭和十一年の二・二六事件の後成立した広田内閣は、陸軍の華北五省分治工作を抑制しようとはしないで、国交調整を行わんとしたが、それではだめなことは、当然であった。当時、満洲と華北の通車通郵等の実現せられた気運に乗じ、分治工作を抑制してかかったならば、当時の国民政府内の情勢から見ても、満洲国問題は黙過の形において、国交を調整することも相当可能性があったと思われる。昭和十一年末の西安事件の後にも、その可能性はあっただろう。しかし、満洲で打切りにして両国の国交を調整するというこの可能性は、結局まじめに追及されないままで、支那事変に突入した。

盧溝橋事件に際して、内地師団派遣の問題があった。それまでの軍のやり方にかんがみれば、事変の拡大を避けるつもりがあったならば、派兵には絶対反対すべきであった。現に当時外務省の事務当局は、広田外相にその旨を進言したが、外相は閣議においてあっさりこれに同意し、兵力は不要になったら、いつでも引揚げるということだったからと弁明したといわれる。事実とすれば、事変拡大阻止の誠意を疑われる程の表面的な責任回避であったという外ない。

この事変の処理については、その方策として、何度も「要綱」とか「方針」とかが決められ、又、臨時政府とか維新政府とか南京政府とかが樹立されたが、いずれも事変処理を実質的に前進せしめるに至らなかった。それは、結局、事変が拡大し、長びくにつれて、日本側の条件が実質的に苛酷となり、折角樹てられた政府もいわゆる傀儡《かいらい》政府以上のものとして扱われなかったからである。昭和十七年十二月、すなわち太平洋戦争も大分旗色が怪しくなってから行われたいわゆる対華新政策なるものは、政治的効果をもちうるには、時すでに遅かった。あれだけのことを太平洋戦争前にでもやっていたら、情勢は大分変っていたかも知れない。

又、前にも述べた昭和十三年十二月二十二日（筆者注＝一月十六日の誤りと思われる）の近衛声明は、蔣政権との和平工作に終止符を打ち、新政権を盛り立てて行く腹を決めるつもりでなされたものであるが、実際には、いわゆる全面和平のための重慶工作は、それが、先方まで通じたかどうかは別として、ほとんど終戦直前まで、いろいろの方面で行われた。大体、軍が中国の本土から撤収する腹を決めない以上、初めからできないことのわかり切った話で、政府の当局者が藁をもつかむ思いでいわゆる和平工作屋に乗せられたりしたのは、貧すれば鈍するの類と評する外ない。

要するに、日本の中国に対する施策は、表向きはともかく、その実質において、名分の立たないものであった。ために中国国民の反感も買えば、諸外国からの非難も受けた。そのやり方も、調子のよいときは調子に乗り過ぎ、止まるべきところで止まることを知らず、一旦調子が悪くなると単なる悪あがきに終った。紙の上では美辞麗句をならべた作文が会議を重ねて練られたが、実行に移され効果を挙げた政策という程のものは何もなかった。外務当局は、実質的には、占領地行政を少しでも緩やかなものにするために、又、軍の尻拭いをするために、限られた範囲で努力するというに止まった。従って、努力したわりに、実効はなかった。

㈣日独伊三国条約締結

ドイツは、ポーランド進撃の直前（昭和十四年八月二十三日）ソ連と不侵略条約を締結した。当時、平沼内閣は、防共協定から一歩を進める三国条約の締結の問題で、関係各大臣の会議を重ねること六十数回、なお意見がまとまらないでいたところ、この新事態が起きたわけである。ここにおいて、平沼内閣は、「複雑怪奇」の声明を残して総辞職した。これで三国条約の議は一応打切りとなったが、しかし、それだけですますべきことだっただろうか。防共協定、特にその付属秘密協定の精神からいって、この独ソ不侵略条約の締結は、重大なる背信行為であった。これに引続いて、欧州戦争が惹起されるに至ったが、平沼内閣の後をうけた阿部内閣は、これに対して不介入の方針をとった。今にして思えば、この独ソ不侵略条約の締結と欧州戦争の勃発は、日本が独伊と袂を分って独自の道に帰るべき絶好の機会であった。それには国際信義の上からいっても十分理由のあることであるが、日本の利益からいえば、少し位無理でもそうすべきであった。

しかし、実際は、日独提携論の底流は依然存続し、昭和十五年一月、米内内閣成立の頃から、再び頭をもたげ、特に同年四月の候からのドイツの華々しい戦果を前に大いに勢いをえるに至り、これに反対の立場をとった米内内閣は、畑陸相の辞職後後任をえることができず、総辞職を余儀なくされた。ついで(昭和十五年七月二十二日)成立した近衛内閣の松岡外相は、再び三国条約の問題を取り上げ、八月一日、駐日ドイツ大使オットを通じてドイツ側の意向を打診し、その結果、ヒトラーは、特派公使としてスターマーを八月中旬日本に派遣した。こうして、三国条約は、九月二十七日調印された。当時、スターマーは、ドイツが日本に求めるところは、米国を牽制し、その参戦を防止する役割を果すことであるといい、又、対ソ関係については、独ソの関係は良好であるから、日ソ親善につき「正直なる仲買人」となるべき用意があるといっている。この後段の趣旨は、条約と同時に取り交わされた松岡外相とオット大使との往復文書の中にうたってある。

この条約の眼目は、締約国の一つが現に欧州戦争若しくは支那事変に参入していない第三国から攻撃された場合には、他の締約国は、あらゆる政治的、経済的及び軍事的方法により相互に援助するということであった。この第三国がさしむき米国を意味していたことは、いうまでもない。

ところで、まず第一に、この条約の締結は、少しでも米国の参戦を牽制する効果があったであろうか。結果から見れば、少くとも、米国は、この条約の締結後、対英援助を控え目にしたというような事実はない。当時、日本では、米国の欧州戦争介入を阻止することが人類の福祉のためだというような高踏的議論が行われた。米国は、結局日本の真珠湾攻撃後、独伊が三国条約の約により対米宣戦したことによって、他働的に戦争に入ったから、米国が他から宣戦されなかった場合、果して、いかなる時機に参戦し、又は参戦しなかったかというようなことは、すべて仮設の議論になるが、戦後に発表された米英側の文献からすれば、米国は、真珠湾攻撃等のことがなくても、いずれは欧州戦争に参加したであろうといい切ってよかろう。米国が日米交渉に応じたのも、話ができたら、欧州戦争に介入する場合の後顧の憂が絶てるというところにねらいがあったと見るべきであろう。

次に、日本の立場からして、どんな利益があったか。この条約の締結は、もともと、ドイツの戦果の華々しさに幻惑されたことが直接の原因であったと思われる。従って、あまり具体的な目的もなかったかも知れない。近衛公の手記では、対ソ関係については、スターマーの口車に乗せられておるようであり、対米関係では、米国がドイツを「攻撃」した場合でも、参戦の義務が自働的でないというところに安心を求めている。もっとも、この手記は、戦後に出されたものであるから、当時は、もっと積極的な考えもあったかも知れない。少くとも、松岡外相は、その後における彼の行動から見ても、ソ連を三国側に抱き込み、その力で米国を牽制し、日米の国交調整を有利に展開させようというような大望を抱いていたものと思われる。なるほど、日ソ中立条約は、彼の手によって締結された。しかし、その後いくばくもなくして独ソの開戦を見ている。又、この条約の締結によって、対米交渉を有利に導こうというのは、あまりに甘い考え方であり、米国のインフレクシブルな理念外交的傾向や米国民の直情的な性向を見損ったものであった。

条約自体の目的について見ても、戦争中日独伊の間に具体的に協力が行われたという事実は、ほとんどない。そういうことが行われうるような関係に初めからなかったのである。

要するに、三国条約の締結も、百害あって一利なき業であった。

㈤日ソ中立条約締結

松岡外相は、ロウズヴェルト大統領と同じように、前述のような彼独自のグランド・デザインをもっていた。双方とも、野心的な性格から構想の大きいことに自負を感じていたこと、ソ連抱込みをその一つの重要な支柱としていたこと、客観情勢のいかんはお構いなしにその偉大なる構想の実現を追求したこと、そして、この現実無視から結局大きな破綻を来したことに共通したところがある。しかし、ロウズヴェルト大統領の方は、戦争に勝つことが何ものにも優先する第一義的な目的であり、そして、この目的を達成するためには、ソ連の協力が必要であるという前提（軍当局の意見がそうだったのだから、これを採用したことについて大統領を責めるわけには行かないだろう）に立ってのことであるから、まだしも、いわゆるカルキュレイテッド・リスクとして合理性があったといわなければならない。

ところで、松岡外相は、昭和十六年三月渡欧の際、行きにも帰りにも、モロトフに対して、北樺太の買収と不侵略条約の締結を強く提案したが、モロトフはこれを拒否した。しかるに、松岡外相が別れの挨拶のためスターリンに会見した四月十二日に、スターリンの発意に基いて中立条約交渉は急速に進展し、翌十三日に同条約は成立した。その際、北樺太利権問題は、松岡外相が数カ月以内に解消すべく努力すべき旨の書簡を発することで一応解決した。（北樺太の方は、松岡外相の当初の考えと逆になっている。なお、この問題は、三年後の昭和十九年三月、北樺太の石油石炭利権をすべてソ連に返還することによって落着した。独ソ戦況がソ連に有利に推移するにつれて、ソ連が松岡書簡を中立条約の条件として主張する気配を示して来たためである。）

松岡外相は、これに先立つドイツ訪問の際、すでにドイツの対ソ攻撃企図をほぼ承知していた。しかし、彼は、これを止めさせることに最後まで望みをかけ、既定方針通り、中立条約を締結した。この条約の締結によって、彼が近く開始するつもりであった対米交渉を有利にしようという腹であったことは、前にも述べた（モスコウ滞在中に、スタインハート米大使に会ったりしている）。

しかるに、北樺太の利権の解消をコミットしてまで作られたこの条約は、軍部の対米態度を硬化せしめ、従って、結局、むしろ日米交渉の成立を困難にした位のものであった。日米交渉が成立しなかったことから、そういえるというわけではない。その後間もなく、独ソが開戦し、松岡外相の日独伊ソ四国協商の夢もついえていたわけであるから、この四国協商の一支柱としての意味をもたない日ソ中立条約の存在が、米国にとって対日関係上何等の重圧でありうるはずはなかった。又、中立条約の本来の目的について見ても、この条約の存在がソ連の対日宣戦をいくらかでも控えさせ、遅らせたとも考えることはできない。ソ連は、すでに欧州戦争勃発に際して、ポーランド、フィンランド等との不侵略条約を破っていた。対日宣戦も中立条約の有効期間中に行った。ドイツを片付けて余力を極東に振り向けられるようになり、又、日本が降伏の余儀なきことが明らかになるという最も都合のよい時まで待っただけの話である。

他方、この条約の締結は、ソ連の方には、どんな利益をもたらしたか。まず第一に、当時予想せられ、又現に行われたドイツの対ソ開戦に際して、後顧の憂を絶ちえた効果は、絶大なものであったはずである。第二に、日本を米国の方に立ち向かわせるという政治的効果も、ソ連として見れば、第一の効果とほとんど同様に大きいものであったであろう。

一体、ノモンハン事件以来の日ソ関係においては、外交のイニシアティヴは、常にソ連の手中にあったといえる。昭和十四年九月十五日、ノモンハンの停戦協定が成立するや二昼夜を出でずして、ソ連軍はポーランドへの進撃を開始した。欧州戦争勃発後、日本側は、中立条約ないし不侵略条約締結の提案を何度も繰返しているが、ソ連側は、北樺太利権の解消を要求して、容易に条約の締結に応じなかった。いよいよそれをソ連の方で必要とするに至って、最後のどたん場で、これに応じた。しかも、利権解消のコミットメントという景品まで付けさせることに成功した。

このように、日本が対ソ交渉上、いつも劣位に立たされた根本の原因は、日本の米英との関係が悪化の一途をたどっていたことにあったと思われる。ソ連にしてやられるのは、米英と対立関係に入った日本の宿命であったといえよう。それにしても、これ程まで乗ぜられたということには、ソ連という国家に対する根本の認識の甘さもあずかっている。これは、ソ連による中立条約廃棄通告の受け取り方とそれ以後における日本の対ソ折衝にもうかがわれる。さらに、あまりに野心的、権謀術数的な大構想の罪もあげられるべきであろう。英米陣営に対抗する日独伊ソの連繫という構想が、土台、現実性のないものであったが、その実現に都合の悪いことには、すべて眼をつぶるようなことになった。いかに奇想天外な大経倫といえども、現実に立脚しない限り、畢竟《ひっきょう》砂上の楼閣にすぎない。

㈥仏印進駐、蘭印交渉

当時の日本の進出の方向は、大体南方にとられていた。独ソ開戦の際、一時、軍の一部で北進論がおこったが、結局、南部仏印進駐ということでおさまった。

この南進の第一歩は、フランス軍のドイツに対する降伏（昭和十五年六月十七日）後行われた交渉による北部仏印進駐（九月二十三日）であった。これを主張した者が目的として挙げたのは、支那事変の解決を促進するというにあったが、実際には、支那事変の解決にほとんど役立ってはいない。結果においては、むしろ、その後における武力南進の礎石となった。米国は、このことがあった直後（九月二十六日）、西半球諸国及び英国以外に対する屑鉄及び鉄鋼の輸出を禁止した。

蘭印の本国たるオランダも、フランス降伏のすこし前、ドイツに占領せられた。こういう可能性も、前から予想されていたので、ドイツ軍のオランダ侵入前、有田外相は、「欧州戦争の激化に伴い蘭印の現状に何等かの変更を来すが如き事態の発生については深甚なる関心を有するものである」との趣旨の談話を発表し、さらに、五月十日ドイツ軍が、オランダ、ベルギーに侵入するや、翌十一日、オランダ、ドイツ、英国、フランスの各国政府に対し、蘭印の現状維持に関するわが方の希望を強く申入れ、当時中立国であった米国、イタリーにも右の次第を参考として通報した。これに対して前記諸国は、いずれも同感の意を表した。

この談話及び申入れは、ドイツ又は英仏の蘭印支配ないし占領を防止する機宜の措置であったと思われる。又、それは、わが国も蘭印の現状維持を尊重する建前のものであったから、国内の過激な南進論をおさえる上から、対内的なねらいもよかった。しかし、結局、南進論者はこれを不満とするに至り、武力は行使しないまでも、蘭印におけるわが国の経済的、従って又政治的な優越地位を確立すべきであると主張した。ここにおいて、同年九月小林商工大臣を特使として派遣して、そのための交渉に当らしめ、次いで十二月には芳沢代表を派遣してこれにかわらしめた。かくて交渉は前後九カ月にわたったが、買油交渉以外は妥結を見ず、翌十六年六月十七日、日本側から交渉の打切りと代表団の引揚を通告するということで幕を閉じた。

この交渉において、蘭印側は、予想以上に強硬であった。それは、蘭印当局の根がロンドンに亡命していたオランダ政府にあったからである。日独伊三国条約の下で日本から南方戦略物資がドイツ向け再輸出されるような情況では、日本の要求を易々ときき入れるはずはなかった。

この蘭印交渉打切り直後（六月二十五日）に、仏印との共同防衛協定締結と、南部仏印進駐の議が、大本営政府連絡会議で決定されている。この際には、フランスの委任統治領たるシリアがイギリス軍及びドゴール軍の占領するところとなったから（六月八日）、仏印もほうっておけないということが軍部によってしきりにいわれた。こうして、昭和十六年七月二十二日、仏印の共同防衛に関する日仏の話合が妥結し、二十九日からわが軍の南部仏印進駐が行われた。これは、米英の防衛上から見てヴァイタルな一線を越えたことになり、米英は、日本に対して資金を凍結し、重要物資の輸出禁止を強化し、蘭印は、金融協定及び石油協定を停止する等米英にならった。又、当時継続中であった日米交渉の前途に一大暗影を投じたことは、後述の通りであり、従って、太平洋戦争の誘因ともなったわけである。松岡外相も、この南部仏印進駐については、これを行えば米国との戦争は避けえられなくなると警告し、消極的抵抗を試みている。

今日からすれば、戦争を前提としない限り、南方に平和的に経済的、政治的進出をとげる機会は、当時多分にあったと思われる。仏印とは、経済交渉が成立していたし、タイ仏印国境紛争調停にも成功していた。蘭印交渉もできるだけのところで話合いをつければよかった。ドイツの欧州大陸における優勢を利用して南方へ無理な進出をしようとしたばかりに、かえってのど元をしめつけられるようなことになり、あげくの果ては、元も子もなくするような戦争に追い込まれた。これも、畢《ひっ》竟《きょう》、大東亜共栄圏の夢におぼれて、米（当時は参戦はしていなかったが）、英、蘭等の戦意、底力を過少評価し、情勢判断を根本的に誤ったためであるといえよう。

㈦日米交渉

日米交渉は、昭和十六年の初めごろから、岩畔（陸軍大佐）、井川とドラウカト、ウォルシュの両牧師等を中心とする私的会談に端を発した。そして、ようやく四月十六日に至り、ハル国務長官から右会談の成果たる七項目より成る一試案を野村大使に示し、これを基礎として非公式討議を開始したい旨申入れて来た。もともと、松岡外相は、一月二十二日、野村大使の赴任に際して訓令を与え、三国同盟及び大東亜共栄圏樹立の既定方針を基調として日米両国間の国交調整を行うよう命じている。従って、日米の国交調整交渉を行うことが、時の政府の初めから意図していたところであったことは、明かである。

日米交渉なるものは、当初から決裂に至る半歳余の折衝において、双方の主張が根本的に何等かの歩み寄りを示さなかった点において特徴的であった。日本の方には㈠三国条約の解釈、㈡在支日本軍駐留問題、㈢通商上の無差別原則の根本的な三問題について実質的な譲歩をする腹は毛頭なかったし、米国の態度もインフレクシブルで、数個の原則を固執するに終止した。今日からすれば、あの際日本は難きを忍んで譲歩すべきであったという論もできるであろう。右の三問題の如きは、日米交渉を本当に成立させる気であったら当然先方の主張を容れる覚悟でかかるべきであった。又、日本国内の情勢を離れて考えれば、これらの点で譲歩しても、交渉を成立させた方が有利であったことは、いうまでもない。近衛首相は、ロウズヴェルトとの会談を実現し、何とか交渉を成立せしめたいというところから、米国側のいわゆる国際関係に関する四原則（領土保全と主権の尊重、内政不干渉、通商上の機会均等、平和的手段以外による太平洋の現状不変更）を一たびは無条件に承認するところまで行ったが、これも後から日本側で制限をつけたりした。

そこで、一体、あの際日米交渉を開始することがアドヴァイザブルであったかどうか、ということが問題になる。当時は、支那事変に関連する日米間の懸案が山積していたが、まず、これらの懸案を少しずつでも解決して行って、交渉に少しでも有利な雰囲気を醸成するに努むべきではなかったか。又、米国が満洲事変以来反対し続けて来た東亜の事態を大体そのまま呑みにさせることになるような条件で交渉を成立させようというのは、余りに甘い考え方で、本当に交渉を成立させるつもりであったら、相当実質的な譲歩もする用意がなければならないはずであった。この点について、まず国内を固めてから、交渉に乗り出すべきではなかったろうか。

もう一歩突っこんでいえば、そこまでの用意ができなければ、むしろ全然交渉を試みない方がよかったということにもなるであろう。一般の情勢が険悪であり、当事者間の関係も極度に緊張していたあの際のことであるから、交渉が不調に終れば、どうしても戦争ということになることは、ほぼ確実に見透しえたはずである。

このような場合の、いわば戦争を回避するための国交調整交渉は、できない場合は戦争することを前提として行われることになるから、ますます成立が困難になる。前述の通り、日本は、日米交渉の最中の昭和十六年七月、南部仏印に進駐した。これは、戦争を前提とする限り、必要な措置であったかも知れない。しかし、日米交渉の運命に対しては致命的な打撃となった。これに対抗して米国が諸般の対日圧迫措置をとったことは、当然であるが、これで日米交渉に対する日本の誠意を疑わしめることとなったことも大きい。

日本は、米国が欧州戦争で英仏を積極的に援助した関係上、東亜において事を構えることを避けようとするであろうというところに掛けて、日米交渉に乗り出した。ところが、戦後発表された種々の資料によっても、当時米国の当局者は、さらに積極的に対独戦に介入したがっていたのであって、日本の真珠湾攻撃は、むしろ彼等をほっとさせたのである。当時の米国当局者の交渉にのぞんだ態度についても、戦後米国内で、交渉を成立せしむべきであったという見地から批判する者もあるが、しかし、米国の当局者が賢明であったかどうかは別として、日本側としては、こういう米国側の立場なり腹なりは、やはりそれとして計算に入れて置かなければならなかったはずである。

なお、当時の英国も対日強硬態度を主張した。米国の態度が一時ぐらついた十一月、チャーチル首相は、ロウズヴェルト大統領に親書を送り、蔣介石を見殺しにしてはいけない、日本人は当てにならないという趣旨のことを申し送っている。米国のみならず対独戦で弱り切っているはずの英国までも、想像以上に強腰だったわけである。

(八)終戦外交

太平洋戦争開始が決定された当初から、この戦争において日本には軍事的に「対米屈敵手段なし」と、はっきり認められていた。かといって、外交的方法による終戦についても、別に目算があったわけでもない。もっとも、話合いによる講和ということになれば、相手方もあることであるから、こちらの思い通りにはならない。現に、米英側は一九四三年(昭和十八年)一月、ロウズヴェルト大統領とチャーチル首相のカサブランカ会談の際、いわゆる無条件降伏の方式を天下に明かにしている。米英側としても、こういう立場をとったことが果して有利であったかどうかについては、戦後深刻な批判が行われており、たしかにその当否は疑問である。しかし、両国の当局者も国民も、当時実際にそういう気構えであったことは、一つの事実である。日独伊というような国は、やはりワンス・アンド・フォア・オールに片付けてしまわなければ、将来に禍根を残すというような気持であったであろう。従って、ネゴシェイテッド・ピースの余地は、初めからなかったかも知れない。現に、両国の当局者は、欧州戦争の当初以来、ドイツの反ナチ地下組織の連中からの和平申出を蹴っており、ヘスの英国乗込みも無駄に終っている。戦争初期におけるヒットラーの再三の公然たる和平提案も無視された。

しかし、だからといって、日本政府が戦争のある時期に公式に和平を申し出たとしたら、これも同様拒否されたに違いないといい切ることはできない。日本が緒戦で戦果を挙げている間にこれをやれば、日本としては大いに有利であったであろうが、先方も不利を見越して恐らく応じなかったであろう。戦局は、昭和十七年六月のミッドウェイ敗戦を転機として下り坂になったが、その後、国内的見地から終戦を提唱し得べき機会としては、イタリーの降伏（昭和十八年九月）、サイパン失陥（十九年七月）、比島敗戦（二十年一月）、米軍の沖縄上陸（同五月）、ドイツ降伏（同）、沖縄失陥（同六月）、ポツダム宣言発表（七月二十六日）の時等があげられよう。しかし、実際問題として、二十年の三月頃までは、そういうことは、国内的に至難であったであろう。

ドイツの降伏は、終戦のための機会として、もっと有利に利用できたのではなかろうか。このころ、戦争の継続のためには明かに不利な、従って終戦の方向を推進するのに有利な条件が集中的に出て来ていた。四月五日には、ソ連は中立条約の廃棄を通告して来ていた。五月に入るや、沖縄の敗色も濃厚となっており、海軍もこの作戦においてほとんど壊滅にひとしい状態となり、又本土に対する本格的な空襲もいよいよ始まっていた。そこにもって来て、かろうじて残っていた唯一の盟邦も敵の軍門に降ったわけである。当時、外務当局は、ソ連による中立条約の廃棄の重大さを自覚もせず、又、かりに自覚していたにしても、これを終戦をもたらす上に国内的に利用しようとはしなかった。又、ドイツ降伏に際しては、少くとも表面上は、三国条約等が当然失効したものと認める旨の発表をしただけであった。この時、政府当局者、特に外務当局が、八月の終戦の際位の意気込みで、強く終戦を主張したら、目的を達することができたかも知れない。少くとも、ポツダム宣言が発出された時、これを受諾するだけの精神的な準備はできたのではないかと思われる。

中立条約の廃棄通告の際、佐藤大使から条約期限満了までの期間におけるソ連の態度を質問したのに対し、モロトフは、最初、「ソ連の態度は、今後は、事実上中立条約締結以前の状態にもどる次第である」と答え、佐藤大使から、同条約はなお一年間有効のはずではないかと反問したのに対して、モロトフは「時期満了の時にその状態にもどる次第である」といいなおして、お茶を濁している。これだけでも、ソ連が日本にとって十分警戒を要する相手であることは、読み取れ得たはずだといえよう。少くとも、ソ連のような国に終戦の斡旋《あっせん》を依頼することは、外交的には全く理解し得ないことであった。六月から広田、マリク大使会談が強羅で始められたが、ソ連側に日本の申し出をまじめに取り上げる気持のなかったことは、初めから明瞭であった。わが方から、交換条件として、日ソ両国今後の関係を律する取極の前文案と満洲の中立化、露領漁業権の解消その他ソ連の希望する案件に関する討議の用意ある旨を書きもので申入れ、大至急回答方を要請したのに対し、マリク大使は、広田氏の申し出は伝書使便で政府へ託送したと答えるのみであった。モスコウにおける佐藤大使に対するソ連側の態度も同じ調子であった。

一体、このソ連に介入させようとしたことについては、軍側に、ソ連を間に立てれば幾分でも米英に対する牽制ともなろうという見当違いの考え方があり、外務当局としても、軍を終戦に引張って行くためには、この軍側の気持に一応乗ってソ連に話をもちかけ、いよいよこの最後の頼みの綱もだめだということを納得させる必要があったのだという説明が行われている。又、実際にそうとしか思われないのであるが、それにしても、内政上の理由のために、あえてとられた外交上の措置のためにこうむった損失は、高いものについた。

当てにならないソ連の斡旋《あっせん》を当てにしていたばかりに、数十の都市を焼かれ、原子爆弾に見舞われ、ヤルタの密約（もちろん、当時、そんなものがあることは分っていなかったが）を反古にしそこなったのである。

㈨結　論

何事によらず後から批判することは、やさしい。既往を反省し、そこから将来に対する教訓を汲みとって、初めて批判の意味もある。このような見地から、外交の事に当る者が常に反省しなければならないところとして、次の諸点を挙げることができよう。

(イ)　第一に挙げるべきことは、当然のことではあるが、すべて根本が大切であるということである。外交は、単なる技術ではない。内政を離れて外交を考えることはできない。経世家としての気構えを必要とするゆえんである。条約等の字句については、細心の注意を払うことは当然必要であるが、それだけにとらわれて、政治的な意義、影響というような根本のことを忘れてはならない。対華政策の根本が改められない限り、本省や現地の事務当局がいかに努力して見ても、外交的には無にひとしい。軍というものが存在していた以上、当時としては、それ以上のことはできなかったにしても、根本に誤りがある場合には、枝葉末節の苦心は、単なる自慰に終る外ない。

(ロ)　第二に、常に物事を現実的に考えなければならないということである。これは、いろいろの意味で考えられよう。まず、感情におぼれてはいけないということも、その一つである。当時の日本の指導勢力は、数百年にわたるアングロ・サクソンの世界支配体制の覆滅というような夢を抱いていた。ドイツと結んでこれを実現すべき千載の好機を逸してはならないと考えた。これは、人種的な偏見とか、持たざる国の立場とかからして、感情的にはうなずけるところのものをもっていた。しかし、夢を追うて現実を忘れ、理性を失ったために誇大妄想に陥ってしまった。情勢判断の眼は、希望的思考でくもらされた。

又、フレクシビリティということが大切であるという意味にも考えられよう。ソ連を日独伊三国側に抱き込むという夢が独ソ開戦によって破れた以上、これを前提とした外交政策は、一切御破算にすべきであった。日独伊三国条約を御破算にしていたら、日米交渉にも本気にかかれたであろう。しかし、満洲事変以来の日本外交は、動脈硬化症にかかっていた。行懸りにこだわることの禁物なゆえんである。もっとも、このことは、国家としての言動の一貫性を無用とするわけではない。国際社会の通念として認められている程度の道義性は、国際信用をかちうる上に絶対必要なものである。国際連盟その他で言明したことがその後事実の上で覆されたことがいかに日本の対外信用を傷つけたかを思い出す。

さらに、現実的ということは、形式主義を排するという意味にも考えられよう。何でもすぐ議定書や条約の形にし、宣言を出したりしたがった傾きがある。前に挙げたいろいろな条約を締結して、目先の利益だけでも日本にもたらしたものがあっただろうか。ただ、われとわが手をしばる結果におちいっただけではないか。一体、政治的な意味合いの条約等は、それ自身としては余り意味のないものである。客観情勢が変ってしまえば、少くとも実質上、一片の反古にされる。程度の差こそあれ、これは、何もソ連を相手とする条約に限ったことではない。米英仏等には、ディーセントなところがあるが、結局それだけのことである。日ソ中立条約などは、いよいよとなったら、ソ連の方から真剣に提議して来たであろう。北樺太の買収位は、お土産につけたかも知れない。よい意味の実利主義をとるべきゆえんである。

実利主義ということからいえば、戦争をすることは、いつの場合でも損になると決っている。少くとも、現代においてはそうである。まして、国力不相応の戦争を自らはじめるにおいてをやだ。

およそ重要な政策を決定するについては、何等かのチャンスをとるということは付きものであろう。チャンスをとる勇気がなかったら、外交上でも、本当の成功はつかめないともいえよう。しかし、そのチャンスはあくまで現実的に合理性のあるチャンスでなければならない。かりに、あの際日本が隠忍自重して、戦争に入っていなかったと仮定したら、どうだろうか。戦争を前提とするからこそ、石油も足りない、屑鉄も足りない、ジリ貧だということになる。戦争さえしなければ、生きて行くに不足はなかったはずである。又、米国は、早晩欧州戦争に介入すべき運命にあったとすれば、その後だったら、日米交渉もできたかも知れない(もっとも、それも、日本が戦争は絶対しないという建前で行っての話であるが)。この点については、そうしていたら、日本は、戦争終了後において国際的な孤立に陥り、ひどい目にあったであろうという論もありうるだろう。しかし、スペインの如きは、現に米英側からだんだん接近して行っている。ソ連という国際関係におけるパブリック・エネミー・ナンバー・ワンが現れたからである。日本の場合にも、そうなりえなかったという理由はない。いずれにせよ、この方のチャンスがより合理的であったことは確かである。

外交については、よく見透しのきくことの重要性が指摘される。しかし、実際問題として、そう先々のことまで一々具体的に見透せるものではなかろう。要は、現実を現実的に把握し、これによって身の処し方を決めるということが、結果において見透しがよかったということになるのであろう。物事を現実的、具体的に考えれば、米英の経済力、国力も正当に評価しえたであろう。そうすれば、独伊と結んで日本独自の経済圏をつくりだそうというようなことは、現実性のない夢に過ぎないことも、明らかだったはずである。

(ハ) いたずらに焦ることも禁物であるが、機会をつかむには敏でなければならない。太平洋戦争前に外交的転換をとげる機会を逸し、ソ連の参戦前に終戦の機会を逸したこと等は、反対の例である。外交的に一大転換をしなければならない、できるだけ早く終戦にもって行かなければならないと常に念じていたとしたら、もっとこれらの機会を政治的に利用する道があったはずである。もっとも、これは、分っていてやり切れなかったのかも知れない。

㈡　そこで最後に、決断力と実行力の重要性ということになる。行懸りにとらわれていたら、見切りをつけるべきところで見切りをつけそこなう。そして、ますます深みに入って行く。満洲事変以来の日本の行き方がそうであり、又、外務省の身の処し方がやはりそうだった。

当時の日本においては、軍の権力が圧倒的に強かったという特異の事情があったことは認めなければならない。しかし、それも程度の問題で、それだけでは、すまされない。一国の外交の衝に当る者には、常に果断と真の勇気の必要なことは、いつの世でも同じであろう。世間的には不景気で評判の悪いようなことでも、あえて責をとって行う気概の必要なことは、日露の講和の例にも明かである。

外務大臣がやめる腹さえ決めたら、もっと何とかなっただろう。少くとも一時的にもせよ事態の進行を喰い止めえたであろうと思われる場合が少くない。それでも結局は大勢を如何ともできなかったであろうということは、当事者の弁解として成立たない。当時の内閣制度の下においては、一人の大臣ががんばれば、内閣の総辞職を余儀なくせしめることができたのである。重大時に当っては、何でも彼でも穏便におさめるという必要はない。

あとがき

人はだれしも〈思いこみ〉に陥って、失敗をしでかす。人類の歴史に関しても、〈思いこみ〉が禍《わざわい》して、史実が一面的な、偏った受け止め方をなされたり、歴史上の人物自身が〈思いこみ〉にとらわれて行動し、そこからひとつの歴史がつくりあげられてしまったり、いろいろな形で〈思いこみ〉がかかわってくる。この問題は、すでに拙著『〈思いこみ〉の世界史』（勁草書房）で取り上げた。

日本の歴史においても、〈思いこみ〉は様々な形でかかわってきた。

源氏と平家が対峙した富士川の戦いで、平家軍は鳥の羽音を源氏の軍勢が攻めてきたと思いこみ、驚いて退却してしまった。このような類の当事者の〈思いこみ〉は、どの時代にも無数にあったと言えるほど、枚挙に暇がない。

われわれの認識が〈思いこみ〉に陥っている場合も少くない。権力によってつぶされた人間の悲しみを掘り起こすことによって、古代史の謎に挑んだ梅原猛氏は、正史では語られずに闇の中に葬り去られてきた史実を次々に解明し、権力によって歪曲され、抹殺された歴史の真実に、果敢な挑戦をしてきた。『隠された十字架』では、法隆寺に秘められた数々の謎を解いて、聖徳太子をめぐる真実に光を当てた。『水底の歌』では、柿本人麿をめぐり、賀茂真淵、齋藤茂吉の解釈によって定説とされてきた従来の常識を打ち破り、時の政権に地位を剝奪され、はるか石見の国に流罪死刑となった歌聖の隠された真相に迫った。こうして梅原氏は歴史の真相に迫り、世間の常識がいかに〈思いこみ〉にとらわれているかを暴き出した。

近代における日本の歴史も〈思いこみ〉がかかわってきた点では、決して例外ではない。特に敗戦に至る近代外交史においては、この〈思いこみ〉が大きく作用して、わが国の対外関係を規定してきたことが、本書の執筆を通じてあらためて明らかとなった。

本書は、このような〈思いこみ〉に留意しながら、近代日本外交史をあらためて見つめ直し、さらにそうした〈思いこみ〉が、現時点においては、どのように変わってきているのか、そしてその変化をどう受け止め、いかに対処すべきなのかを考察してきた。本書で展開してきた論考、ことに後半の今日における様々な問題をめぐる議論では、私の見解を率直に披瀝してきたが、当然これには、種々の観点からの異論もあり得よう。読者諸賢の忌憚のないコメントやご批判は、大いに歓迎したい。

執筆に当たっては、なにぶん本書で取り上げた敗戦に至る歴史は私の幼少時代の事柄であるので、私自身の実体験に基づく記述は限られており、多くの先達の著述を参考にしたり、戦争を生き抜いてきた先輩諸氏の話を聞いたりして筆を進めた。なかでも都市銀行元専務取締役飯野公一氏からは、過去におけるその貴重な体験につき示唆に富んだお話を伺わせていただいたばかりか、草稿にまで目を通していただき、種々有益なご指摘を頂戴したことを特記しておきたい。

本書の表紙を飾るイラストおよび各部標題の扉ページのカットは、(社)二科会会員の大松峯雄画伯が特に本書のために絵筆を揮ってくださった。また出版に当たっては、勁草書房編集部の町田民世子部長に終始ご協力をいただき、適切なアドバイスを頂戴した。

その他たくさんの方々のご好意とご教示を頂戴したおかげで、本書はようやく刊行の運びとなった。ここに各位に心からお礼申し上げたい。

二〇〇五年三月

山口　洋一

著者紹介

1937年生まれ　本籍佐賀県
1960年　東京大学教養学部教養学科（フランス分科）卒業
1960年〜　外務省入省。本省では経済局、アジア局、調査部、情報文化局勤務。海外ではフランス、南ベトナム、イタリア、インドネシア各大使館勤務を経て
1981年〜　ユネスコ常駐代表、駐マダガスカル特命全権大使、駐トルコ特命全権大使、駐ミャンマー特命全権大使などを歴任
1998年　外務省退官
現　在　特定非営利活動法人（NPO）アジア母子福祉協会理事長
主　著　『トルコが見えてくる』（1995年、サイマル出版会）
『ミャンマーの実像』（1999年、勁草書房）
『〈思いこみ〉の世界史』（2002年、勁草書房）

敗戦への三つの〈思いこみ〉 外交官が描く実像

2005年５月20日　第１版第１刷発行

著　者　山《やま》口《ぐち》洋《よう》一《いち》

発行者　井村寿人

発行所　株式会社　勁《けい》草《そう》書房

112-0005 東京都文京区水道 2-1-1　振替 00150-2-175253
（編集）電話 03-3815-5277／FAX 03-3814-6968
（営業）電話 03-3814-6861／FAX 03-3814-6854
堀内印刷・青木製本

ISBN　4-326-24836-X　Printed in Japan

敗戦への三つの〈思いこみ〉　外交官が描く実像

2015年1月20日 オンデマンド版発行

著　者　山　口　洋　一

発行者　井　村　寿　人

発行所　株式会社　勁《けい》草《そう》書　房

112-0005 東京都文京区水道 2-1-1　振替　00150-2-175253
（編集）電話 03-3815-5277／FAX 03-3814-6968
（営業）電話 03-3814-6861／FAX 03-3814-6854

印刷・製本　（株）デジタルパブリッシングサービス http://www.d-pub.co.jp

AI980

ISBN978-4-326-98201-1　Printed in Japan